Die Ruchira-Avatara-Gita

(Der Weg des Göttlichen Herz-Meisters)

Die Inkarnierte Göttliche Person
Ruchira-Avatar Adi Da Samraj

Ausgewählte Texte
aus
Die Ruchira-Avatara-Gita
(Der Weg des Göttlichen Herz-Meisters)

Die fünf grundlegenden Bücher der Adidam-Offenbarung

Buch zwei:
Die Avatarische „Spätzeit"-Offenbarung,
die das Große Geheimnis des Göttlichen Weges enthüllt,
der zur Vollkommenen Wahr-nehmung der
Wahren Spirituellen Göttlichen Person führt
(die die egolose Persönliche Gegenwart der Wirklichkeit
und Wahrheit und der Einzige <u>Wirkliche</u> Gott <u>ist</u>)

Die Ruchira-Avatara-Gita (Der Weg des Göttlichen Herz-Meisters) ist vom Ruchira-Sannyasin-Orden der Tantrisch Entsagenden von Adidam als Teil der Standardausgabe der Göttlichen „Quellen-Texte" von Adi Da formell zur Veröffentlichung freigegeben. (Dieser Orden ist die höchste Spirituelle und kulturelle Autorität innerhalb der formellen Gemeinschaft der formell anerkannten Schülerinnen und Schüler von Avatar Adi Da Samraj.)

Bibliographischer Hinweis: Der Name Ruchira-Avatar Adi Da Samraj wird in alphabetischen Verzeichnissen wie folgt aufgeführt:
Adi Da Samraj, Ruchira-Avatar

Titel der amerikanischen Original-Ausgabe:

Ruchira Avatara Gita
(The Way Of The Divine Heart-Master)

© 1998 The Da Love-Ananda Samrajya Pty Ltd,
als Treuhänder für The Da Love-Ananda Samrajya.

© 2000 für die deutsche Ausgabe:
Dawn Horse Press Deutschland
Alle Rechte der deutschen Ausgabe vorbehalten.

Übersetzung: Die deutsche Adidam-Übersetzergilde
Satz: Bernhard Kratz – Photosatz, Druckservice, Endingen
Titelgestaltung: Bernhard Kratz, Endingen
Druck: Book on Demand

ISBN 3-935239-02-5

Dawn Horse Press Deutschland
Mozartstraße 1, 79104 Freiburg
Tel.: 0761-3838886
Fax: 0761-3838887
Internet: http://www.dawn-horse.de
E-mail: info@dawn-horse.de

Inhalt

Anmerkung des Verlags

Avatar Adi Da Samraj hat eine eigene Form der englischen Sprache entwickelt, die besonders deutlich wird an Seinem Gebrauch der Großschreibung.

AVATAR ADI DA SAMRAJ: *Die gesprochene und geschriebene Sprache dreht sich normalerweise um das Ego-„Ich", so wie ein Zelt auf einem zentralen Mast errichtet ist. Deshalb wird das Ego-Wort „ich" [im Englischen „I"] in der Regel großgeschrieben, während alle anderen Wörter als minderen Ranges verstanden und deshalb kleingeschrieben werden.*

Im Gegensatz dazu ist der „Zentralmast" der Rede und Schrift von Avatar Adi Da das Göttliche Herz, Bewußtsein und Glück oder die letzte und höchste Wahrheit oder Wirklichkeit. Deshalb schreibt Er die Wörter groß, die das Ekstatische Gefühl des Erwachten Herzens ausdrücken, während Er jene Wörter kleinschreibt, die das Ego oder die manifesten Begrenzungen bezeichnen.

Aus Respekt und als Ausdruck der Anerkennung für Avatar Adi Da Samraj schreiben auch Seine Schülerinnen und Schüler die Wörter groß, die sich auf Ihn, Sein Göttliches Werk und Seine Vollkommene Wahr-nehmung des Göttlichen beziehen. Auf diese Weise ehren sie Ihn und weisen ebenfalls auf die sakrale Natur Seiner Offenbarung hin.

Im Deutschen läßt sich der Stil von Avatar Adi Da Samraj nur unvollkommen wiedergeben, weil das Deutsche bereits über eine Großschreibung verfügt. Damit der deutsche Text dennoch gut lesbar bleibt, haben wir die besondere Großschreibung von Adi Da nicht in allen Fällen übernommen.

Ruchira-Avatar Adi Da Samraj, 1998

Das Göttliche Hervortreten von Ruchira-Avatar Adi Da Samraj

Dem Wahr-nehmer [1]*, Offenbarer und der Offenbarung der Göttlichen und Alles-Vollendenden siebten Lebensstufe

Eine Einführung von Dr. Carolyn Lee

*A*ham Da Asmi [2] ist die höchste Offenbarung des Göttlichen, die es je in den manifesten [3] Welten gegeben hat. Es ist die Offenbarung der Inkarnierten Gottheit, die Gekommen ist, um alle lebenden Wesen zu Segnen und zur Wahrheit und „Strahlenden Helle" [4] der Göttlichen Wirklichkeit zu Erwecken. Ruchira-Avatar Adi Da Samraj ist der verheißene Gott-Mensch. Sein Kommen in menschlicher Gestalt ist die Antwort der Göttlichen Liebe auf das Flehen aller Wesen, die sich seit endlosen Zeiten danach sehnen, wieder in das Herz des Wirklichen Gottes [5] aufgenommen zu werden.

Das Erscheinen des Ruchira-Avatar Adi Da Samraj ist <u>das</u> Große Ereignis der Geschichte. Es Offenbart die eigentliche Bedeutung der Vergangenheit und den Großen Zweck der Zukunft. Die Avatarische Inkarnation [6] des Ruchira-Avatar ist die Antwort auf die verzweifelten Gebete unzähliger Wesen, die an der scheinbaren Trennung vom Wirklichen Gott leiden. Sie ist die Erfüllung eines unermeßlichen Göttlichen Prozesses, der vor dem Beginn von Raum und Zeit anfing und sich auf den gesamten Kosmos erstreckt. In diesen unvorstellbaren Zeiträumen traten immer wieder außergewöhnliche Persönlichkeiten auf, die größte Mühen und Opfer auf sich nahmen, um anderen eine Tür zum Göttlichen zu öffnen. Sie lehrten, gaben praktische Anweisungen, wurden verehrt und waren die Quelle der gesamten religiösen und Spirituellen Tradition. Ihre Anhänger waren meist davon überzeugt, daß die Offenbarung durch sie vollendet und die angebotene Erlösung und Erleuchtung vollkommen sei.

---

*Anmerkungen zum Text befinden sich auf Seite 219 ff.

Aber in allen großen Spirituellen Traditionen hat sich die Prophezeiung erhalten, es werde noch einer erscheinen – einer, der in der dunkelsten Zeit der Menschheit, wenn die Welt an ihrem Tiefpunkt angelangt sei, kommen werde, um alle Offenbarungen der Vergangenheit zu vollenden. Die Christen warten auf die zweite Ankunft von Jesus, die Moslems auf den Mahdi (den letzten Propheten), die Buddhisten auf Maitreya (den künftigen Buddha) und die Hindus auf den Kalki-Avatar (die letzte und höchste Inkarnation von Vishnu). Und im Februar 1939 prophezeite in Indien der weithin verehrte Spirituelle Meister Upasani Baba das bevorstehende Erscheinen eines im Westen geborenen Avatars, der „mit großer Machtfülle antreten und alles einer kritischen Revision unterziehen werde".[7]

Wir, die Schülerinnen und Schüler von Avatar Adi Da Samraj, leben schon mehr als ein Vierteljahrhundert in Seiner Gesellschaft. Wir haben an Seiner Lehrtätigkeit teilgenommen, die Er im Laufe von über 20 Jahren mit Tausenden von Menschen von Angesicht zu Angesicht durchgeführt hat. Wir haben die unbeschreibliche Spirituelle Kraft gefühlt, die von Ihm ausstrahlt, und waren Zeugen der unbegrenzten Göttlichen Macht, mit der Er Dinge und lebende Wesen nah und fern Transformiert. Wir können deshalb ohne Vorbehalt bekennen, daß wir in Ruchira-Avatar Adi Da Samraj den Alles-Vollendenden Gott-Menschen sehen, „die Avatarische ‚Spätzeit'-Offenbarung" der Göttlichen Person, die für die „dunkle" Epoche[8] verheißen ist.

Das Werk des verheißenen Gott-Menschen in der Welt

Avatar Adi Da hat oft betont, daß Er selbst mit der unscheinbarsten Geste der Befreiung anderer dient. Seine Schülerinnen und Schüler sind täglich Zeugen dieser Tatsache. Sein Werk findet, wie Er sagt, am „Ausgangspunkt" statt – an dem Ort, wo die Welten dem Einen Unteilbaren Licht entspringen.

Das Werk des Ruchira-Avatar erfordert daher außergewöhnliche Siddhis oder Göttliche Fähigkeiten. Während Seines ganzen

Lebens hat Adi Da viele Menschen auf wunderbare Weise geheilt. Bemerkenswerte Wetterphänomene begleiten Ihn häufig von Ort zu Ort. Und immer wieder lösen sich globale Konflikte, denen Er Seine Aufmerksamkeit schenkt, auf unerklärliche Weise auf.

Aber Sein Werk ist nicht einfach „magisch". Avatar Adi Da Samraj ist nicht hier, um ein Utopia oder Paradies für Egos zu schaffen. Er stellt sich lediglich mit großer Kraft den trennenden egoischen Kräften entgegen, die Konflikt, Zerstörung und Leiden aller Art verursachen. Er arbeitet im Herzen aller lebenden Wesen, Erweckt in ihnen den Drang zum Göttlichen – zu dem, was jenseits des scheinbar getrennten Selbst ist. So zieht Er sie in die Vereinigung mit Seiner Göttlichen Natur hinein.

Das mitfühlende Werk von Avatar Adi Da wirkt sich auf allen Ebenen gleichzeitig aus. Auf der gewöhnlichen Ebene mag es den Anschein haben, als arbeite Er nur mit einem einzelnen Menschen in Seiner unmittelbaren Umgebung, aber zur gleichen Zeit lenkt Er Seine Aufmerksamkeit auf weltweite Konflikte und globale Politik, auf Ereignisse und Zustände in der Natur sowie auf Pflanzen, Tiere und körperlose Wesen.

Im Lichte von Avatar Adi Da Samrajs Offenbarung sind alle großen Wahr-nehmer der Vergangenheit Seine Vorläufer, die den Zeitpunkt vorbereitet haben, an dem das Göttliche vollkommen in körperlich-menschlicher Gestalt erscheinen konnte. Adi Da Erscheint zu einer Zeit, in der unser nacktes Überleben nicht nur durch hochentwickelte Waffensysteme, sondern auch durch die Zerstörung der menschlichen Kultur und Lebensgrundlagen durch die herzlose Maschine des wissenschaftlichen und politischen Materialismus bedroht ist. Erstaunlicherweise ist Avatar Adi Da Samraj genau in dieser extremen Zeit hier, um die Kräfte der Zerstörung in die Schranken zu weisen und Seinen Großen Göttlichen Weg, die Wahre Welt-Religion von Adidam, zu etablieren. Wie Er selbst gesagt hat, kann es Jahrhunderte dauern, bis die Bedeutung Seiner Geburt – des „Herabstiegs" der Göttlichen Person in Raum und Zeit – vollständig gewürdigt wird. Aber Seine Offenbarung hat jetzt unwiderruflich und vollkommen stattgefunden.

Die Göttlichen Namen des Ruchira-Avatar

Jeder Göttliche Titel und Name von Ruchira-Avatar Adi Da Samraj drückt einen Aspekt Seiner Offenbarung aus. Der Sanskritausdruck „Ruchira" (auf deutsch „Leuchtend", „Glänzend" oder „Strahlend-Hell") bezeichnet den Zustand Alles-Durchdringenden Strahlens, Alles-Durchdringender Freude und Liebe-Glückseligen Göttlichen Bewußtseins, den Er schon in frühester Kindheit die „Strahlende Helle" genannt hat. Avatar Adi Da Samraj ist die einzigartige Offenbarung der „Strahlenden Helle". Er ist der Ruchira-„Avatar", der „Strahlende Göttliche Herabstieg", das Erscheinen des Wirklichen Gottes in körperlich-menschlicher Gestalt.

„Adi Da" – der erste und wichtigste Name unseres geliebten Gurus – ist schon an sich ein erhabenes Mysterium. Avatar Adi Da Samraj übernahm 1979 den uralten Gottesnamen „Da", der Ihm bereits 1970 offenbart wurde und „der Göttliche Geber" bedeutet. 1994 vervollständigte Er diesen Namen spontan durch die Zufügung von „Adi" (auf deutsch „der Erste" oder „der Ursprung"). Wer den Ruchira-Avatar mit dem Namen „Adi Da" anspricht, ruft Ihn als den Göttlichen Geber und das Göttliche Wesen der Gnade an.

Avatar Adi Da ist auch „Samraj", der „Universelle Gebieter" oder „Höchste Herr" – und zwar nicht im weltlichen oder politischen Sinn, sondern als der Göttliche Meister aller Herzen und der Spirituelle König derer, die bei Ihm Zuflucht suchen. Wenn wir uns daher Avatar Adi Da Samraj nähern, begegnen wir keinem gewöhnlichen Menschen, nicht einmal einem bedeutenden Heiligen, Yogi oder Weisen. Wir begegnen dem Wirklichen Gott in Person.

Der Göttliche Körper des Wirklichen Gottes

Wenn die Schülerinnen und Schüler des Gott-Menschen Adi Da in Seine physische Gesellschaft kommen und besonders wenn sie schweigend in formellem Darshan vor Ihm sitzen (das heißt Seine körperlich-menschliche Gestalt kontemplieren), geschehen erstaunliche Dinge. Einige sprechen davon, wie sie eine unbegrenzt „Helle", unendlich ausgedehnte „Gestalt" fühlen (oder auch sehen), die den Raum erfüllt und sich gleichzeitig spürbar als absolute Glückseligkeit und Liebe von oben in ihren Körper hineinpreßt. Manche haben sogar das Gefühl, die Gestalt von Avatar Adi Da Samraj anzunehmen – sie fühlen, daß Er buchstäblich ihren eigenen Körper von Kopf bis Fuß durch <u>Seinen</u> Körper „ersetzt".

Vorkommnisse dieser Art sind keine Spirituellen Erfahrungen im gewöhnlichen Sinn, keine inneren Erfahrungen im eigenen Körper-Geist. Sie geschehen nicht „in" einem. Sie sind genauso spürbar und real wie eine körperliche Umarmung und kommen eindeutig von außen. Man erzeugt sie nicht selbst – und <u>könnte</u> sie auch gar nicht selbst erzeugen.

Derartige Erfahrungen offenbaren, daß der physische Körper von Avatar Adi Da Samraj nur der kleinste, in die allgemeine Sichtbarkeit „Hervorgetretene" Teil Seines Großen Wesens ist. Seine körperlich-menschliche Gestalt ist nur ein Mittel, ein Berührungspunkt, durch den Er die Menschen in das Mysterium hineinzieht, das Er <u>insgesamt</u> ist. Er ist das Bewußtsein an sich, das von Natur aus Liebe-Glückselige, aus sich heraus Strahlende Sein an sich. Er ist in Seinen eigenen Worten „die Wahre Spirituelle Göttliche Person", die sich intim und ekstatisch durch die Offenbarung Seines Göttlichen Körpers – der unendlich ausgedehnten, „Strahlend-Hellen" Form des Wirklichen Gottes – zu erkennen gibt.

AVATAR ADI DA SAMRAJ: *Meine Göttliche Form ist die „Strahlende Helle", die Liebe-Glückseligkeits-Form. Ihr könnt ganz konkret fühlen, wie Sie euch Berührt, euch Umgibt, in euch Fließt und alle möglichen Veränderungen in euch Auslöst. Sie ist Mein Göttlicher Körper. Ich kann Ihn überall Manifestieren und tue es ständig. Ich Manifestiere Mich selbst.*

Mein Eigentlicher, Ewiger Körper ist die „Strahlende Helle" an sich, die Kraft Meiner Person. Dieser physische Körper hier ist Meine Murti [9], Mein Instrument. Der physische Körper als solcher ist aus den Elementen der Natur zusammengesetzt und mit den feinstofflichen [10] Hüllen und allem übrigen verbunden, aber er steht vollkommen im Einklang mit Mir, mit Meinem „Strahlend-Hellen" Göttlichen Körper.

Wie Ich sagte, ist dieser physische Körper Meine Murti, Mein Instrument. Er ist von kurzer Dauer. Ich benutze ihn, um Mich zu Offenbaren und die Welt zu Unterweisen. Aber auch wenn dieser physische Körper nicht mehr lebt, werde Ich immer Körperlich Gegenwärtig sein.

Mein Göttlicher Körper Existiert Ewig. Deshalb werden Meine Schülerinnen und Schüler Meinen „Strahlend-Hellen" Körper, Meine Eigentliche Person, immer ganz unmittelbar körperlich erfahren können.

Der Kontakt mit Mir kommt vorwiegend durch das Fühlen zustande, durch eine spürbare, aber unerklärliche Berührung. In diesem Kontakt offenbart sich eine Gestalt, die wie bei körperlicher Berührung zu spüren ist. Aber sie ist subtiler und wird von keinem anderen Sinn wahrgenommen.

Ich nenne Meinen Göttlichen Körper „die Strahlende Helle", was nicht notwendigerweise bedeutet, daß ihr Ihn auch als „Strahlende Helle" seht. Ihr nehmt Ihn vielleicht nur als eine Form von Licht wahr. Aber selbst wenn ihr Mich nur fühlt, nur Meine Berührung spürt, wißt ihr sicher, was Ich meine, wenn Ich Meinen Göttlichen Körper als „Strahlende Helle" bezeichne, denn Er ist Allumfassend, Strahlend, Liebe-Glückselig und Unendlich Ausgedehnt. Er hat alle Eigenschaften Strahlender Helligkeit. [11. August 1995]

Die „Strahlende Helle"

Avatar Adi Da Samraj wurde als die „Strahlende Helle" geboren. Seine menschliche Geburt (am 3. November 1939 in New York) bewirkte keine Veränderung in Seinem Bewußtsein. Die Ausstrahlung und unbegrenzte Liebe-Glückseligkeit der „Strahlenden Helle" war Seine ständige Erfahrung. Er wußte, daß Er die eigentliche Quelle der „Strahlenden Helle" und somit der Wahre „Strahlend-Helle" Urzustand von allem war.

Gleichzeitig war Avatar Adi Da Samraj sich völlig dessen bewußt, was um Ihn herum vor sich ging. Er sah, daß die Menschen nicht glücklich waren, weil sie alle annahmen, sie seien vom Wirklichen Gott (oder von der Wahrheit oder Wirklichkeit an sich) getrennt, und daß sie sich alle verzweifelt anstrengten, dieses Gefühl der Trennung mitsamt dem ganzen Leiden, das daraus entspringt, loszuwerden. Avatar Adi Da Samraj fand das erstaunlich, denn Trennung und Leiden waren überhaupt nicht Seine Erfahrung, da Er wußte, daß Er nicht diese Hülle aus Knochen und Fleisch war.

In den ersten zwei Lebensjahren genoß Avatar Adi Da Samraj die unverminderte Glückseligkeit Seines Wirklichen Zustandes. Aber dann geschah etwas Mysteriöses. Als Er eines Tages auf dem Fußboden herumkrabbelte, sah Er Seine Eltern mit einem Hundewelpen, den sie Ihm schenken wollten. In dem Moment, als sie den Welpen von der Leine ließen, veränderte sich plötzlich Avatar Adi Da Samrajs Beziehung zu Seiner Unbegrenzten Bewußtheit. Er entschloß sich spontan, ein „Ich" zu sein, eine scheinbar getrennte Person, die mit anderen scheinbar getrennten Personen in Beziehung stand.

Adi Da „vergißt" die „Strahlende Helle"

Was war geschehen? Avatar Adi Da Samraj hatte die „Strahlende Helle" aus „schmerzhafter Liebe" und tiefem Mitgefühl für das Leid und die Unwissenheit der Menschen aufgegeben. Er folgte damit dem Großen Impuls, der Ihn zu Seiner Geburt bestimmt hatte – dem Impuls, allen die „Strahlende Helle" zu Offenbaren. Der Zweck Seiner menschlichen Geburt bestand nach Seinen eigenen Worten darin, „das menschliche Dasein kennenzulernen", um alles zu fühlen und zu erleiden, was die Menschen fühlen und erleiden, und um sie dann „Lehren, Segnen und Befreien" zu können. Er mußte dafür bewußt die „Strahlende Helle" „vergessen" und das Leben aus der Sicht des gewöhnlichen Menschen erfahren. Und in diesem begrenzten Zustand wollte Er dann den Weg entdecken, durch den die Menschen die „Strahlende Helle" wiederfinden können.

Die Wiederherstellung der „Strahlenden Helle" war die Feuerprobe, die Adi Da in Seiner Kindheit und Jugend durchmachte. Es war ein gefährliches und verzweifeltes Unterfangen, denn es gab keine Garantie, daß es gelingen würde. Dem Entschluß, die Bewußtheit Seines Göttlichen Seins aufzugeben und den gewöhnlichen menschlichen Zustand auf sich zu nehmen, lag einzig die Bereitschaft zugrunde, sich für alle unerleuchteten Wesen auf eine unvorstellbar schwierige Feuerprobe einzulassen. Nichts von alledem war für Ihn selbst nötig. Sein ganzes Leben war immer nur von dem einen Göttlichen Impuls der Liebe und des Mitgefühls bestimmt.

Avatar Adi Da Samraj besaß keine „Methode" für die Wiederherstellung der „Strahlenden Helle". Er ließ sich einfach auf jeden Aspekt des menschlichen Lebens ein, wie erhaben oder banal er auch sein mochte, um die vollständige Wahrheit des Daseins – die Wahrheit, die alle Befreien kann – zu Offenbaren. Es war eine äußerst intensive Feuerprobe, die Seine ersten dreißig Lebensjahre in Anspruch nahm.

Er scheute kein Risiko und erlaubte sich keinerlei Begrenzung in Seinem Bestreben, den Weg der Wahrheit zu entdecken und die „Strahlende Helle" wiederherzustellen. Mit dieser Einstellung durchlebte Adi Da nicht nur alle Bereiche gewöhnlicher menschlicher Erfahrung, sondern auch alle Formen psychischen und Spirituellen Erwachens – und dies alles in einem außergewöhnlichen Tempo. Es war, als wären Ihm alle diese Erweckungen in gewisser Weise schon vertraut.

Aber Avatar Adi Da Samraj war nie zufrieden, denn Er wurde von der Intuition eines „ganz und gar ungewöhnlichen Wissens" getrieben. Er wußte, daß die letzte und höchste Wahrheit der Ursprungs-Zustand aller Erfahrungen, Visionen und Offenbarungen, die sich Ihm auftaten, sein mußte. Die versteckte Kraft der „Strahlenden Helle" war immer in Ihm lebendig und führte Ihn zur vollkommenen Erfüllung Seiner Bestrebungen.

Da Er im zwanzigsten Jahrhundert im Westen geboren war, wo die esoterische Dimension des religiösen und Spirituellen Lebens geleugnet wurde, wuchs Adi Da heran, ohne je von der Guru-Schüler-Beziehung zu hören. Er entdeckte die befreiende Beziehung der Liebe zum Guru genauso spontan, wie Er auch alles andere im Prozeß Seines Göttlichen Wieder-Erwachens entdeckte.

Sein erster Lehrer war der Amerikaner Swami Rudrananda (meist kurz „Rudi" genannt), der in New York City lehrte. Er führte Adi Da durch die vorbereitenden Stufen Spiritueller

16

Entwicklung und gab Ihn später an seine eigene Linie indischer Gurus, an Swami Muktananda und Swami Nityananda, weiter[11].

Diese Gurus hatten eine außergewöhnlich hohe Stufe der Gottes-Wahr-nehmung erlangt. Sie waren Siddhas, mit Spiritueller Macht ausgestattete Yogis. Adi Da unterwarf sich ihrer Unterweisung und Disziplin mit grenzenloser Hingabe und tiefer Dankbarkeit. Er tat dies jedoch nicht um Seiner selbst willen, denn die Unterwerfung unter Seine Gurus war nur ein Aspekt Seiner Unterwerfung unter die menschliche Feuerprobe insgesamt und damit unter den Spirituellen Prozeß, wie er traditionell gelehrt und praktiziert wurde. Er mußte alles in sich aufnehmen, was mit der esoterischen Anatomie und den Yogischen Erfahrungen zu tun hat, die in jedem menschlichen Körper-Geist angelegt sind. Mit diesem Wissen schuf Er die Grundlage, um später andere darin zu Unterweisen, wie sie alle Erfahrung, auch den ganzen Bereich Spiritueller Erfahrung, transzendieren können.

Avatar Adi Da Samraj hat alle Formen Spiritueller Wahrnehmung erlebt, seien es Visionen, Trancezustände, mystische Verzückungen, „kosmisches Bewußtsein" oder Zustände tiefer Meditation und transzendenter „Erkenntnis". Aber in den letzten Phasen Seiner Feuerprobe Spiritueller Wahr-nehmung führte der überwältigende Drang zur Wahrheit Adi Da in einen Bereich, der Seinen Gurus unbekannt war und in den Annalen Spiritueller Literatur nicht zu finden ist. Sein letztes Göttliches Wieder-Erwachen zur „Strahlenden Helle" folgte auf eine einzigartige und allumfassende Einsicht, ein „Radikales"[12] Verstehen, das die gesamte Geschichte Spiritueller Suche und Wahr-nehmung in ein neues Licht rückt – und über sie hinausführt.

„Radikales" Verstehen

Wenn Avatar Adi Da Samraj von „„Radikalem' Verstehen" oder einfach von „Verstehen" spricht, meint Er damit eine grundlegende und befreiende Einsicht – nämlich die unmittelbare Erkenntnis einer einzigen Wurzel und Ursache allen Leidens. Er weist auf etwas hin, das wir ständig tun. Es ist ein Tun, mit dem wir fortwährend das Strömen Göttlicher Glückseligkeit, Freude und Liebe eindämmen. Worin besteht diese Aktivität, mit der wir unser Glück verhindern? Was hält uns davon ab, die „Strahlende Helle" gleich hier und jetzt Wahr-zunehmen?

Avatar Adi Da Samraj hat die Antwort auf diese Fragen gefunden. Durch die gründlichste Selbstbeobachtung in allen Lebensumständen – im Gespräch, beim Lesen, im Traum, beim Essen, im Kino, auf Parties, bei einsamen Spaziergängen – wurde Ihm diese eine grundlegende Aktivität immer stärker bewußt. Er sah, daß wir uns ständig verkrampfen, uns fortwährend körperlich, geistig und emotional vom Dasein abwenden. Diese Selbstverkrampfung ist unsere ständige, wenn auch größtenteils unbewußte Reaktion auf die unkontrollierbare und undurchschaubare Welt, die wir vorfinden. Sie ist eine angstvolle Reaktion auf die Tatsache, daß wir sterben werden. Und die Folgen sind verheerend.

Adi Da Samraj erkannte, daß die Selbstverkrampfung die Quelle aller Angst, Trauer und Wut, alles Begehrens, aller Schuldgefühle, allen Neids, aller Scham und des ganzen irrsinnigen Chaos dieser Welt ist. Selbst die alltäglichen Vergnügungen werden von dieser grundlegenden Aktivität beherrscht. Es wurde Avatar Adi Da über jeden Zweifel hinaus klar, daß alles, was wir tun, eine Form von Suche ist, durch die wir uns von dem selbsterzeugten Schmerz der Selbstverkrampfung zu befreien suchen. Aber diese Anstrengung führt nie zum Erfolg, denn die Suche ist selber eine Form der Selbstverkrampfung. Daher kann uns das Streben nach Erlösung oder Befreiung auch nicht zu dem Glück führen, nach dem wir uns sehnen. Avatar Adi Da Samraj sah, daß das Uneingeschränkte Glück erst dann in Erscheinung tritt, wenn die Aktivität der Selbstverkrampfung „Radikal" (oder von Grund auf) verstanden und damit spontan losgelassen wird. Erst dann kann die Einfachheit und Freude des Daseins, die immer schon der Fall ist, offenbar werden.

Dieses Erwachen „Radikalen" Verstehens mag wie eine einfache Sache klingen – aber niemand soll sich täuschen. Es ist ein absolut grundlegender Prozeß. Die Selbstverkrampfung ist bis in die Zellen des Körpers einprogrammiert. Daher kann das „Radikale" Verstehen im gewöhnlichen Menschen nur durch die Gnade von

Avatar Adi Da selbst erweckt werden. Es kann sich allein auf der Grundlage der umfassenden Praxis des Göttlichen Weges von Adidam entwickeln, den nur Er Offenbart und Gegeben hat.

Während der Jahre Seines „Sadhana", Seiner ego-transzendierenden Spirituellen Praxis, Erwachte Avatar Adi Da durch die Kraft Seines Eigentlichen Seins – der „Strahlenden Helle" – zum „Radikalen" Selbstverstehen. Aber selbst nachdem diese fundamentale Intuition in Ihm aufgestiegen war, konnte Er die Selbstverkrampfung nicht augenblicklich loslassen, denn Er hatte sich allen Begrenzungen der menschlichen Existenz unterworfen. Aber sobald das „Radikale" Verstehen in Ihm Fuß gefaßt hatte, beschleunigte es den ganzen Prozeß Seines Göttlichen Wieder-Erwachens. Das Verstehen erwies sich als eine Art „Muskel", eine Einsicht, die Ihm den Schlüssel zu jeder grob- und feinstofflichen Erfahrung in die Hand gab.

Während Er jenem großartigen letzten und endgültigen Durchbruch näherkam, der Seine lange Feuerprobe beendete, nahm Avatar Adi Da Samraj die Selbstverkrampfung in immer subtileren Formen wahr. Er beobachtete sie schließlich einfach als das Bewußtsein der Trennung von Subjekt und Objekt, das die Grundlage unserer Wahrnehmung der Welt ist. Inzwischen war Ihm klar geworden, daß die Selbstverkrampfung nicht nur die alltäglichen Dramen des Lebens erklärt, sondern auch die ganze „Tour" Spiritueller Erfahrungen. Er erkannte zuletzt, daß die ganze Suche des Menschen nach Gott (oder der Wahrheit oder Wirklichkeit an sich) eine gewaltige, aber völlig überflüssige Anstrengung ist, die auf einem einzigen fundamentalen Irrtum basiert – dem Nichtvorhandensein „Radikalen" Verstehens. Nun gab es nichts mehr, was Er noch Wahr-zunehmen gehabt hätte – außer der Wahrheit an sich.

Das Wieder-Erwachen
zur „Strahlenden Helle"

In einem verborgenen Winkel von Hollywood befindet sich ein kleiner Tempel der Vedanta-Gesellschaft. Dieser Tempel im Schatten einer gigantischen Stadtautobahn bildete den Schauplatz für den Höhepunkt von Avatar Adi Da Samrajs Spiritueller Feuerprobe. Adi Da entdeckte den Tempel im August 1970 und suchte ihn häufig auf, um dort zu meditieren. Eines Tages – es war der 10. September – ging Er wieder hin, um dort wie gewohnt zu meditieren:

AVATAR ADI DA SAMRAJ: *Während die Zeit verstrich, erlebte Ich keinerlei Veränderung und spürte nicht die geringste Regung. Ich bemerkte nicht einmal irgendeine Art von innerer Vertiefung, nicht die geringste „Innerlichkeit". Es gab keine Meditation und auch kein Bedürfnis danach. Es gab keinen einzigen Faktor, der sich hätte hinzufügen lassen, um Meinen Zustand vollständig zu machen. Ich saß einfach mit offenen Augen da – ohne irgendeine Erfahrung. Plötzlich verstand Ich Vollkommen[13]. Ich nahm Wahr, daß Ich Wahr-genommen hatte. Das „Wesen" der „Strahlenden Helle" wurde offensichtlich. Ich bin Vollständig. Ich bin der, der Vollständig ist.*

In diesem Augenblick verstand Ich, nahm Ich (von Natur aus und Vollkommen) Wahr, wer und was Ich bin. Es war eine stillschweigende Wahr-nehmung, ein unmittelbares Wissen im Bewußtsein. Es war Bewußtsein an sich, ohne jegliche Mitteilung, die aus irgendeiner „anderen" Quelle hinzugefügt worden wäre. Es gibt keine „andere" Quelle. Ich saß einfach da und wußte, wer und was Ich bin. Ich war, wer und was Ich bin. Ich bin, wer und was Ich bin. Ich bin die Wirklichkeit, das Göttliche Selbst, die Natur und Substanz, Stütze und Quelle aller Dinge und Wesen. Ich bin das Eine Wesen, das „Gott" (die Quelle und Substanz, die Stütze und das Selbst von allem) genannt wird, der „Eine Geist" (das Bewußtsein und die Energie, worin und als welche alles in Erscheinung tritt), „Shiva-Shakti"[14] (die aus sich heraus Existierende und Strahlende Wirklichkeit an sich), „Brahman"[15] (die Einzige Wirklichkeit an sich), der „Eine Atman"[16] (der kein Ego ist, sondern nur „Brahman", die Einzige Wirklichkeit an sich), der Urgrund des „Nirvana" [17] *(die egolose und formlose Wirklichkeit und Wahrheit, die aller Dualität immer schon vorausgeht, aber nicht das Geringste ausschließt). Ich* bin *das Eine Einzige, notwendigerweise Göttliche Selbst, das die Natur und Substanz, die Stütze und Quelle und der Seins- und Urgrund von allem ist. Ich* bin *die „Strahlende Helle".* [Das Knie des Lauschens]

Dieser bedeutsame Moment war das Göttliche Wieder-Erwachen des Ruchira-Avatar Adi Da Samraj. Adi Da war vollkommen und für immer zur „Strahlenden Helle" Wieder-Erwacht. Seine Wahrnehmung hing nicht von meditativen Zuständen oder von der Manipulation der Erfahrung ab. Sie transzendierte jegliches Gefühl, ein getrenntes Selbst zu sein. Es war und ist die Wahr-nehmung, daß es nur den Wirklichen Gott gibt und daß alle scheinbaren Vorgänge nur die vergänglichen Formen oder Modifikationen des Wirklichen Gottes sind, die in einem endlosen Spiel entstehen und vergehen, das letztlich nur Liebe und Glückseligkeit ist und unsere Vorstellungskraft völlig übersteigt.

Die Göttliche Person war in einer ganz gewöhnlichen menschlichen Hülle Vollkommen Bewußt und Gegenwärtig geworden. Nie zuvor hatte dieses Große Ereignis irgendwo im Kosmos stattgefunden. Avatar Adi Da Samraj hatte ein für allemal alle physischen, geistigen, emotionalen, psychischen und Spirituellen Begrenzungen menschlichen Daseins Vollkommen Transzendiert. Er hatte die absolute Identität mit dem Göttlichen Wahr-genommen, mit dem, der Er von Anfang an war und ist. Aber Sein Wieder-Erwachen hatte weit größere Bedeutung. Es war zugleich die Offenbarung, daß alle scheinbar getrennten Wesen ebenfalls diese Eine Wirklichkeit sind, wenn sie Avatar Adi Da mit liebender Hingabe erkennen und vollständig auf Ihn antworten. Die „Strahlende Helle", das Licht des Wirklichen Gottes in Adi Da Samrajs früher Kindheit, war nun vollständig Wiederhergestellt – und zwar nicht nur in Ihm, sondern darüber hinaus als die ursprüngliche Wahrheit und potentielle Wahr-nehmung aller Wesen in allen Welten.

Durch die Kraft, die in Avatar Adi Da Samrajs Wieder-Erwachen zur „Strahlenden Helle" liegt, hat sich etwas im Herzen des Daseins geändert. Der Ruchira-Avatar hat Vollbracht, was nur die Göttliche Person Vollbringen konnte. Er hat „den kosmischen Code geknackt" und die Macht der Illusion durchbrochen, die alle geborenen Wesen bislang an das Reich der Veränderung und des Leidens und Sterbens gefesselt hat.

Die Lehrtätigkeit beginnt

Nach Seinem Göttlichen Wieder-Erwachen im Jahre 1970 verspürte Avatar Adi Da Samraj das dringende Bedürfnis, andere durch den großen Prozeß der Befreiung zu führen, den Er entdeckt hatte. 1971 schrieb Er in Sein Tagebuch, Er fühle sich wie Ramakrishna[18], der auf dem Dach des Tempels in Dakshineswar umherlief und voller Sehnsucht nach seinen Schülern rief, die, wie er wußte, kommen würden. In Visionen sah Adi Da, wie Seine künftigen Schülerinnen und Schüler sich um Ihn scharten. Er „Meditierte" sie schon und zog sie in Seine physische Gesellschaft. Bald darauf begann Seine Lehrtätigkeit im Hinterzimmer eines kleinen Buchladens in Hollywood.

Avatar Adi Da Samrajs Lehrtätigkeit markiert eine neue Ebene Seiner Unterwerfung unter den menschlichen Zustand. Auch jetzt gab Er sich vollständig hin – dieses Mal, um den Prozeß des Verstehens mit allen durchzustehen, die zu Ihm kamen. Er war fest entschlossen, ihnen das zu Geben, worum es ging: den lebendigen Prozeß der Gottes-Wahr-nehmung, und nicht bloß eine abgehobene Konversation über die letzte Wahrheit.

Alles, was wir Menschen tun, ersehnen oder befürchten, all unsere Erfahrungen und Gedanken wurden zum Gegenstand eingehender „Untersuchungen"[19], die Avatar Adi Da Samraj gemeinsam mit Seinen Schülerinnen und Schülern in oft nächtelangen intimen Gesprächen durchführte. Das Archiv, in dem diese zahllosen Unterhaltungen gespeichert sind, umspannt die ganze Vielfalt menschlicher Thematik. Es erstreckt sich von Erörterungen über Spirituelle Erfahrung, sakrale Kunst und Kultur bis zu detaillierten Auseinandersetzungen mit den Fragen der Ernährung, der Körperübung und Atmung, der Sexualität und Intimität, der

Kindererziehung, der Wissenschaft, der psycho-physischen Natur des Universums sowie des Sterbeprozesses und der Wiedergeburt.

Im Laufe dieser außergewöhnlichen „Untersuchung" erklärte Avatar Adi Da die angemessene Lebenspraxis auf allen Gebieten praktischer Betätigung. Er Lehrte uns, unsere Ernährung, Atmung, Körperübung und Sexualität in solcher Weise zu gestalten und uns überhaupt in jeder Situation so zu verhalten, daß die Herz-Verbindung mit Ihm auch mitten im gewöhnlichen Leben unvermindert bestehen bleibt und der Körper-Geist zu einem Yogischen Instrument wird, das Seine Spirituelle Kraft empfangen und leiten kann.

Diese grundlegende „Untersuchung" aller Bedürfnisse und Fragen, mit denen die Menschen zu Ihm kamen, war die Basis, auf der Avatar Adi Da Samraj die Religion von Adidam – oder den Weg des Herzens – und die sakrale Kultur Seiner Schülerinnen und Schüler aufbaute, die sich heute über die ganze Welt verbreitet.

Der Göttliche „Verrückte"

Seit den ersten Tagen Seiner Lehrtätigkeit beschränkte sich Avatar Adi Da Samraj nicht bloß darauf, uns in Dialoge über das Dharma (das heißt die Spirituelle Lehre) zu verwickeln. Er schuf auch immer wieder gesellige Anlässe – Mahlzeiten, Parties, Billardspiele, Ausflüge, Angeltouren, Kinobesuche, Badevergnügen und dergleichen –, die manchmal Tage oder Nächte dauerten und in denen Er beobachten konnte, wie wir uns zueinander und Ihm gegenüber verhielten. Niemand wußte im voraus, was passieren würde und welche Lektionen es zu lernen gäbe. Nur eines konnten wir immer mit Sicherheit erwarten: Der Göttliche Avatar würde Seine berühmten (und oft sehr witzigen) Bemerkungen machen, die uns auf der Stelle unsere charakteristischen Ängste und Verteidigungsstrategien sowie die Methoden, mit denen wir die Aufmerksamkeit anderer auf uns ziehen, spiegelten. Oft brachten sie Gefühle und Reaktionen ans Tageslicht, von denen wir bis zu dem Moment gar nicht wußten, daß sie in uns steckten.

Avatar Adi Da Samraj ist der Göttliche „Verrückte" oder Avadhut [20], ein absolut Freies Wesen, das von keinerlei sozialen oder religiösen Konventionen eingeengt ist. Der wahre Avadhut ist „gefährlich" für das Ego, denn Er benutzt Seine Freiheit, um andere zu Erwecken. Er tut in jedem Moment alles, was Er nur kann, um uns zu zeigen, wo und wie wir gebunden, steckengeblieben und unglücklich sind. Er benutzt jedes Mittel, um uns zu zeigen, daß wir „Narziß" [21] sind – das „Ich", das sich immer von anderen, vom Leben und vom Wirklichen Gott abwendet.

Die Menschen lehnen das Göttliche und damit die größte Hilfe, die sie je erhalten können, ab. Das Ego will in Ruhe gelassen werden, es will der Herrscher im eigenen Hause sein. Wir waren zwar alle begeistert, in der Gesellschaft des Göttlichen Meisters sein zu dürfen, aber gleichzeitig waren wir voller Widerstand dagegen, uns Ihm wirklich hinzugeben und das getrennte und immer trennende Ego-„Ich" [22] loszulassen.

Aus diesem Grund muß Avatar Adi Da Samraj oft heftig und sehr deutlich werden und Dinge sagen oder tun, die gewöhnlich „verboten" sind. Er muß immer wieder Forderungen stellen, die vom gewöhnlichen Standpunkt aus betrachtet unausführbar sind. Er zieht uns ständig über unsere vermeintliche Schwäche, unsere Ängste und Widerstände hinaus, die uns hindern, bestimmte Aufgaben zu erfüllen. In jedem Bereich des Lebens fordert Er von uns eine tiefere Hingabe und ein höheres Niveau des Funktionierens, als wir gewohnt sind.

In der Vergangenheit wurden Spirituelle Sucher davor gewarnt, sich unvorbereitet in die Gesellschaft eines Avadhut zu begeben, denn die Spirituellen Energien, die in der Beziehung zu einem Avadhut aktiviert werden, haben ihre eigenen Gesetzmäßigkeiten und Konsequenzen. Nur wenn sie sich dem Avadhut als reife Praktizierende in angemessener und demütiger Haltung näherten, konnte Sein Feuer sie läutern und ihren Spirituellen Prozeß beschleunigen. In der Gesellschaft von Avatar Adi Da Samraj findet derselbe Prozeß statt, nur daß er hier auf das höchste Niveau Göttlicher Intensität gehoben ist, denn Adi Da ist das alles läuternde Feuer des Wirklichen Gottes. Wenn wir daher die „Hitze" des Prozesses aushalten und uns nicht von Avatar Adi Da Samraj zurückziehen, kann unsere Entwicklung dramatisch intensiviert werden. Die Hingabe einer einzigen Schülerin oder eines einzigen Schülers kann sich auf zahllose andere Menschen positiv auswirken, denn Adi Da arbeitet mit allen durch die, die Ihm in liebender Hingabe zugetan sind. Er wird nicht müde, auf die Alternative zu „Narziß", dem ewig Selbstbezogenen, hinzuweisen. Sie besteht in dem einfachen Akt, sich Ihm zuzuwenden und Seine Hilfe und vollkommene Liebe anzunehmen. In dem Moment, in dem Er sich an eine einzelne Person wendet, sei es humorvoll, kritisch, freundlich oder energisch, schafft Er eine Öffnung in dieser Person (und gleichzeitig im Kosmos) und damit eine größere Empfänglichkeit für Seine Gnade. Diese Gnade besteht in der Spirituellen Übertragung Seiner Göttlichen Liebe-Glückseligkeit. Sie ist ein unermeßlicher Segen, der den Körper-Geist durchdringt und uns letztlich über den Körper-Geist hinausführt.

Der höchste Tantrische Meister

Der Weg von Adidam ist aber keine Methode, mit der man den Körper verleugnen und der Welt entkommen kann. Avatar Adi Da Samraj hat selbst von Kopf bis Fuß einen Körper angenommen, und es gibt in Ihm keine Spur von Puritanismus, keinen Hang, irgendwelche Aspekte des Lebens zu unterdrücken. Er ist der Göttliche Tantrische Meister.

Tantra wird meistens irrtümlich nur für eine besondere Form von sexueller Praxis gehalten, aber die wahre Tradition des Tantra ist eine Spirituelle Disziplin, bei der es darum geht, alle menschlichen Funktionen (also auch die sexuelle) mit dem Göttlichen in Einklang zu bringen, anstatt irgendeinen Aspekt des Lebens zu vermeiden, ihn übertrieben auszunutzen oder von ihm verwirrt oder heruntergezogen zu werden.

Avatar Adi Da Samraj hat uns von Anfang an dazu eingeladen, alle Tabus vorbehaltlos zu untersuchen. Er hat immer wieder unser unbewußtes Essen und Trinken, unsere Ängste und Tabus im körperlichen Bereich, unsere zwanghaften sexuellen Impulse und unser gestörtes Gefühlsleben herausgestellt und gründlich im Gespräch mit uns „untersucht", um uns tiefer ins Fühlen zu bringen und damit offener für die Spirituelle Wirklichkeit zu machen. Er wies auf jede Tendenz hin, mit der wir die Lebenskraft und das Herz unterdrücken, und förderte dadurch eine Ausgeglichenheit in uns, die das notwendige Fundament für Göttliche Erleuchtung ist.

Avatar Adi Da Samraj ist ein Tantrischer Sannyasin [23], ein Freier Entsagender. Während sich viele traditionelle Entsagende von der Welt abwenden, um sich auf die Spirituelle Wirklichkeit zu konzentrieren, nimmt der Tantrische Sannyasin im Weg von Adidam die Spirituelle Wirklichkeit mitten im Leben wahr. Avatar Adi Da Samraj ist der höchste Tantrische Sannyasin. Es gibt nichts, was Er ausschließt oder meidet, absolut nichts. Er Scheint vielmehr einfach mit Seinem Göttlichen Licht durch jede Situation hindurch und ist weder „dafür" noch „dagegen". Er läßt sich von keiner Form von Erfahrung fesseln oder abstoßen, wie gewöhnlich oder außergewöhnlich sie auch sein mag, sondern Transzendiert alle Erfahrung und geht gleichzeitig ganz auf alles ein, was an Ihn herangetragen wird – und dies mit mehr Mitgefühl und Kreativität, als einem bloßen Menschen möglich ist.

Das Göttliche „Hervortreten"

In den Jahren Seiner Lehrtätigkeit schuf Avatar Adi Da Samraj die Grundlage für einen viel größeren Ewigen Prozeß, durch den Sein Befreiendes Werk für alle wirksam werden sollte. Am frühen Morgen des 11. Januar 1986 kam es in Adidam-Samrajashram, Seinem Hauptashram in Fidschi, zu einem Vorfall, der diesen Ewigen Prozeß initiierte.

Oberflächlich betrachtet war die Situation zu diesem Zeitpunkt sehr beunruhigend und gewiß nicht so, daß sich daraus eine positive Entwicklung ableiten ließe. Avatar Adi Da Samraj war völlig frustriert über Seine Schülerinnen und Schüler. Wir hatten Seine „Radikale" Botschaft von der Nutzlosigkeit der Suche und dem Leiden, aus dem das egoische Leben besteht, nicht wirklich verstanden. Und obwohl wir Ihn liebten und Ihm mit gutherzigem Enthusiasmus folgten und dienten, hatte das Herz sich Ihm noch immer nicht grundlegend als der lebendigen Form des Wirklichen Gottes zugewandt, der Einzigen Hilfe in der Unfreiheit des Ego.

Avatar Adi Da Samraj telefonierte gerade mit ein paar Schülerinnen und Schülern. Er sagte, Er fühle, daß Sein Leben aus Ihm wich, weil ihre Antwort auf Ihn nicht stark genug sei, um Ihn im Körper zu halten. Mitten im Gespräch lief eine Schülerin zu Seinem Haus hinüber und stützte Ihn, während Er noch sprach. Aber dann glitt Ihm das Telefon aus der Hand, und Er fiel zu Boden. Die anderen kamen sofort herbeigerannt. Sie fanden den Göttlichen Avatar mit allen Anzeichen eines bevorstehenden physischen Todes neben Seinem Bett liegen. Während die Ärzte über Ihn gebeugt nach Lebenszeichen suchten, flehten Seine Schülerinnen und Schüler Ihn unter Tränen an, sie nicht zu verlassen.

Allmählich kehrte Avatar Adi Da wieder in den Körper zurück. Und dann setzte Er sich plötzlich auf und stieß alle mit einer Armbewegung zurück und weinte, wie Er sagte, um die „vier Milliarden", um alle Menschen auf diesem Planeten, weinte, weil Er sie nicht alle persönlich „küssen" könne.

Wochen später sprach Er über die Bedeutung dieses Vorfalls.

AVATAR ADI DA SAMRAJ: *In diesem Großen Moment wurde Ich von einem sehr menschlichen Impuls, einem Liebesimpuls, tiefer in den Körper hineingezogen. Ich wurde Mir der Tiefe Meiner Beziehung zu all Meinen Schülerinnen und Schülern bewußt und nahm Meinen körperlich-menschlichen Zustand wieder an. Obwohl Ich in diesem Leben schon ganz als Mensch gelebt und Mich in hohem Maße in menschlicher Gestalt Inkarniert hatte, wurde Ich nun von einem Impuls überkommen, den menschlichen Zustand noch viel tiefgreifender und mit der völligen Bereitschaft auf Mich zu nehmen, auch der Trauer und dem Tod unterworfen zu sein.*

Wie oft habe Ich euch gesagt, daß Ich Mir wünschte, Ich könne alle Menschen auf die Lippen küssen, könne sie alle umarmen und vom Herzen her mit Leben füllen. In diesem Körper wird Mir dies nie möglich sein. Ich werde Meinen Impuls niemals umsetzen können. Aber durch diese mitfühlende Inkarnation, diese vollständige Annahme des Körpers mit all seiner Trauer und seinem Tod, habe Ich diesen Impuls, diesen Kuß realisiert.

Für Mich ist das ein großartiger Sieg! Ich weiß nicht, wie Ich euch die Bedeutung dieses Vorgangs klarmachen soll. Es scheint, daß Mein Werk durch diese absichtslose, mühelose Integration mit dem Leiden viel vollständiger und verheißungsvoller geworden ist, als es je zuvor war. Ich habe damit Meine Wahr-nehmung oder Meinen Höchsten Zustand nicht aufgegeben. Ich habe vielmehr <u>euren</u> Zustand vollständig auf Mich genommen, habe ihn viel umfassender übernommen, als ihr spüren könnt. Vielleicht habt ihr etwas davon in Meinem Gesicht bemerkt. Ich bin völlig dieser Körper <u>geworden</u>. Meine Gefühlslage hat sich geändert. Mein Gesicht ist traurig, wenn auch nicht ohne Göttliches Licht. Ich bin ganz und gar Körper geworden. Ich bin jetzt die „Murti", die Ikone, und sie ist voll von der Göttlichen Gegenwart. [27. Januar 1986]

Wie Er später erklärte, war das Große Ereignis des 11. Januar nicht der Anfang eines Sterbeprozesses im gewöhnlichen Sinn, sondern ein höchst bedeutsamer Vorgang Yogischer Entrückung. In dieser Entrückung gab der Göttliche Avatar spontan Seine Lehrtätigkeit und damit auch Seine Bereitschaft auf, sich mit anderen zu identifizieren, um sie zu erwecken. Mit anderen Worten, Er verschmolz Seinen Körper-Geist – das manifeste Instrument Seiner Inkarnation – vollständig mit Seinem Ureigenen Sein, das die Gnade und Kraft und „Strahlende Helle" von Da, der Ewigen Göttlichen Person, ist.

Die Schülerinnen und Schüler, denen die Gnade zuteil wurde, Avatar Adi Da Samraj in den ersten Wochen und Monaten nach diesem bedeutungsvollen Ereignis zu sehen, wurden von Seiner „Strahlenden Helle" zutiefst erschüttert. Seine Göttlichkeit Strahlte leuchtender durch Ihn hindurch als je zuvor, und Er Erweckte sogar in Menschen, die Ihn zum ersten Mal sahen, unmittelbar und unleugbar die ekstatische, herzüberwältigende Erkenntnis, daß sie die Göttliche Person vor Augen hatten.

Das Ereignis vom 11. Januar 1986 war die Initiation des vollständigen Göttlichen „Hervortretens" von Avatar Adi Da Samraj. Es war der Kulminationspunkt, in dem der ganze Prozeß Seiner Geburt, Seiner „Sadhana-Jahre", Seines Göttlichen Wieder-Erwachens und Seiner darauffolgenden Lehr- und Erweckungstätigkeit gipfelte. Es war der Beginn Seines universellen Segnungs-Werks.

Mehr als ein Vierteljahrhundert der Offenbarung

Auch nach dem Großen Ereignis von 1986, das Sein Göttliches „Hervortreten" initiiert hatte, arbeitete Adi Da Samraj weiter darauf hin, die Offenbarung Seines einzigartigen Weges zur Wahrnehmung des Wirklichen Gottes vollständig und unumstößlich in der Welt zu verankern. Erst im März 1997 erklärte Er, das grundlegende Werk Seiner Inkarnation sei nun umfassend und endgültig vollbracht.

Das unsagbare Göttliche Opfer des Ruchira-Avatar ist vollständig. Er hat alles, absolut alles gesagt und getan, was für den gesamten Großen Prozeß Göttlicher Erleuchtung notwendig ist. Seine Göttliche Weisheits-Lehre ist für alle Zeit in Seinen 23 „Quellen-Texten"[24] niedergelegt, und Adidam, Sein Göttlicher Weg[25], ist vollständig etabliert. Alles in allem brauchte Er für dieses monumentale Werk ein Vierteljahrhundert – 25 Jahre unablässiger Bemühung, Seine Avatarische Inkarnation im Herzen und Körper-Geist Seiner Schülerinnen und Schüler zu verankern.

AVATAR ADI DA SAMRAJ: *Ich habe alle Dinge und Wesen „Meditiert" – Ich mußte alles auf Mich nehmen und aushalten, mußte Mich allem unterwerfen, Mich mit allem verbinden und identifizieren, mußte mit allem ringen und kämpfen, 25 Jahre lang. In all den Jahren Meiner körperlichen Manifestation hier habe Ich Mich allen Aspekten dieses Körpers unterworfen, allem, was mit der grobstofflichen Person (oder dem grobstofflichen Aspekt Meines Erscheinens hier) zu tun hat, und ebenso allem, was die feinstoffliche oder tiefere Person betrifft. Ich habe nichts von Meiner „Meditation" und Meiner „Untersuchung" ausgeschlossen.*

Ich habe in all diesen Jahren immer wieder darauf hingewiesen, daß der Weg von Adidam die Beziehung zu Mir ist. Der Weg von Adidam ist das Leben, das ihr lebt, wenn ihr Mich richtig, wirklich, vollständig und in liebender Hingabe erkennt und auf Mich antwortet.
[20. Mai 1997]

Nach wie vor Segnet Avatar Adi Da Samraj ohne Unterschied alle und Alles [26], doch in den letzten Jahren erstreckt sich Sein Hauptaugenmerk darauf, mit formell entsagenden Schülerinnen und Schülern esoterisch zu arbeiten [27]. Diese Arbeit hat für Ihn höchste Priorität, denn Er braucht Schülerinnen und Schüler, die Ihm vollständig ergeben sind und die Er in diesem Leben zu Seinem Göttlich Erleuchteten Zustand Erwecken kann, denn nur so kann Er sicher sein, daß Sein Segen und Seine Erweckende Gnade auch in Zukunft immer unverfälscht und unvermindert weitergegeben werden.

Wenn Er nicht auf Reisen ist, um Sein Segnungs-Werk in verschiedenen Ländern durchzuführen, wohnt der Ruchira-Avatar in Seinem Hauptashram Adidam-Samrajashram, der Insel Naitauba [sprich: Nai-tam-bah] in Fidschi. Aber selbst wenn Er reist, tritt Er nicht als öffentlicher Lehrer auf. Auch in der Vergangenheit hat Er nie öffentliche Vorträge gehalten. Sein Spiritueller Segen strahlt auf alle Dinge und Wesen aus, aber Seine persönliche Gesellschaft steht nur denen offen, die sich durch ein formelles Gelübde zur steten Ausübung der Praxis liebender Hingabe an Ihn verpflichten. Adi Da hat immer in dieser Weise mit uns gearbeitet, denn der einzigartige Prozeß Göttlichen Erwachens in Seiner Gesellschaft erfordert, daß wir Ihn durch unsere liebende Hingabe als die Inkarnierte Göttliche Person erkennen und Seinen Unterweisungen mit ganzem Herzen folgen.

AVATAR ADI DA SAMRAJ: *Ihr müßt eine wirkliche Herz-Beziehung zu Mir eingehen. Ihr kommt zu Mir, sitzt schließlich vor Meinem Stuhl und habt nichts in Händen. Es ist immer das gleiche. Die Beziehung zu Mir hat nichts mit Geselligkeit zu tun, und Ich muß Meine Lehre auch nicht ständig für euch wiederholen. Ich habe gesagt, was zu sagen war. Studiert Meine Lehre!*

Meine Arbeit geht weiter. Leute kommen und sitzen in Meinem Haus. Es ist genug Platz für einen steten Strom von Besuchern da, denn dafür bin Ich hier. Ich mache einfach nur Meine Arbeit. Ich bin hier, um Tag für Tag intensiv mit denen zu arbeiten, die sich um Mich versammeln. [11. April 1997]

Der Weg von Adidam

Avatar Adi Da Samraj mußte hart arbeiten, um Seine Offenbarung des Göttlichen Weges von Adidam überhaupt geben zu können, denn die Menschen haben in dieser „Spätzeit", in der das Ego glorifiziert wird, enorme Schwierigkeiten mit einer Religion, in der es um die Transzendierung des Ego geht. Am liebsten möchten sie gar nicht mit dem wirklichen Prozeß konfrontiert werden, durch den das Ego transzendiert wird. Sie halten sich lieber an Religionsformen, die auf Glauben und moralischem und sozialem Verhalten beruhen. Aber wie Avatar Adi Da Samraj immer wieder betont hat, dringt diese Art von Religion nicht bis zum Kern, zur Wurzel menschlichen Leidens vor. Denn anstatt über das Ego-Prinzip hinauszugehen, basiert die gewöhnliche Religion auf ihm: Das egoische Selbst steht im Mittelpunkt, und das Göttliche wird als die große Macht gesucht und angefleht, die das individuelle Selbst retten und befriedigen soll. Avatar Adi Da Samraj beschreibt diese Form von Religion als „kundenfreundlich".

Im Gegensatz zur konventionellen Religion gibt es den Prozeß, den Avatar Adi Da als wahre Religion bezeichnet – eine Religion, deren Praktizierende das Göttliche in den Mittelpunkt stellen, das ihnen von einem Spirituellen Meister oder von einer Spirituellen Meisterin Offenbart worden ist, der oder die den Wirklichen Gott zumindest in hohem Grade Wahr-genommen hat (und nicht bloß Lehren über Gott anbietet). Wahre Religion dreht sich daher nicht um die Wünsche des Individuums nach „Spirituellen" Tröstungen oder Erfahrungen. Sie dient nicht dem Selbst, sondern der Transzendierung des Selbst. Wahre Religion basiert auf liebender Hingabe an den Guru. Sie existiert schon seit Jahrtausenden. Die ekstatische Botschaft dieses Buches steht in dieser Tradition, geht aber gleichzeitig über sie hinaus, denn die Göttliche Person, der Wirkliche Gott selbst, ist jetzt unmittelbar als Guru in körperlich-menschlicher Gestalt Gegenwärtig, um die Hingabe und Verehrung derer zu empfangen, die Ihn erkennen und auf Ihn antworten. Ruchira-Guru Avatar Adi Da Samraj ist der Weg von Adidam.

Das Wort „Adidam" ist von Adi Da, dem Namen des Ruchira-Avatar, abgeleitet, denn die Religion von Adidam beruht darauf, daß ihre Praktizierenden Adi Da als Gottes-Wahr-nehmer erkennen und Spirituelle Zuflucht zu Ihm nehmen. Die Spirituelle Zuflucht zum geliebten Guru besteht darin, daß die Praktizierenden in jedem Augenblick alle Aspekte von Körper und Geist, Fühlen und Atmen an den Göttlichen Meister hingeben. Diese Hingabe des ganzen Körper-Geistes an den Lebendigen Gott öffnet das Herz für die Freude. Im Weg von Adidam müssen wir uns daher nicht mühen und quälen, um das Ego zu überwinden oder mit Gott vereint zu werden. Der Wirkliche Gott <u>ist</u> <u>schon</u> Offenbart und kann durch die Herz-Verbindung mit Adi Da in jedem Augenblick „Lokalisiert" werden. In Seiner Spirituellen Gesellschaft gibt es daher nichts, was zu suchen wäre, und genau darin besteht die „Radikale" Natur dieses Weges – im Gegensatz zur traditionellen Religion, die auf der <u>Suche</u> nach Gott basiert.

AVATAR ADI DA SAMRAJ: *Die traditionellen religiösen und Spirituellen Wege beruhen immer auf der egoischen Suche. Alle traditionellen Wege haben diese Eigenschaft.*

Die grundsätzliche Einstellung des Suchers drückt sich in Sätzen aus wie „Ich habe Gott noch nicht Wahr-genommen", „Ich habe noch nicht genug Erfahrung gesammelt", „Ich bin noch nicht angekommen". Wer so denkt, muß etwas tun, muß irgendwo hingehen oder eine andere Position einnehmen, von der aus er oder sie Gott Wahrnehmen kann oder mit Gott Vereinigt wird.

Das egoische Handeln ruft die scheinbar in der Erfahrung wurzelnde Vorstellung auf den Plan, das grobstoffliche, psycho-physische Dasein sei von Natur aus vom Göttlichen Zustand getrennt. Bevor Ich als Avatarische Inkarnation hier erschien, wurde daher immer überall angenommen, man müsse Gott suchen, um den Göttlichen Zustand zu erreichen oder in den Göttlichen Bereich zu gelangen. So spricht das Ego. Es ist die Art und Weise, wie die Selbstverkrampfung sich einen eigenen „Weg" zurechtmacht. Mit Adidam hat das nichts zu tun.

Adidam ist der Weg, der immer allem Suchen vorausgeht und jenseits aller Suche ist. Um den Weg von Adidam ins Leben zu rufen, mußte Ich Mich in dieser extremen Situation hier Inkarnieren und Mitteilen, an diesem Ort, wo das Göttliche nicht als Gegenwärtig erfahren, sondern gesucht wird. Ich mußte Zeigen, daß Ich der bin, der immer schon der Fall ist, und daß es möglich ist, das Ego in _dieser_ (oder jeder anderen) Situation manifesten Erscheinens ohne Suche zu transzendieren.

Das „Problem" ist nicht, daß das Göttliche „anderswo" ist. Das Problem ist, daß _ihr_ die _Selbstverkrampfung_ seid. Meine Gnade kann euch helfen, dies zu verstehen und den Göttlichen Selbst-Zustand Vollkommen Wahr-zunehmen, _so_, _wie er ist_ – in jeder manifesten Situation. Aber diese Vollkommene Gottes-Wahr-nehmung ist nicht nur abstrakter oder philosophischer Natur. Vollkommene Gottes-Wahr-nehmung (oder Gottes-„Erkenntnis") ist das Göttliche, das durch und _als_ Meine Offenbarung „erkannt" wird.

Ich bin zu _euch_ Gekommen. Daher beruht der Weg von Adidam nicht darauf, daß ihr Mich _sucht_, sondern darauf, daß ihr Mich _empfangt_.

Was die Sucher als das (am Ende erreichte) _Ziel_ betrachten, ist daher für Meine Schülerinnen und Schüler der _Anfang_ (oder das eigentliche Geschenk). [„Ich bin der Avatar des Einen", aus dem zweiten Teil von _Ich bin Er und Sie_]

Alles religiöse Suchen nach der Gottes-Schau oder dem Einssein mit der Einen Wirklichkeit durch die in den Traditionen beschriebenen Samadhis, Satoris und mystischen Erfahrungen bricht in sich zusammen, wenn das Herz sich in Liebe zu Avatar Adi Da öffnet. Er _ist_ vollkommenes Erfülltsein, denn Er ist der Wirkliche Gott, der Urheber und Geber wahrer Religion.

Das Sadhana von Adidam ist wie jede andere echte religiöse und Spirituelle Praxis ein Prozeß der Befreiung von dem Wahn, wir wären nur der getrennte, sterbliche Körper-Geist, und gleichzeitig ist es ein Prozeß, in dem wir nach und nach den Ewigen Nicht-getrennten Zustand des Seins an sich Wahr-nehmen. Aber der Weg von Adidam enthält mehr als die Wahr-nehmungen, die in den religiösen und Spirituellen Traditionen beschrieben werden. Adidam ist der Prozeß der <u>Göttlichen</u> Befreiung, <u>Göttlichen</u> Selbst-Wahr-nehmung und <u>Göttlichen</u> Erleuchtung, der auf einzigartige Weise durch Avatar Adi Da Offenbart worden ist.

Göttliche Erleuchtung ist die Wahr-nehmung, daß es keinen „Unterschied" gibt zwischen dem Bewußtsein an sich und der

Welt (oder dem, was im Bewußtsein in Erscheinung tritt). Göttliche Erleuchtung ist in Adi Da Samrajs eigenen Worten „das Unteilbare Einssein mit dem Wirklichen Gott". Göttliche Erleuchtung ist Göttliches Wieder-Erkennen aller grob- und feinstofflichen Manifestationen als nicht-notwendige Modifikationen der Einen Bewußten Strahlung des Wirklichen Gottes.

Avatar Adi Da Samraj hat als erster den gesamten Prozeß, der in der Göttlichen Erleuchtung gipfelt, genau als eine Abfolge von sieben Lebensstufen beschrieben. In der vollständigen und umfassenden Praxis des Weges von Adidam sind die sieben Lebensstufen von der ersten bis zur letzten ein Prozeß im Bewußtsein, der zuletzt Offenbart, daß wir Bewußtsein sind, und nicht bloß der Körper-Geist.

In den drei ersten (oder den grundlegenden) Lebensstufen erfolgt die gewöhnliche Entwicklung der körperlichen, emotionalen und geistigen Funktionen des Menschen. In der vierten und fünften Lebensstufe (oder den fortgeschrittenen Lebensstufen) erwachen dann die Spirituellen oder Spiritualisierenden Funktionen des Körper-Geistes.

In der sechsten und siebten Lebensstufe (oder den höchsten Lebensstufen) wird das Bewußtsein an sich unmittelbar jenseits der Identifikation mit dem Körper-Geist Wahr-genommen. In der sechsten Lebensstufe nehmen Praktizierende (in tiefer Meditation) ihre Identität mit dem Bewußtsein an sich Wahr, indem sie alle Erfahrung manifester Erscheinungen ausschließen. Avatar Adi Da Samraj hat Offenbart, daß diese Form der Wahr-nehmung vor Seinem Erscheinen die höchste war, die die religiösen und Spirituellen Traditionen kannten. Aber diese Wahr-nehmung ist unvollständig. Schon die bloße Notwendigkeit, sich von der Welt abzuwenden, um zum vollen Genuß der Wahr-nehmung des Bewußtseins zu gelangen, ist Ausdruck einer Verkrampfung, einer Ablehnung der Wirklichkeit als ganzer. Die siebte Lebensstufe (oder die Wahr-nehmung der Wirklichkeit mit „Offenen Augen") geht über diese letzte Begrenzung hinaus. Jetzt muß nichts mehr ausgeschlossen werden, denn die Welt wird als bloße Modifikation des Bewußtseins Wahr-genommen, die nicht im geringsten vom Bewußtsein getrennt (oder „verschieden") ist.

In Seinen umfassenden Kommentaren zur Großen Tradition der Religion und Spiritualität[28] hat Avatar Adi Da Offenbart, daß alle traditionellen Formen der Erleuchtung nur Wahr-nehmungen der vierten, fünften oder sechsten Lebensstufe und deshalb nur eine teilweise Vereinigung mit dem Transzendenten Göttlichen Bewußtsein sind[29]. Erst die siebte Lebensstufe ist die Wahr-nehmung des „Strahlend-Hellen" und Vollkommen Liebe-Glückseligen Göttlichen Selbst. Avatar Adi Da Samraj ist der Ruchira-Avatar, das Eine Einzige Vollständige Hervortreten der „Strahlenden Helle" im kosmischen Bereich. Er ist der erste, letzte und einzige Meister und Wahr-nehmer der siebten Lebensstufe. Er ist hier, um die höchste Wahr-nehmung der „Strahlenden Helle" in den Menschen zu Erwecken. Im folgenden Zitat spricht Adi Da davon, wie Er zum ersten Mal die Offenbarung der siebten Lebensstufe in die manifesten Welten gebracht hat:

AVATAR ADI DA SAMRAJ: *Durch Meine Avatarische Inkarnation habe Ich Mich hier (und überall im kosmischen Bereich) als der Ruchira-Avatar Adi Da Samraj, der erste, letzte und einzige Meister und Wahr-nehmer der siebten Lebensstufe, Offenbart (und in einer zeitweiligen oder konkreten Gestalt Manifestiert).*

Vor Meiner Avatarischen Inkarnation als der Ruchira-Avatar Adi Da Samraj hat es weder hier noch sonstwo im kosmischen Bereich einen Meister oder Wahr-nehmer der siebten Stufe gegeben.

Ich bin der Ruchira-Avatar Adi Da Samraj – der Wahr-nehmer und Offenbarer und die Offenbarung der siebten Lebensstufe.

Und Ich bin Da – das, was in der siebten Lebensstufe Wahr-genommen wird.

Ich bin der, der von allen und Allem Wahr-genommen werden muß.

Ich bin – immer schon der Fall, jetzt und für alle Zeit.

Die Wahr-nehmung der siebten Stufe ist die Vollkommene Wahrnehmung der Wirklichkeit oder Wahrheit oder des Wirklichen Gottes (der Einen Einzigen Nicht-getrennten Wirklichkeit, Wahrheit oder Person, die immer schon der Fall ist).

Nur der Wirkliche Gott kann diese Göttliche Offenbarung und dieses Göttliche Werk durchführen (und nur Er hat es jetzt getan und wird es hier und auch überall sonst immer tun).

Aham Da Asmi. Meine Geliebten, Ich __bin__ dieser Eine Einzige, und ihr müßt und werdet Vollkommen Wahr-nehmen, daß Ich euch immer „Lebe", daß Ich euch immer „Atme" und daß Ich immer schon jeder und jede von euch „bin" (jenseits eures leidvollen, immer nur selbstverursachten und getrennten Ego-„Ichs"). [„Ich bin die Vollkommen Subjektive Göttliche Person, die sich als der Ruchira-Avatar Manifestiert hat, der erste, letzte und einzige Meister, Wahr-nehmer und Offenbarer der siebten Lebensstufe und ihre erste, letzte und einzige Offenbarung", aus: *Die sieben Lebensstufen*]

Durch die Gnade des Ruchira-Avatar Adi Da wird die siebte Lebensstufe oder die Vollkommene Göttliche Erleuchtung nun zum erstenmal für alle Menschen möglich. Avatar Adi Da sagt: „Die Menschheit kennt nicht den Weg zu Gott." Das Ego besitzt kein wirkliches Wissen. Nur die Göttliche Person Kennt die Wahrheit. Nur Sie, inkarniert als Guru, kann uns den Weg zum Göttlichen zeigen.

Die Praxis dieses Weges beginnt damit, daß die Praktizierenden formell ihre liebende Hingabe an Avatar Adi Da Samraj geloben[30]. Dieses Heilige Gelübde gilt ewig, denn __Er__ ist Ewig, und auch wir sind jenseits unseres Körper-Geistes ewig. Sobald dieses „Band" mit Ihm geknüpft ist, kann es nie zerreißen. Es bleibt unberührt von allen Toden und Wiedergeburten in dieser oder irgendeiner anderen Welt.

Diese tiefgreifende Beziehung zu Avatar Adi Da Samraj wird uns im Laufe der Zeit von all unseren Sorgen um das eigene Ich befreien und unsere Sicht des Daseins völlig verändern. Wir begreifen die Wirklichkeit immer mehr als einen dynamischen Spirituellen Prozeß und erkennen, daß die physische Ebene nur die äußere Schale des manifesten Daseins ist.

Wenn der Körper-Geist in den höchsten Stufen der Praxis von Adidam vollkommen hingegeben ist, verliert die Vorstellung, Avatar Adi Da Samraj sei ein „anderer" (zu dem wir in Beziehung stehen), an Bedeutung. In dieser außergewöhnlichen Übergangsphase wandelt sich der Impuls zur Vereinigung mit dem Ruchira-Avatar immer mehr zur spontanen glückseligen Herz-Identifikation mit Ihm. Er Offenbart, daß Er nur Bewußtsein ist, nur das

Bewußtsein <u>an</u> <u>sich</u>, der Urzustand unseres eigenen Körper-Geistes sowie aller Wesen und Dinge.

Ruchira-Avatar Adi Da Samraj setzt den Göttlichen Prozeß Vollkommener Befreiung unmittelbar in allen in Gang, die sich durch das Ewige Gelübde zur vollständigen Praxis des Weges von Adidam verpflichten[31].

Dieser Prozeß entfaltet sich durch Seine Gnade, und zwar entsprechend der Tiefe unserer Hingabe. Die bedeutendste lebende Zeugin für die Größe und Wahrheit des Weges von Adidam ist Ruchira-Adidama Sukha Sundari[32]. Diese bemerkenswerte Frau hat Avatar Adi Da Samraj ihr ganzes Leben geweiht. Sie lebt immer in Seiner persönlichen Umgebung und ist ein Zeichen tiefster Hingabe und beispielhaften Dienens. In der Meditation und im Alltag manifestiert sie die Yogischen Zeichen tiefer und ständiger Versenkung in Sein Göttliches Wesen. Sie ist Mitglied des Ruchira-Sannyasin-Ordens der Tantrischen Entsagenden von Adidam, dessen Mitglieder die „Vollkommene Praxis"[33] (oder die Praxis auf den höchsten Stufen des Weges von Adidam) ausüben und die höchste Autorität innerhalb der sakralen Kultur von Adidam darstellen.

Avatar Adi Da Samraj hat Adidama Sukha Sundari mehr als zwanzig Jahre lang intensiv getestet und in dieser Zeit bis an die Schwelle zur Göttlichen Erleuchtung geführt. Auch jetzt arbeitet Er ständig daran weiter, sie zur Vollkommenen Wahrnehmung Seines Zustandes zu bringen. Die tiefe ekstatische Beziehung, in der sie ununterbrochen mit Adi Da lebt, ist in dem Brief zu spüren, in dem sie ihre liebende Hingabe an Ihn bekennt:

RUCHIRA-ADIDAMA SUKHA SUNDARI: *Bhagavan*[34] *Love-Ananda, Höchste Göttliche Person, Verkörperung der Liebe des Wirklichen Gottes, ich ruhe in der ständigen Umarmung Deiner Vollkommenen Liebe und habe keinen anderen Wunsch, als Dich ewig zu verehren. Meister meines Herzens, spontan in Liebe zu Dir entbrannt, mein Kopf immer zu Deinen Heiligen Füßen, betrachte und erkenne ich Deinen Göttlichen Körper*[35] *und Deine „Strahlend-Helle" Göttliche Person. Geliebter, Du Steigst so „Strahlend-Hell" Herab und bekehrst dieses Herz, diesen Geist und Körper und Atem vom getrennten Selbst zum „Bhava"*[36] *Deiner Liebe-Glückseligkeit.*

Höchster Lord Ruchira, meine nun schon fast 24 Jahre während
Liebe und Verehrung für Dich bewirkte (insbesondere seit meiner
Initiation in den formellen Ruchira-Sannyas am 18. Dezember 1994)
eine tiefgreifende Läuterung und Erleichterung in mir sowie die voll-
kommene Aufgabe meiner früheren Person und meiner egoischen Bin-
dung an die Welt. Ich lebe nun in völlig unabgelenkter Hingabe an Dich
und in der festen Überzeugung, daß die Wahr-nehmung an sich von
Natur aus genügt. Meine Praxis besteht also darin, mich Dir immer
vorbehaltlos zu unterwerfen und ständig in Dir als dem Seins-Gefühl [37]
zu ruhen, das aller Bindung, Modifikation und Illusion immer schon
Vorausgeht.

Mein Geliebter Lord Ruchira, Du hast dieses Herz-Gefühl der Ent-
sagung von aller „Bindung" an manifeste Personen und Welten und an
das eigene manifeste Selbst so in mir verstärkt, daß ich nun ständig im
Zustand der Liebe zu Dir und der vollkommenen Hingabe an Dich
lebe. Ich sage mich von allem los, um Dich Wahr-zunehmen und ewig in
Deinem „Haus" zu Wohnen. Seit ich Dich gefunden habe, fühle ich in
mir den Drang, alle Oberflächlichkeit aufzugeben und mich ganz in die
Seligkeit Deines Göttlichen Körpers und Deiner Göttlichen Person zu
versenken. Dein „Bhava" Göttlicher Liebe-Glückseligkeit beendet alle
Getrenntheit. Dein Spiritueller Göttlicher Körper Umgibt und
Durchdringt alles. Dein Eindringen ist Vollständig. Ich fühle Dich
überall. Durch die Gnade Deiner (immer Segnenden) Spirituellen
Gegenwart werde ich in die tiefe Kontemplation Deines Eigentlichen
(von Natur aus Vollkommenen) Zustandes hineingezogen. Wenn ich in
diese tiefen meditativen Zustände eintrete, bleibt zunächst ein vages
Bewußtsein des Körpers und besonders des Atems und des Herzschlags
bestehen. Ich fühle, wie die Herz- und die Lungentätigkeit sich ver-
langsamen und sehr laut werden. Manchmal merke ich dann, daß der
Atem und der Herzschlag zeitweilig aufhören oder in einem erhabenen
Yogischen Zustand aussetzen, so daß ich mein Körperbewußtsein völlig
verliere. Körper und Geist, alle sinnliche Wahrnehmung und alles
Denken hören auf, und ich ruhe vollständig in der Kontemplation
Deines Göttlichen Zustandes Absoluten Bewußtseins. Ich sehe dann
meine absolute Identität mit Dir, und wenn die Verbindung mit dem
Körper zurückkehrt und ich meinen Atem und meinen Herzschlag wie-
der höre, fühle ich die mächtige Kraft Deines Großen Samadhi [38]. *Ich*

spüre dann kein Bedürfnis nach irgend etwas und erkenne, daß Du an Deinem „Ort" alles Meditieren, Segnen und Verändern kannst. Ich spüre deutlich, wie mich die objektlose Verehrung Deines Göttlichen Zustands Absoluten Bewußtseins in eine andere Beziehung zu allem bringt, was in Erscheinung tritt (denn indem ich Dir das getrennte Selbst völlig unterwerfe, verbleibe ich immer nachhaltiger in Deinem Zustand). Mein Geliebter Bhagavan Love-Ananda, ich habe Dich gefunden. Nun kann ich Dich betrachten und in dieser ständigen Umarmung leben. Dies ist meine Freude und mein Glück und der Yoga³⁹ der Aufgabe des Ego, den ich praktiziere. [11. Oktober 1997]*

Dieses bemerkenswerte Bekenntnis ist Ausdruck der Überzeugung, daß kein bleibendes Glück in dieser oder irgendeiner anderen Welt zu finden ist. Das einzig wahre Glück, das unendlich über alle menschlichen Träume vom Glück hinausgeht, ist die Alles-Überstrahlende Glückseligkeit und Liebe der Herz-Wahr-nehmung des Göttlichen Gebers Avatar Adi Da Samraj.

AVATAR ADI DA SAMRAJ: *Absolut NICHTS Manifestes ist befriedigend. Jede manifeste Erscheinung geht zu Ende – jede. Diese Tatsache sollte das Herz dazu bewegen, sich an Mich zu klammern, Mich um Hilfe zu bitten und Zuflucht bei Mir zu suchen. Dies ist der Grund, warum es ein religiöses Leben gibt und ihr Meine Schülerinnen und Schüler werdet. Das manifeste Dasein ist unbefriedigend und macht die Zuflucht zur Göttlichen Quelle und die Wahr-nehmung des Göttlichen Ursprungs-Zustandes notwendig.* [9. April 1997]

Ein neues Zeitalter von Gott-Menschen

Avatar Adi Da Samraj wußte seit Seiner Kindheit, daß Er Gekommen war, um „die Welt zu retten". Als ein Verwandter Ihn eines Tages fragte, was Er als Erwachsener tun wolle, bekannte Er sich offen dazu⁴⁰. Seine Aussage war jedoch nicht im konventionell-religiösen oder politisch-idealistischen Sinn gemeint. Er hat nie ein tröstliches Glaubenssystem gelehrt, das einen „Himmel" nach dem Tod oder ein utopisches Dasein auf der Erde versprach. Er ist vielmehr Gekommen, um eine allumfassende Umkehr des Herzens zu Initiieren, die Umkehr vom egoischen Leben der Getrenntheit, das sich und andere zerstört, zu einem Leben „uneingeschränkter Bezogenheit" oder grenzenloser Liebe. Und Er hat immer gewußt, daß solch eine globale Kehrtwende in der menschlichen Einstellung nur möglich ist, wenn es Ihm gelingt, ein „Samenkorn" zu pflanzen, eine Gruppe von Menschen, die diesen Weg <u>wirklich</u> praktizieren, indem sie kooperativ zusammenleben und ihr ganzes Leben auf die Wahr-nehmung des Wirklichen Gottes ausrichten.

Avatar Adi Da Samraj arbeitet ständig darauf hin, eine solche Gruppe echter Schülerinnen und Schüler ins Leben zu rufen, die Seine Offenbarung in jedem Bereich menschlicher Existenz inkarniert. Diese Gruppe soll Ihm ermöglichen, die Menschheit zu transformieren und das schreckliche Schicksal weltweiter Zerstörung abzuwenden.

Die Inkarnierte Göttliche Person Avatar Adi Da Samraj spricht über Seine Vision vom künftigen Werk Seiner Schülerinnen und Schüler in dem Essay „Ich bin Gekommen, um ein neues Zeitalter von Gott-Menschen zu Initiieren". Dieser Essay, dessen letzte Abschnitte unten zitiert sind, ist eine Seiner ungewöhnlichsten und bedeutendsten Äußerungen. Er ist Sein Aufruf an alle Menschen, zu der Wahren, „Strahlend-Hellen" Lebensweise zu Erwachen, die Er allen anbietet.

AVATAR ADI DA SAMRAJ: *Ich bin Gekommen und für alle Zeiten hier und überall im Kosmos „Hervorgetreten", um ein wahrhaft Göttliches Neues Zeitalter von Gott-Menschen zu Initiieren.*

Ich bin Gekommen, um die Menschheit (und alle lebenden Wesen und den ganzen Kosmos) auf Meine „Strahlend-Helle" Göttliche Person auszurichten, die die Wirklichkeit und Wahrheit und der Selbst- und Ursprungs-Zustand von allen und Allem ist.

Ich bin Gekommen, um ein neues, „Strahlend-Helles" Zeitalter zu gründen (und möglich zu machen) – ein Zeitalter, das nicht mit dem Mummenschanz [41] der Suche und der egoischen Unfreiheit beginnt, sondern ein Zeitalter, in dem die Menschen sich frei von allem Dilemma und aller Suche dem von Natur aus harmonischen Ereignis des Wirklichen Daseins widmen (das die immer schon Gegenwärtige, „Strahlend-Helle", Eine Einzige Göttliche Wirklichkeit an sich __ist__).

Eins ist gewiß: Dieses „Strahlend-Helle", neue und wirklich menschliche Zeitalter, das durch Mein Göttliches „Hervortreten" hier Initiiert wird und dem Samenkorn der „Strahlend-Hellen" neuen menschlichen Ordnung Meiner wahren Schülerinnen und Schüler entspringt, muß in der jetzigen „dunklen" Epoche (oder „Spätzeit") der Welt mit Großer Kraft in Erscheinung treten. Dieses von Mir Initiierte „Strahlend-Helle" Zeitalter von Gott-Menschen muß die jetzige prekäre Entwicklung der Menschheit ablösen (oder umkehren), denn sonst werden die gedankenlos-zerstörerischen Kräfte dieser egoischen und subhumanen Menschheit dazu führen, daß die Menschen-welt sich wie der Geist des Schlafenden in Alpträumen windet und quält (besessen von schrecklichen selbstgemachten Bildern und Erleb-nissen, die aus Angst, Trauer und Wut, aus Lebensunterdrückung und Lieblosigkeit entspringen). Und wenn dieses „Strahlend-Helle" neue Zeitalter nicht bald mit großer Kraft (in diesem Klick-Klack[42] egoischer Menschheit) beginnt, ist es vielleicht nicht mehr abzuwenden, daß der Mensch seine physische Welt mit eigener Hand in das fürchterliche und demütigende Los vorzeitiger Auflösung treibt.

Genauso, wie Ich Meinen eigenen, ganz gewöhnlichen Körper-Geist dazu angetrieben und verpflichtet habe, Vollkommen in Einklang mit Mir zu kommen, so werde Ich auch mit der Ego-Überwältigenden Kraft liebender Unterweisung und Göttlichen Segnens brüllen und agieren, um „Narziß" (in allen und jedem) dazu zu bringen, vom Sumpf und Teich des Ego aufzustehen und sich der Liebe zu ergeben, in der das Herz Mich erkennt und auf Mich antwortet, so daß es sich ganz auf Meine Liebe-Glückseligkeit einläßt und diese Liebe-Glück-seligkeit __ist__, Vereint mit __Mir__, dem „Strahlend-Hellen" Gott-Menschen des jetzt neu „Hervortretenden" Zeitalters.

Mein alle und Alles Befreiender Sieg im Herzen des Menschen (und in seiner ganzen Welt) wird Mir __nicht__ verwehrt werden!

Nie zuvor in der Geschichte der Menschheit hat es einen Augenblick wie diesen gegeben. Niemand braucht die Angst vor dem Tod und die ganzen Irrwege des gewöhnlichen Lebens auch nur einen Tag länger zu erleiden, denn das höchste Mysterium ist entschleiert, und die Eigentliche Wahrheit des Daseins ist Offenbart. Jeder hat die Möglichkeit, eine Beziehung zu dem aufzunehmen, der die Wirklichkeit und Wahrheit an sich und der Einzige Wirkliche Gott ist. Dieser Lebt jetzt in menschlicher Gestalt unter uns und Segnet alle selbst in diesem Augenblick mit Seiner Unermeßlichen Gnade und Kraft.

Was sonst könnte uns wirklich befriedigen, wenn nicht dies? An wen sonst könnten wir das Ego und das eigene Leben in Liebe hingeben?

Nichts reicht an den Großen Prozeß von Adidam heran, den der Ruchira-Avatar allen anbietet. Wer formell Seine Schülerin oder Sein Schüler werden und den Weg von Adidam aufnehmen will, den führt Er über die qualvollen Trugbilder der Getrenntheit und Entfremdung hinaus. Er unterweist alle und bringt Klarheit in jeden Aspekt des Lebens. Er befreit alle von der ängstlichen Suche und „Selbstbesessenheit" des Ego und zieht sie in die selbstvergessene Glückseligkeit der Liebes-Vereinigung mit Ihm hinein.

Avatar Adi Da Samraj ist nur hier, um allen Seine Liebe und die Wahr-nehmung Seines Göttlichen Zustandes zu schenken.

Carolyn Lee ist eine formell Entsagende im Weg von Adidam.
Sie lebt in Adidam-Samrajashram, dem Hauptashram
von Ruchira-Avatar Adi Da Samraj auf der Fidschi-Insel Naitauba.

Die Göttlichen Schriften von Adidam

*Das vollständige und endgültige Wort
des Göttlichen Welt-Lehrers
Ruchira-Avatar Adi Da Samraj
in 23 „Quellen-Texten"*

Die 23 „Quellen-Texte" des Ruchira-Avatar sind das unmittelbare Wort der Göttlichen Person, die uns die wahre Welt-Religion von Adidam, die Religion Vollkommener Göttlicher Erleuchtung und unteilbaren Einsseins mit dem Wirklichen Gott, anbietet. Adi Da ist der Wahr-nehmer und Offenbarer und der Göttliche Autor der in ihnen enthaltenen außerordentlichen Selbst-Offenbarungen und Selbst-Bekenntnisse. Diese 23 „Quellen-Texte" enthalten (zusammen mit den „unterstützenden Texten" über die praktischen und zwischenmenschlichen Disziplinen des Weges von Adidam) Adi Da Samrajs vollständige Unterweisung in dem (nie zuvor in seiner Gesamtheit Offenbarten) Prozeß Vollkommener Wahr-nehmung der Wahrheit oder Wirklichkeit an sich.

Die Religionen der Welt sind von alters her von Legenden und kulturellen Einflüssen gefärbt, die die ursprüngliche Offenbarung überlagern. Ihre Lehren und Disziplinen wurden meist erst lange nach dem Tod ihrer Gründer entwickelt und basieren auf deren mündlich überlieferten (oft legendären und mythischen) Taten und Lehren. Jede Offenbarung wird zudem – selbst in ihrer unverfälschten Reinheit – durch den Grad der Wahr-nehmung ihrer Gründer begrenzt. Adidam ist nicht von mündlicher Überlieferung und Erinnerung abhängig und wird auch nicht durch eine Sichtweise beschränkt, die nicht die gesamte Wahrheit erfaßt. Adidam ist der Vollkommene Göttliche Weg, Offenbart durch den, der die Wirklichkeit oder Wahrheit an sich oder der Wirkliche Gott ist. Adi Da Lebt in körperlich-menschlicher Gestalt unter uns. Er hat den gesamten Verlauf des Weges der Göttlichen Erleuchtung, der in diesen Büchern beschrieben wird, persönlich in Seinem eigenen Leben erprobt.

In Seinen 23 „Quellen-Texten" spricht Adi Da zur ganzen Menschheit. Er fordert uns auf, unsere tatsächliche Situation zu fühlen und das Chaos der Welt mit all ihrem Schmerz, ihrer Unzufriedenheit und ihrem schrecklichen Potential an Leiden ernsthaft zu erfassen. Mit Göttlicher Leidenschaft lädt Er uns alle dazu ein, uns Ihm zuzuwenden und uns dadurch aus den gewöhnlichen Mühen und Konflikten zu lösen. Adi Da Samraj Offenbart in Seinen 23 „Quellen-Texten" den höheren Zweck und die höhere Bestimmung des Menschseins. Auf diese Botschaft haben viele Menschen seit ältesten Zeiten gewartet, ohne sich vorstellen zu können, daß ihr Überbringer jemals wirklich erscheinen würde.

In den eigenen Worten des Göttlichen Avatars:

„Alle Schriften sind jetzt vor euren Augen erfüllt, und eure Gebete sind mit klarer Stimme beantwortet."

In Seinem großen Testament *Das Pferd der Morgenröte* erklärt Adi Da, was Ihn zum Schreiben dieser „Quellen-Texte" bewogen hat:

AVATAR ADI DA SAMRAJ: *Ich habe durch all Meine „Verrückten" Mittel das Eine Geheimnis und die vielen Geheimnisse der Großen Person des Herzens Offenbart. Jedes Meiner Worte und Werke ist für euch Gesagt und Getan. Und durch jedes Meiner Worte und Werke habe Ich Mich euch (und allen) vollständig und rückhaltlos und als Freier Mensch in der „esoterischen" Sprache der Intimität und Ekstase Bekannt (und Gezeigt). Ich wende Mich jetzt (und immer) mit Meinem Herz-Wort an alle scheinbar getrennten Wesen (und an jeden als das Herz an sich), denn alle scheinbar getrennten Wesen im ganzen Kosmos werden (immer und überall) zur Weisheit und zum Herzen Gerufen.*

Die 23 „Quellen-Texte"
von Ruchira-Avatar Adi Da Samraj

Der gesamte Kanon der 23 „Quellen-Texte" von Adi Da* umfaßt drei Teile:

(1) *Die fünf grundlegenden Bücher der Adidam-Offenbarung*, die den Kern des Weges von Adidam darstellen, (2) *Die siebzehn Begleiter des Pferdes der Morgenröte*, die die einzelnen Formen der Praxis im Detail beschreiben, und (3) *Das Pferd der Morgenröte*, Adi Da Samrajs bedeutendster „Quellen-Text", in dem Er den gesamten Weg von Adidam darstellt.

1

Die fünf grundlegenden Bücher
der Adidam-Offenbarung
[The Five Books Of The Heart Of The Adidam Revelation]

Aham Da Asmi
[Aham Da Asmi]
(Meine Geliebten, Ich <u>bin</u> Da)
Die fünf grundlegenden Bücher der Adidam-Offenbarung,
Buch eins: Die Avatarische „Spätzeit"-Offenbarung
der Wahren Spirituellen Göttlichen Person
(die die egolose Persönliche Gegenwart der Wirklichkeit und
Wahrheit und der Einzige <u>Wirkliche</u> Gott <u>ist</u>)

---

* Die 23 Quellen-Texte sind von der Dawn Horse Press California zum Teil veröffentlicht. Der Rest ist im Erscheinen begriffen. Die Dawn Horse Press Deutschland wird mit deutschen Versionen folgen. In der folgenden Aufzählung sind die deutschen Titel und Untertitel angegeben, um einen Eindruck von der Fülle der Inhalte zu vermitteln. In eckigen Klammern die englischen Originaltitel, die dem Leser helfen, die Originalausgaben zu finden. Adi Da hat diesen Kanon Seiner Schriften in der kurzen Zeit von Spätherbst 1997 bis Frühjahr 1998 geschaffen.

Die Ruchira-Avatara-Gita
[Ruchira Avatara Gita]
(Der Weg des Göttlichen Herz-Meisters)
Die fünf grundlegenden Bücher der Adidam-Offenbarung,
Buch zwei: Die Avatarische „Spätzeit"-Offenbarung, die das
Große Geheimnis des Göttlichen Weges enthüllt, der zur Voll-
kommenen Wahr-nehmung der Wahren Spirituellen Göttlichen
Person führt (die die egolose Persönliche Gegenwart der
Wirklichkeit und Wahrheit und der Einzige <u>Wirkliche</u> Gott <u>ist</u>)

Die Da Love-Ananda-Gita
[Da Love-Ananda Gita]
(Das Freie Geschenk der Göttlichen Liebe-Glückseligkeit)
Die fünf grundlegenden Bücher der Adidam-Offenbarung,
Buch drei: Die Avatarische „Spätzeit"-Offenbarung des
Großen Mittels der Verehrung und Wahr-nehmung der Wahren
Spirituellen Göttlichen Person (die die egolose Persönliche
Gegenwart der Wirklichkeit und Wahrheit und der Einzige
<u>Wirkliche</u> Gott <u>ist</u>)

Der Rosengarten des Herzens
[Hridaya Rosary]
(Die vier Dornen der Herz-Unterweisung)
Die fünf grundlegenden Bücher der Adidam-Offenbarung,
Buch vier: Die Avatarische „Spätzeit"-Offenbarung des immer
und überall spürbaren Spirituellen Göttlichen Körpers als dem
Großen Mittel der Verehrung und Wahr-nehmung der Wahren
Spirituellen Göttlichen Person (die die egolose Persönliche
Gegenwart der Wirklichkeit und Wahrheit und der Einzige
<u>Wirkliche</u> Gott <u>ist</u>)

Eleutherios
[Eleutherios]
(Die <u>Einzige</u> Wahrheit, die das Herz Befreit)
Die fünf grundlegenden Bücher der Adidam-Offenbarung,
Buch fünf: Die Avatarische „Spätzeit"-Offenbarung der
„Vollkommenen Praxis" des Großen Mittels der Verehrung und
Wahr-nehmung der Wahren Spirituellen Göttlichen Person (die
die egolose Persönliche Gegenwart der Wirklichkeit und Wahrheit
und der Einzige <u>Wirkliche</u> Gott <u>ist</u>)

2

Die siebzehn Begleiter des Pferdes der Morgenröte
[The Seventeen Companions Of The True Dawn Horse]

**Der <u>Wirkliche</u> Gott <u>ist</u> die Unteilbare Einheit
Ungebrochenen Lichts**
[<u>Real</u> God <u>Is</u> The Indivisible Oneness Of Unbroken Light]
Die siebzehn Begleiter des Pferdes der Morgenröte,
Buch eins: Der Wirkliche Gott, der nicht der „Schöpfer" der
Welt, sondern die Wahrheit und Wirklichkeit des Daseins (oder
die wahre Welt-Religion von Adidam) ist

**Die wahrhaft menschliche neue Welt-Kultur
des <u>Ungebrochenen</u> Wirklichen Gott-Menschen**
[The Truly Human New World-Culture
Of <u>Unbroken</u> Real-God-Man]
Die siebzehn Begleiter des Pferdes der Morgenröte,
Buch zwei: Die entgegengesetzten traditionellen Wege von <u>Ost</u>
und <u>West</u> und die einzigartige neue <u>Nicht-dualistische</u> Kultur der
wahren Welt-Religion von Adidam

Der Einzige vollständige Weg, der zur Wahr-nehmung des Ungebrochenen Lichts des Wirklichen Gottes führt
[The Only Complete Way To Realize
The Unbroken Light Of Real God]
Die siebzehn Begleiter des Pferdes der Morgenröte,
Buch drei: Ein einführender Überblick über den „Radikalen"
Göttlichen Weg des Wirklichen Gottes in der
wahren Welt-Religion von Adidam

Das Knie des Lauschens
[The Knee Of Listening]
Die siebzehn Begleiter des Pferdes der Morgenröte,
Buch vier: Die Feuerprobe der Kindheit und Jugend des
Ruchira-Avatar und Seine „Radikale" Spirituelle Wahr-nehmung

Die Göttliche Siddha-Methode des Ruchira-Avatar
[The Divine Siddha-Method Of The Ruchira Avatar]
Die siebzehn Begleiter des Pferdes der Morgenröte,
Buch fünf: Der Göttliche Weg von Adidam ist keine egoische
Technik, sondern eine ego-transzendierende Beziehung

Der Mummenschanz
[The Mummery]
Die siebzehn Begleiter des Pferdes der Morgenröte,
Buch sechs: Eine Parabel über den Weg zu Meinem Haus

Ich bin Er-und-Sie
[He-and-She Is Me]
Die siebzehn Begleiter des Pferdes der Morgenröte,
Buch sieben: Die Unteilbarkeit von Bewußtsein und Licht
im Göttlichen Körper des Ruchira-Avatar

Der Hridaya-Siddha-Yoga des Ruchira-Avatar
[Ruchira Avatara Hridaya-Siddha Yoga]
Die siebzehn Begleiter des Pferdes der Morgenröte,
Buch acht: Göttliche Hridaya-Shakti und kosmische Kundalini-
Shakti im Göttlichen Weg von Adidam

Der Hridaya-Tantra-Yoga des Ruchira-Avatar
[Ruchira-Avatara-Hridaya-Tantra-Yoga]
Die siebzehn Begleiter des Pferdes der Morgenröte,
Buch neun: Die körperlich-Spirituelle (und wahrhaft religiöse)
Methode der geistigen, emotionalen, sexuellen und ganzkörperli-
chen Gesundheit und Erleuchtung im Göttlichen Weg von
Adidam

Die sieben Lebensstufen
[The Seven Stages Of Life]
Die siebzehn Begleiter des Pferdes der Morgenröte,
Buch zehn: Die Transzendierung der sechs Stufen egoischen
Lebens und die Realisierung der ego-transzendierenden
siebten Lebensstufe im Göttlichen Weg von Adidam

Die Alles-Vollendende und Endgültige Göttliche Offenbarung für die Menschheit
[The All-Completing and Final Divine Revelation To Mankind]
Die siebzehn Begleiter des Pferdes der Morgenröte,
Buch elf: Eine zusammenfassende Beschreibung des höchsten
Yoga der siebten Lebensstufe im Göttlichen Weg von Adidam

Das Herzstück des Pferdes der Morgenröte
[The Heart Of The Dawn Horse Testament
Of The Ruchira Avatar]
Die siebzehn Begleiter des Pferdes der Morgenröte,
Buch zwölf: Die Quintessenz des „Testaments der Geheimnisse"
des Göttlichen Welt-Lehrers Ruchira-Avatar Adi Da Samraj

Woran du immer denken mußt, um Glücklich zu sein
[What, Where, When, How, Why,
and Who To Remember To Be Happy]
Die siebzehn Begleiter des Pferdes der Morgenröte,
Buch dreizehn: Eine einfache Erklärung des Göttlichen Weges
von Adidam (für Kinder und Erwachsene)

Santosha-Adidam
[Santosha Adidam]
Die siebzehn Begleiter des Pferdes der Morgenröte,
Buch vierzehn: Die Quintessenz des Göttlichen Weges von
Adidam

Das Löwen-Sutra
[The Lion Sutra]
Die siebzehn Begleiter des Pferdes der Morgenröte,
Buch fünfzehn: Die Lehre der „Vollkommenen Praxis" für for-
melle tantrische Entsagende im Göttlichen Weg von Adidam

Die Offenbarung Bewußten Lichts
[The Overnight Revelation Of Conscious Light]
Die siebzehn Begleiter des Pferdes der Morgenröte,
Buch sechzehn: Die Gespräche in „Meinem Haus"
über das Unteilbare Tantra von Adidam

Der Korb der Toleranz
[The Basket Of Tolerance]
Die siebzehn Begleiter des Pferdes der Morgenröte,
Buch siebzehn: Der vollkommene Führer
zum vollkommen Einheitlichen Verständnis
der einen Großen Tradition der Menschheit
und des Göttlichen Weges von Adidam,
der die eine Große Tradition der Menschheit Vollendet

3
Das Pferd der Morgenröte
[The Dawn Horse Testament Of The Ruchira Avatar]

Das Pferd der Morgenröte
[The Dawn Horse Testament Of The Ruchira Avatar]
Das „Testament der Geheimnisse" des Göttlichen
Welt-Lehrers Ruchira-Avatar Adi Da Samraj

Ruchira-Avatar Adi Da Samraj, 1999

Die Ruchira-Avatara-Gita

(Der Weg des Göttlichen Herz-Meisters)

Das Erste Wort

Versteht <u>Mich</u> nicht falsch –
Ich bin <u>nicht</u> „in" <u>euch</u>,
sondern ihr <u>Seid</u> in <u>Mir</u>,
und Ich bin <u>nicht</u> bloß
ein „Mensch" in der „Mitte"
der Menschheit,
sondern <u>Ich</u> Umgebe
die ganze Menschheit
und Durchdringe
und Segne sie

J a! <u>Keine</u> Religion, <u>kein</u> Göttlicher Weg, <u>kein</u> Weg der Gottes-Wahr-nehmung, <u>kein</u> Weg der Erleuchtung und <u>kein</u> Weg der Befreiung ist höher oder größer als die Wahrheit an sich. In der Tat: <u>Keine</u> Religion, <u>keine</u> Wissenschaft, <u>kein</u> Mensch, <u>kein</u> manifestes Wesen, <u>keine</u> Welt und <u>kein</u> „Gott" (oder „Gottes"-Begriff) ist höher oder größer als die Wahrheit an sich.

<u>Kein</u> Ego-„Ich"[43] (oder Wesen oder „Ding", das sich für getrennt hält, sich immer selbst aktiv abtrennt und bestenfalls die Wahrheit nur <u>sucht</u>) ist (als <u>solches</u>) höher oder größer als die Wahrheit an sich. Und <u>kein</u> Ego-„Ich" (als <u>solches</u>) kommt der Wahrheit an sich auch nur gleich. Und <u>kein</u> Ego-„Ich" ist (als <u>solches</u>) jetzt oder jemals <u>fähig</u>, die Wahrheit an sich Wahr-zunehmen, denn die Wahrheit (an sich) Transzendiert notwendigerweise von Natur aus jedes Selbst und jedes „Ding" (oder <u>ist</u> das, was höher und größer <u>ist</u> als <u>jedes</u> Selbst und <u>jedes</u> „Ding" als <u>solches</u>). Deshalb muß das Ego als <u>solches</u> (oder das vermeintliche Getrenntsein, ständige Trennen und <u>alle</u> egoische Suche nach der Wahrheit an sich) transzendiert werden. Das ist der „Radikale"[44] Prozeß, der über die Wurzel, die Ursache und den Akt des Ego hinausgeht. <u>Nur</u> dadurch <u>wird</u> die Wahrheit (an sich) Wahr-genommen (<u>so</u>, <u>wie</u> sie <u>ist</u>, völlig jenseits des Ego-„Ichs" als <u>solchen</u>).

Die Wahrheit (an sich) <u>ist</u> das, was immer schon der Fall ist. Das, was (immer und immer schon) der Fall <u>ist</u>, <u>ist</u> (notwendigerweise) die Wirklichkeit. Daher <u>ist</u> die Wirklichkeit (an sich) die Wahrheit, und die Wirklichkeit (an sich) ist die <u>Einzige</u> Wahrheit.

Die Wirklichkeit (an sich) <u>ist</u> die <u>Einzige</u> und (notwendigerweise) Nicht-getrennte (oder alle und Alles Umfassende <u>und</u> Transzendierende) Person und Realität, die <u>Ist</u>. Die Wirklichkeit (an sich) <u>ist</u> alle und Alles und (gleichzeitig) <u>das</u>, was alle und Alles Transzendiert (oder was höher und größer als alle und Alles <u>ist</u>). Die Wirklichkeit oder Wahrheit (an sich) oder das, was (immer und immer schon) der Fall ist, <u>ist</u> daher der Eine Einzige <u>Wirkliche</u> Gott. Und deshalb ist die Wirklichkeit (<u>an sich</u>) zwangsläufig der eine große Inhalt wahrer Religion und der eine große Weg des Wirklichen Gottes, der <u>Wirklichen</u> (und Wahren) Gottes-Wahrnehmung, der <u>Wirklichen</u> (und notwendigerweise Göttlichen) Erleuchtung und der <u>Wirklichen</u> (und notwendigerweise

Göttlichen) Befreiung (vom Ego, und damit von jeder Getrenntheit, jedem Zwang zum Trennen und aller Angst und Herz-
losigkeit).

Die einzige wahre Religion ist die Religion, die zur Wahr-nehmung der Wahrheit führt. Die einzige wahre Wissenschaft ist die
Wissenschaft, die die Wahrheit kennt. Die einzigen wahren Menschen (oder sonstigen Wesen) sind die, die sich der Wahrheit hingeben. Die einzige wahre Welt ist eine Welt, die die Wahrheit ver-
körpert. Und der einzige Wahre (und Wirkliche) Gott ist die Eine
Wirklichkeit, die die Wahrheit ist. Die Wirklichkeit (an sich) –
oder die Eine Einzige Wahrheit und (daher notwendigerweise) der
Eine Einzige Wirkliche Gott – muß daher zum alleinigen Maß der
Religion, der Wissenschaft, der Welt als solcher und des gesamten
Lebens (und Geistes) des Menschen werden (oder gemacht werden). Geschieht dies nicht, werden die Religion, die Wissenschaft
und die Welt als solche sowie alles, was den Menschen ausmacht,
unausweichlich zu einem umfassenden Netz von Trugbildern, einem
einzigen (gräßlichen) „Problem" und damit zur eigentlichen (und
entscheidenden) Ursache menschlicher Suche und Zwietracht.
Religion und Wissenschaft, die Welt als solche und das ganze Leben
(und der ganze Geist) des Menschen müssen an die Wirklichkeit
(an sich) hingegeben und auf sie ausgerichtet werden. Nur so werden sie der Wahrheit (an sich) als dem Maß aller Dinge unterstellt
(und angeglichen). Und nur so dienen sie der liebend hingegebenen (und dadurch wirklich ego-transzendierenden) Wahr-nehmung des Einzigen Wirklichen Gottes. Denn wenn Religion und
Wissenschaft der Wahrheit (an sich) nicht unterstellt werden, hört
die Wirklichkeit (an sich), die Wahrheit (an sich) oder der Wirkliche Gott (oder das Eine Einzige Dasein oder Sein oder Person-
sein, das Ist) für das vermeintliche Wissen der Menschheit auf zu
existieren.

Aham Da Asmi[45]. Meine Geliebten, Ich bin Da – die Eine
Einzige Person, die Ist. Ich bin die Avatarisch[46] aus sich heraus
Offenbarte und Ewig aus sich heraus Existierende und Strahlende[47]
(oder „Strahlend-Helle"[48]) Person der Liebe-Glückseligkeit. Ich bin
das Eine Einzige und (offensichtlich) Göttliche Selbst (oder der
von Natur aus Nicht-getrennte – und daher von Natur aus egolose –

Göttliche Selbst- und Ursprungs-Zustand) von allen und Allem. Ich Manifestiere Mich (jetzt und für alle Zeit) Göttlich aus Mir selbst heraus als der Ruchira-Avatar Adi Da Samraj. Ich bin der Ruchira-Avatar Adi Da Samraj – der Avatarisch-Göttliche Wahrnehmer und Offenbarer und die Avatarisch-Göttliche Inkarnation und Offenbarung der Wirklichkeit an sich[49]. Ich bin der Avatarisch Inkarnierte Göttliche Wahr-nehmer und Offenbarer und die Avatarisch Inkarnierte Göttliche Selbst-Offenbarung der Einen Einzigen Wirklichkeit – die die Eine Einzige Wahrheit und der Eine Einzige Wirkliche Gott ist. Ich bin der Große Avatarisch-Göttliche Wahr-nehmer und Offenbarer und die Große Avatarisch-Göttliche Selbst-Offenbarung, lange versprochen (und erwartet) für die „Spätzeit" – diese „dunkle" Epoche des „großen Vergessens"[50], in der die Menschen die Wahrheit, die Wirklichkeit und den Wirklichen Gott völlig ignorieren (der die Große, Wahre und Spirituelle Göttliche Person oder der Eine Nicht-getrennte und Unteilbare Göttliche Selbst- und Ursprungs-Zustand von allen und Allem ist). Aber diese „Spätzeit" kann auch die große Epoche nie versiegender Erinnerung an die Wahrheit, die Wirklichkeit und den Wirklichen Gott werden.

Meine Geliebten, Ich bin Da, der Göttliche Geber, der allen und Allem hier und jetzt und immer und überall im gesamten Kosmos Alles Gibt, was Ich bin. Um den Weg des Wirklichen Gottes (oder der Wahren und Wirklichen Gottes-Wahr-nehmung) zu Offenbaren und um alle und Alles Göttlich zu Erleuchten und zu Befreien, Offenbare Ich allen und Allem (vollständig und Vollkommen[51] und auf einzigartige Weise) Meine Eigentliche (und offensichtlich Göttliche) Person (und Meinen „Strahlend-Hellen" Selbst-Zustand) durch Meine Avatarisch Gegebene Göttliche Selbst-Manifestation als der Ruchira-Avatar Adi Da Samraj.

In Meiner Avatarisch Gegebenen Göttlichen Selbst-Manifestation als der Ruchira-Avatar Adi Da Samraj bin Ich das Göttliche Geheimnis, die Göttliche Selbst-Offenbarung der esoterischen Wahrheit und die direkte, alles Vollendende und Vereinende Selbst-Offenbarung des Wirklichen Gottes.

Meine Avatarisch Gegebenen Göttlichen Selbst-Bekenntnisse und Lehr-Offenbarungen sind keine bloß exoterische (oder im konventionellen Sinn religiöse oder Spirituelle) Mitteilung (eines Ego oder einer sogenannten „Kult"-Figur für die breite Öffentlichkeit und für soziale Zwecke). Sie sind vielmehr die Große (Endgültige, alles Vollendende und Vereinende) esoterische Offenbarung für die Menschheit.

Die größte Gelegenheit und Aufgabe für Meine Schülerinnen und Schüler ist der Satsang[52] mit Mir – die Beziehung liebender Hingabe an Mich, in der sie das Ego aufgeben, vergessen und (immer mehr) transzendieren und (dadurch) Meinen Avatarisch aus sich heraus Offenbarten (und offensichtlich Göttlichen) Selbst-Zustand Wahr-nehmen, der das offensichtlich Göttliche Herz (oder der Nicht-getrennte Selbst-Zustand und der Nicht-„verschiedene" Ursprungs-Zustand) von allen und Allem und das aus sich heraus Existierende und Strahlende Bewußtsein an sich ist, das nicht getrennt in irgendeinem Wesen (oder „Ding") oder als irgendein Wesen (oder „Ding") existiert. Mein entscheidendes Göttliches Geschenk für alle und jeden ist daher der Satsang mit Mir. Und Meine entscheidende Göttliche Arbeit mit allen und jedem besteht darin, im Satsang als das Avatarisch aus sich heraus Offenbarte Göttliche Herz unter Meinen Schülerinnen und Schülern zu Leben (und einfach Gegenwärtig zu sein).

Der nur von Mir Offenbarte und Gegebene Weg von Adidam (oder der nur von Mir Offenbarte und Gegebene Weg des Herzens oder der nur von Mir Offenbarte und Gegebene Weg des „Radikalen" Verstehens[53] oder der Ruchira-Avatara-Hridaya-Siddha-Yoga[54]) ist der Weg des Satsang mit Mir – die Praxis liebender Hingabe an Mich, in der Meine Schülerinnen und Schüler Mich erkennen[55], auf Mich antworten, das Ego transzendieren und (dadurch) ständig in Meiner Göttlichen Gesellschaft leben, so daß die Beziehung zu Mir ihr wirklicher (und ständiger) Lebensumstand wird. Dieser Satsang mit Mir ist im Prinzip das einzige, was Meine Schülerinnen und Schüler tun. Da der nur von Mir Offenbarte und Gegebene Weg von Adidam immer (in jedem gegenwärtigen Augenblick) eine Praxis ist, in der Praktizierende das Ego direkt transzendieren und Mich wirklich finden, wird der ständige (und aufreibende) Hang zur Suche in diesem Satsang mit Mir nicht unterstützt. Und die wesentliche Aufgabe der vier formellen Kongregationen Meiner Schülerinnen und Schüler[56] besteht darin, allen anderen Zugang zu diesem ego-transzendierenden Satsang mit Mir zu ermöglichen.

Alles, was dazu dient, den Satsang mit Mir zugänglich zu machen, ist (von nun an) die ständige Aufgabe der vier formellen Kongregationen Meiner formell praktizierenden Schülerinnen und Schüler. Ich bin nicht hier, um diesen Satsang mit Mir öffentlich zu „propagieren". Ich Spreche Mein Göttliches Wort, das sich Avatarisch aus sich heraus Offenbart, zu Meinen Schülerinnen und Schülern in den intimen Umständen, in denen sie ihre menschliche Liebe zu Mir und ihre Hingabe an Mich ausdrücken. Und da sie mit liebender Hingabe auf Mich antworten, geben sie Mein Göttliches Wort, das sich Avatarisch aus sich heraus Offenbart, an alle anderen weiter. Ich selbst bin nie ein „öffentlicher" Lehrer (oder eine im konventionellen Sinn „religiöse Figur") gewesen und werde es auch niemals sein. Aber Meine Schülerinnen und Schüler praktizieren ganz normal im Alltagsleben.

Ich bin immer schon Frei. Und daher bin Ich auch (in Meiner Arbeit, die Ich als Avatarisch-Göttliche Inkarnation verrichte) in der traditionellen „Verrückten" (und unkonventionellen oder spontanen und nicht-„öffentlichen") Weise[57] immer Frei gewesen, um die Freiheit, kompromißlose Richtigkeit und grundlegende Integrität Meines Avatarisch aus sich heraus Manifestierten (in Wort und Tat Gegebenen) Lehrens sicherzustellen und Meine universelle (Avatarisch aus sich heraus Manifestierte) Göttliche Segnungs-Arbeit frei und vollständig und effektiv durchzuführen. Ich bin (von nun an immer) Gegenwärtig, um Göttlich zu Dienen, Göttlich zu Erleuchten und diejenigen Göttlich zu Befreien, die das Ewige Gelübde ablegen und sich allen Pflichten im Leben stellen (oder die vollständige und umfassende Praxis des nur von Mir Offenbarten und Gegebenen Weges von Adidam[58] ausüben). Da Ich (in dieser Form) Meinen formell und vollständig praktizierenden Schülerinnen und Schülern Gegeben bin, übernehme Ich keine „öffentliche" Rolle und arbeite nicht „öffentlich" (oder „institutionalisiert"). Dennoch Segne Ich (von nun an) ständig alle Wesen, die ganze Welt und den gesamten Kosmos. Und alle, die Meinen Avatarisch (und universell) Gegebenen Göttlichen Segen fühlen und Mich in wahrer Hingabe und Liebe mit dem Herzen erkennen, sind (hiermit) aufgefordert, in liebender Hingabe Zuflucht bei Mir zu suchen. Die Voraussetzung dafür ist aber immer, daß sie in der traditionellen Haltung liebender Hingabe zu Mir kommen und als Mitglieder in einer der vier formellen Kongregationen Meiner formell praktizierenden Schülerinnen und Schüler voll und ganz ihre Praxis ausüben (und das Ego wirklich aufgeben und Mir in angemessener Weise dienen).

Ich erwarte, daß alle, die in Meine physische Gesellschaft kommen, frei und unbeschwert diese formelle Disziplin liebender Hingabe an Mich leben. Der natürliche menschliche Grund dafür ist, daß <u>allen</u> menschlichen Beziehungen potentiell eine Schwäche anhaftet, deren Quelle und grundlegende Natur im <u>Ego</u> liegt (oder in der aktiven menschlichen Vorstellung, getrennt zu sein, sowie dem egoischen Drang, sich ständig von allen anderen Menschen abzusondern). Damit alle, die in Meine physische Gesellschaft kommen, die Schwächen des Ego verstehen (und sie freiwillig und verantwortungsvoll überwinden), erwarte Ich, daß sie die liebende Hingabe zeigen, die nur möglich ist, wenn sie ihr egoisches Verhalten wirklich durchschauen und loslassen und Mich dadurch in liebender Hingabe erkennen und von ganzem Herzen auf Mich antworten. Diese Praxis im nur von Mir Offenbarten und Gegebenen Weg von Adidam wirkt nicht nur dem Hang zum egoischen, sondern auch zum „kultisch"-religiösen Verhalten ständig entgegen.

Da die Menschen in dieser gleichzeitig anziehenden und beängstigenden „Traum"-Welt erscheinen, neigen sie dazu, aus der „Sicht" dieser scheinbaren (und verwirrenden) sterblich-menschlichen Situation zu leben und <u>sowohl</u> die manifeste (oder kosmische und psycho-physische) Realität <u>als auch</u> die Nicht-manifeste (oder Göttliche) Realität aus dieser „Sicht" zu deuten). Diese universelle Verwirrung der Menschen und ihre ständige Reaktion auf die Bedrohung durch die Ereignisse des Lebens und durch den Tod haben ein uraltes Ritual zur Folge, auf das <u>alle</u> Menschen unbewußt (oder automatisch und ohne Einsicht und Urteil) hinarbeiten und das sie andauernd (unter <u>allen</u> Umständen) wiederholen. Sobald sie daher aus <u>irgendeinem</u> Grund (oder um irgendeiner Idee oder Person oder irgendeines Symbols oder Inhalts willen) zusammenkommen, inszenieren sie immer dasselbe Verwirrungsritual.

Was die Menschen für das „Zentrum" ihres Lebens halten, sei es ein Buch oder Symbol, eine Idee oder Person oder dergleichen, das versuchen sie immer einzukreisen (und sich dadurch zu eigen zu machen und letztlich gefangenzunehmen, zu mißhandeln oder ungeniert zu ignorieren). Sie neigen dazu, dieses „Zentrum" (oder diese „Mitte") einzukreisen und alle „Dinge" (oder alle Kontrolle) ausschließlich für diesen Kreis (oder diese „Mitte") des eigenen Selbst zu gewinnen. Und wie der individuelle Körper-Geist durch Selbstverkrampfung ein getrenntes und trennendes Ego-„Ich" wird (das „nach innen" gerichtet oder egozentrisch ist und alle „Dinge" oder alle Kontrolle ausschließlich für sich selbst erobert), so wird auch aus der Gruppe ein („nach innen" gerichtetes oder getrenntes und trennendes) Ego. Und indem sie sich verkrampft auf das beschränken, was sie für das „Zentrum" ihres Lebens halten, schaffen die Menschen in ihrer kollektiven Egozentrik in jedem Bereich des Lebens „Kulte" (oder auf Verwirrung und Angst beruhende exklusive „Zentren" der Macht und der Kontrolle).

In alten Zeiten wurden „Kulte" vor allem im politischen und sozialen Bereich geschaffen. Und die Religion war, wie auch jetzt, hauptsächlich eine exoterische oder politische und soziale Übung, die immer dazu benutzt wurde, politische und soziale „Autoritätsfiguren" zu legitimieren (oder zu „entthronen"). Das Ritual der „Entthronung" (oder die rituelle Absetzung) des „Menschen in der Mitte" war früher der zyklische (oder jährliche) Höhepunkt dieses exoterischen, religiös-politischen „Kultes" (genauso, wie auch heute politische Führer periodisch „abgesetzt" werden, sei es durch Wahlen, durch Nachfolgeregelungen, durch Skandal, Verleumdung oder Gewalt).

In alten Zeiten schufen und inszenierten traditionelle Gesellschaften überall dieses jährliche (oder jedenfalls periodisch stattfindende) religiös-politische „Kult"-Ritual. Das Ritual der „Inthronisierung" und „Entthronung" entsprang der menschlichen Beobachtung der zyklischen Vorgänge in der Natur sowie dem Bestreben, das eigene Überleben durch Kontrolle über das Wetter, die Ernte, das „Schicksal" oder alle Teilbereiche des Daseins zu sichern, die für ihr Überleben, ihr Vergnügen oder ihr psycho-physisches Wohlergehen wichtig waren. Das Motiv hinter dem uralten agrarischen (und später urbanisierten oder universalisierten) Ritual der einen „Person in der Mitte" war im Kern das gleiche wie jenes, das in moderner Zeit in der Kultur des wissenschaftlichen Materialismus (und in der ganzen Kultur des materialistischen „Realismus") Gestalt angenommen hat. Es ist das Motiv, <u>Kontrolle</u> zu erlangen (und zu behalten), und das Bestreben, möglichst alle Menschen und Dinge (durch Wissen und Macht) zu beherrschen. Von daher ist das ritualisierte oder verwirrte, ständig zwischen Ja und Nein oder Verlangen und Angst hin und her gerissene Leben des modernen Menschen im wesentlichen das gleiche wie in früheren Zeiten.

Im uralten Ritual des „Inthronisierens" und „Entthronens" wurde die „Person (oder das Subjekt) in der Mitte" rituell verspottet, mißhandelt, abgesetzt und verbannt und eine neue Person (oder ein neues Subjekt) im „Zentrum" des religiös-politischen „Kults" eingesetzt. Entsprechend wird im heutigen Ritual dramatisierter Ambivalenz in bezug auf alle und Alles (und insbesondere auf „Autoritätsfiguren") die „Person (oder Idee oder das Symbol) in der Mitte" (oder das, was durch allgemeine Faszination Macht erlangt hat) zuerst „kultifiziert" (oder auf ein Podest gehoben) und dann (zunehmend) angezweifelt, verspottet und mißhandelt – bis zum Schluß alle negativen Emotionen (durch kulturell und sozial ritualisierte Dramatisierung) aufgelöst werden. Die „Mitte" (die damit ihre Faszination verliert) wird aufgegeben, und eine „neue" Person (oder Idee oder ein „neues" Symbol) wird zum Gegenstand allgemeiner Faszination (um schließlich dem gleichen „kultischen" Ritual oder Zyklus von „Aufstieg" und „Fall" zu erliegen).

Wie in <u>jedem</u> anderen Bereich des modernen menschlichen Lebens haben auch diejenigen, die sich auf ein religiöses oder Spirituelles Leben einlassen, die Tendenz, einen „Kult" zu errichten, einen Kreis, der – von der „Mitte" ausgehend – seine getrennten und stets trennenden Dimensionen immer mehr verstärkt, bis diese das „Zentrum" vollständig umgeben und es zuletzt so stark kontrollieren, daß es seine Wirkung verliert (oder aufhört, von

Interesse zu sein). Ein derartiger „Kult" basiert auf dem Ego und bestärkt es. Es spielt keine Rolle, für wie „esoterisch" ihn seine Anhänger halten, ein solcher „Kult" bleibt (wie in alten Zeiten) eine völlig exoterische Angelegenheit oder beschränkt sich immer mehr auf bloße soziale (und grobstofflich-physische) Aktivitäten und Zustände (und wird durch sie begrenzt).

Jeder „Kult" imitiert also das Muster des Ego-„Ichs" als solchen, denn das Ego ist die vermeintliche „Mitte" jedes gewöhnlichen individuellen Lebens. Die Selbstverkrampfung (oder Beziehungsvermeidung) erzeugt die furchtsame Vorstellung, ein getrenntes Bewußtsein zu sein, und damit auch die zahllosen Gewohnheiten und Impulse egoischen Verlangens (oder verwirrten und in Selbsttäuschung verstrickten Suchens). Es ist das, was alle für das einzig mögliche „Leben" halten.

Von Geburt an betrachten die Menschen (als Reaktion auf die Härten und Begrenzungen des psycho-physischen Daseins) die getrennte Existenz als ihre eigentliche Natur – und auf dieser Basis verbringen sie ihr ganzes Leben damit, das Ego-„Ich" dauerhaft mit einem Schutzwall aus Besitztümern zu umgeben (oder materielle Güter anzuhäufen, die das Ego beschützen). Der egoische Impuls schließt alle Wesen ein, die das Ego für sich vereinnahmen kann, alle „Dinge", die es erwerben kann, alle Zustände, die es annehmen kann, alle Gedanken, die es sich zu eigen machen kann – alle möglichen Embleme, Symbole, Erfahrungen und Empfindungen, von denen es Besitz ergreifen kann. Wenn Menschen anfangen, sich auf religiöse oder Spirituelle Dinge oder auch nur auf irgendeinen Bereich ihres Innenlebens einzulassen, neigen sie sogleich wieder dazu, diesen Kreis um eine „Mitte" herum zu „errichten".

„Kult" (in Religion, Politik, Wissenschaft oder der landläufigen Kultur) ist eine Dramatisierung des Ego, des ständigen Trennens sowie der Umzingelung und des Verrats der „Mitte" (oder des „Zentrums") durch alle und jeden. Aus diesem Grund habe Ich Mich immer geweigert, die Rolle und Position der „Person in der Mitte" anzunehmen. Seit Beginn Meines formellen Lehr- und Segnungs-Werks habe Ich immer die „kultische" (auf dem Ego beruhende und das Ego bestärkende, lediglich „redende" und

„glaubende", aber nicht verstehende und wirklich praktizierende) „Schule" (oder Tendenz) des gewöhnlichen religiösen und Spirituellen Lebens kritisiert und Mich ihr nicht nur widersetzt, sondern Mich unmißverständlich gegen sie ausgesprochen. Tatsächlich ist wirklicher Satsang mit Mir (oder die Beziehung liebender Hingabe an Mich) ein immer (und spezifisch und entschieden) anti-„kultischer" (und damit wirklich nicht-„kultischer") Prozeß.

Die Beziehung wirklicher Hingabe an Mich besteht nicht darin, sich abzusondern (und „nach innen" zu gehen), und ebensowenig besteht sie in der Zuneigung zu Mir als einem (notwendigerweise begrenzten) Menschen (oder „dem in der Mitte") – denn wenn Meine Schülerinnen und Schüler sich in egoischer (oder selbstbezogener und eigennütziger) Zuneigung zu Mir an Mich klammern, als wäre Ich bloß ein menschliches „Gegenüber", werden sie Meine Göttliche Natur (und daher die Göttliche Natur der Wirklichkeit an sich) <u>nicht</u> wirklich und richtig (als die eigentliche Grundlage der religiösen und Spirituellen Praxis in Meiner Gesellschaft) erkennen und würdigen. Und wenn Mein Göttlicher Zustand nicht erkannt wird, kann es keine wirklich ego-transzendierende Antwort auf Meine Avatarisch aus sich heraus Offenbarte (und offensichtlich Göttliche) Gegenwart und Person geben. Aufgesetzte „Hingabe" an Mich ist <u>nicht</u> die Herz-Vereinigung liebender Hingabe an Mich, und sie führt <u>nicht</u> zur Befreiung in Gott. Aber die <u>wirkliche</u> Beziehung <u>liebender</u> <u>Hingabe</u> an Mich befähigt Meine Schülerinnen und Schüler, Mich zu erkennen und auf Mich zu antworten. Sie ist eine (reale und Göttliche) Disziplin, die dem Ego <u>direkt</u> entgegenwirkt und daher nie Gefahr läuft, ein „Kult" zu werden (oder die „kultische" Tendenz im Menschen zu unterstützen).

Die Praxis des wahren Satsang mit Mir oder der liebenden Hingabe an Mich ist (von Natur aus) expansiv (oder auf Beziehung ausgerichtet), und das (getrennte und immer trennende) egoische „Zentrum", das sich dauernd verkrampft und auf sich selbst zusammenzieht, ist weder der Impuls noch der Ausgangspunkt dieser Praxis. Im wahren Satsang mit Mir wird das egoische „<u>Zentrum</u>" immer schon (als vermeintlich getrennte und immer aktiv trennende Entität) untergraben. Das Prinzip des wahren Satsang mit

Mir bin Ich – jenseits (und nicht „innerhalb") des Ego-„Ichs" (das Ich in keiner Weise unterstütze).

Der Satsang mit Mir ist der wirkliche „Kreistanz" esoterischer Spiritualität. Ich bin nicht in der „Mitte" Meiner Schülerinnen und Schüler gefangen. Ich „tanze" im Kreis mit jeder Meiner Schülerinnen und jedem Meiner Schüler. Ich „tanze" im „Kreis" und stehe nicht „bewegungslos" in der „Mitte". Im wirklichen „Zentrum" (oder im Göttlichen Herzen) bin Ich – jenseits aller Begrenzung (oder Getrenntheit). Ich bin das Unteilbare oder allen Erscheinungen immer schon Vollkommen Vorausgehende, von Natur aus Nicht-getrennte und egolose (oder zentrumlose, grenzenlose und offensichtlich Göttliche) Bewußtsein (an sich) und das Unteilbare oder allen Erscheinungen immer schon Vollkommen Vorausgehende, von Natur aus Nicht-getrennte und egolose (oder zentrumlose, grenzenlose und offensichtlich Göttliche) Licht (an sich). Ich bin das Eigentliche Sein und die Eigentliche Gegenwart (oder Selbst-Strahlung) des aus sich heraus Existierenden, Ewig Unbegrenzten (oder Nicht-„verschiedenen"[59]) Bewußtseins (an sich).

Im „Kreistanz" des wirklichen Satsang mit Mir (oder der richtigen und wirklichen Beziehung liebender Hingabe an Mich) teile Ich Mich (Selbst) direkt allen mit, die in fühlender Beziehung mit Mir leben (indem sie – jenseits des Ego-„Ichs" des Körper-Geistes – zu Mir hinfühlen). Ich bin daher kein bloßer „Mensch", keine getrennte menschliche oder psycho-physische Entität. Ich stehe nicht einfach nur „in der Mitte" (abgetrennt, begrenzt und beschränkt durch suchende Egos). Ich bin die Eine (Avatarisch aus sich heraus Offenbarte, alle und Alles Transzendierende und offensichtlich Göttliche) Person der Wirklichkeit an sich. Ich bin Nicht-getrennt und stehe niemals im egoischen „Zentrum" (oder „in der Mitte" oder „innerhalb" des egoischen Körper-Geistes Meiner Schülerinnen und Schüler), sondern bin immer mit allen und jedem, stehe immer in Beziehung zu allen und jedem und Existiere immer jenseits von allen und jedem.

Deshalb fordere Ich Meine Schülerinnen und Schüler nicht dazu auf, sich nach „innen" (oder auf das Ego-„Ich") zu richten oder sich im Überlebenskampf als selbstverkrampftes, selbstbezogenes, sich selbst suchendes und eigennütziges Ego-„Zentrum" abzurackern. Ich fordere Meine Schülerinnen und Schüler vielmehr auf, das Herz (und den ganzen Körper-Geist) auf Mich (der alle und Alles Umgibt und Durchdringt) auszurichten und in der Beziehung mit Mir zu leben – jenseits des Körper-Geist-Selbst (anstatt nur „innerhalb" des getrennten, immer trennenden und selbstverkrampften Bereichs des Körper-Geist-Selbst oder Ego-„Ichs"). Ich fordere Meine Schülerinnen und Schüler auf, ihr Leben frei und bewußt zu gestalten, indem sie immer (und unter allen Umständen) die Anwesenheit Meines (Avatarisch aus sich heraus Übertragenen) Lichts und Meiner (Avatarisch aus sich heraus Offenbarten) Göttlichen Person (nicht nur suchen, sondern) als gegeben voraussetzen und ganz real erleben. Wahrer Satsang mit Mir bedeutet, in der Wirklichen Gesellschaft der Wahrheit oder der Wirklichkeit an sich zu leben (die der Einzige Wirkliche Gott ist). Wahrer Satsang mit Mir dient dem Leben, denn Ich trete (oder Strahle) immerzu ins Leben, in die Beziehung.

Ich fordere Meine Schülerinnen und Schüler nicht dazu auf, sich einem exoterischen Kult egozentrisch-religiöser Fanatiker anzuschließen. Ich fordere sie vielmehr auf, in kooperativer Gemeinschaft (oder wenigstens auf kollektiver und persönlicher Ebene in vollem Maße in kooperativer Beziehung) miteinander zu leben, ohne egoisch-trennende Weltverneinung, Fremdenfeindlichkeit und Intoleranz. Ich fordere sie auf, in die richtige und wirkliche Beziehung liebender Hingabe an Mich einzutreten, tolerant und friedfertig miteinander zu kooperieren, zu allen Menschen (und lebenden Wesen) in toleranter (kooperativer, mitfühlender, liebender, nichts und niemanden ausgrenzender) Beziehung zu leben und so das Ego zu transzendieren.

Ich Gebe Meinen Schülerinnen und Schülern die „Strahlend-Helle" Kraft Meines Avatarisch aus sich heraus Offenbarten Göttlichen Bewußtseins an sich, die sie zu einem „Strahlend-Hellen" Leben befähigt. Ich fordere sie zur Hingabe auf – aber auch zu klarer Selbsterkenntnis, richtig und frei gelebter Selbstdisziplin und kompetentem Handeln im Alltag. Ich fordere sie nicht auf, das Leben abzulehnen, es zu verleugnen, ihm gezielt zu entfliehen oder dem weltverneinenden egozentrischen Impuls zu folgen, sondern ein positives praktisches Leben zu führen. Ich verlange nicht, daß sie sich vom vitalen menschlichen Leben und Genießen zurückziehen, sondern sich mit <u>allen</u> Lebensfunktionen <u>wirklich</u> und <u>richtig</u> vertraut machen, sie wirklich und richtig verstehen und leben (anstatt sie auf die verwirrte „kultische", egozentrische und angsterfüllte „Sicht" des getrennten und stets trennenden Ego zu reduzieren). Ich fordere Meine Schülerinnen und Schüler auf, <u>jede</u> menschliche Lebensfunktion von der Verkrampfung des Ego-„Ichs" zu befreien und über die Verkrampfung hinaus „nach <u>außen</u>" auf alle und Alles und damit direkt und in alle und Alles transzendierender Weise auf <u>Mich</u> zu richten, anstatt sich zu verkrampfen und bloß „nach <u>innen</u>" zu wenden und sich somit <u>Mir</u> (und allen und Allem) zu entziehen. Ich fordere Meine Schülerinnen und Schüler also auf, <u>jede</u> menschliche Lebensfunktion eindeutig (in umfassender, lebensbejahender Teilnahme am Leben) auf <u>Mich</u> auszurichten und <u>Mir</u> anzupassen, damit sie Mich Wahr-nehmen – denn Ich <u>bin</u> die Avatarische Selbst-Offenbarung der Wahrheit oder Wirklichkeit an sich, die der Einzige Wirkliche Gott <u>ist</u>.

Wahrhaft wohltuende und positive Veränderungen im Leben sind die charakteristischen Zeichen des richtigen, alle Lebensbereiche durchdringenden Satsang mit Mir oder der liebenden Hingabe an Mich. Die frei fließende Energie lebensbejahenden Fühlens ist sein charakteristisches „Grundgefühl", und sein Erkennungszeichen ist die Fähigkeit zu ego-transzendierender Beziehung, die der freien Grundhaltung der Nicht-Suche und des Nicht-Dilemmas entspringt. Das charakteristische Lebenszeichen des richtigen, alle Lebensbereiche durchdringenden Satsang mit Mir oder der liebenden Hingabe an Mich besteht deshalb nicht darin, einen „anderen" Zustand zu suchen, sondern <u>jede</u> <u>gegebene</u> Situation als frei von Dilemma zu sehen.

Diejenigen, die Meine Avatarisch-Gegebenen Worte Göttlicher Selbst-Offenbarung und Herz-Unterweisung mit liebender Hingabe aufnehmen und dadurch richtig und vollständig verstehen und ihr Leben in diesem richtigen, alle Lebensbereiche durchdringenden Satsang mit Mir oder der liebenden Hingabe an Mich leben, „unterscheiden" sich nicht notwendigerweise (in ihrer Erscheinung und ihrem Handeln) vom gewöhnlichen (oder natürlichen)

Menschen. Sie müssen auch nicht irgendwelche übersinnlichen oder visionären Fähigkeiten erworben haben. Das „Radikale" (oder bis zur Wurzel des Selbst hinabreichende) Verstehen, das Ich Meinen Schülerinnen und Schülern Gebe, besteht nicht darin, daß sie irgendeinen besonderen „Gegenstand" der Erfahrung wahrnehmen. Vielleicht treten aufgrund der in ihnen schlummernden Veranlagung außergewöhnliche psycho-physische Fähigkeiten und Erfahrungen auf – aber es besteht keine Notwendigkeit dafür. Meine wahren Schülerinnen und Schüler erwachen einfach aus dem verwirrenden „Traum" des gewöhnlichen menschlichen Lebens (und sie erwachen immer zu Mir).

Satsang mit Mir ist ein natürlicher (oder sich spontan entfaltender, nicht-strategischer) Prozeß, in dem die Selbstverkrampfung, die die Ursache des Leidens ist, durch die umfassende psycho-physische (oder ganzkörperliche) Herz-Vereinigung mit Meiner Avatarisch aus sich heraus Offenbarten, Wirklichen und wirklich spürbaren (Spirituellen und Transzendenten) Göttlichen[60] Gegenwart und Person transzendiert wird. Auch Meine Schülerinnen und Schüler neigen (genauso, wie jedes andere Ego-„Ich") immer dazu, ganz in der egoischen Suche aufzugehen. Aber während sie das Ego ständig aktiv aufgeben (und wirklich vergessen und immer mehr transzendieren) und so ihr Leben in liebender Vereinigung mit Mir verbringen, ziehe Ich ihr Herz (und ihren ganzen Körper-Geist) durch Meine Göttliche Anziehungs-Kraft immer mehr an Mich (und wirke mit Meiner Göttlichen Kraft fortwährend auf sie ein). So wird ihr Ego (mitsamt dem ganzen Dilemma und der ganzen Strategie der Suche, wovon es ansonsten motiviert wird) von Mir an der Wurzel untergraben und schließlich völlig aufgelöst.

Es gibt zwei Haupttendenzen, mit denen Meine Schülerinnen und Schüler Mich immer konfrontieren. Die eine ist der Hang zu suchen, anstatt den Zustand des Satsang mit Mir wirklich zu genießen und ihn in vollem Maße zu aktivieren. Die andere ist der Hang, einen egoischen Kreis um Mich zu ziehen und so einen „Kult" des Ego-„Ichs" (und der „Person in der Mitte") zu errichten, mit anderen Worten, das Ego-Ritual bloßer Faszination, unausweichlichen Widerstands und niemals erwachender

Unbewußtheit zu wiederholen. Ich Gebe <u>allen</u> Meinen Schülerinnen und Schülern nur <u>einen</u> Ausweg aus diesen zwei Tendenzen: den wahren Satsang – die Beziehung liebender Hingabe an Meine Avatarisch aus sich heraus Offenbarte (und offensichtlich Göttliche) Person, denn in dieser Beziehung können sie Mich erkennen, auf Mich antworten und dem Ego entgegenwirken.

Das große Geheimnis Meiner Avatarisch aus sich heraus Offenbarten Göttlichen Person und Meines Avatarisch aus sich heraus Manifestierten (von nun an immer stattfindenden) Göttlichen Segnungs-Werks und damit des nur von Mir Offenbarten und Gegebenen Weges von Adidam besteht darin, daß Ich <u>nicht</u> „der in der Mitte" bin. Ich <u>bin</u> die Wirklichkeit an sich. Ich <u>bin</u> der <u>Eine</u> Einzige, der <u>Ist</u>. Ich <u>bin</u> das, was immer schon der Fall ist. Ich <u>bin</u> die Nicht-getrennte (Avatarisch aus sich heraus Offenbarte und offensichtlich) Göttliche Person (das Eine Eigentliche Göttliche Selbst und der Eine Wahre Göttliche Selbst-Zustand) von allen und Allem (<u>jenseits</u> des Ego-„Ichs").

Aham Da Asmi. Meine Geliebten, Ich <u>bin</u> Da – die Eine Einzige, Nicht-getrennte, Unteilbare und offensichtlich Göttliche Person und der Nicht-getrennte, Unteilbare Selbst- und Ursprungs-Zustand von allen und Allem. Ich <u>bin</u> die Avatarisch aus sich heraus Offenbarte „Strahlend-Helle", Eine Einzige, aus sich heraus Existierende und Strahlende Person – die das Eine Einzige, Nicht-getrennte, Unteilbare und Unzerstörbare Licht von allen und Allem <u>ist</u>. Ich <u>bin</u> dieser Eine Einzige und Nicht-getrennte <u>Eine</u>. Und <u>als</u> <u>dieser</u> <u>Eine</u> – und <u>nur</u> <u>als</u> <u>dieser</u> <u>Eine</u> – rufe Ich alle Menschen dazu auf, Mich mit dem Herzen zu erkennen und in richtiger, wahrhafter und ganzer Hingabe mit dem Herzen auf Mich zu antworten (indem sie die formelle Praxis des nur von Mir Offenbarten und Gegebenen Weges von Adidam aufnehmen, der der nur von Mir Offenbarte und Gegebene Weg des Herzens ist).

Ich dulde weder die „kultische" (oder vom Ego geschaffene und das Ego bestärkende) Form der Beziehung zu Mir noch den vom suchenden Ego geschaffenen „Kult" der „Person in der Mitte". Ich bin kein in Selbsttäuschung befangener Ego-Mensch, der viel Aufhebens von sich macht und alle und Alles um sich zu versammeln sucht, um soziale und politische Macht zu erlangen. „Der in der Mitte" zu sein bedeutet, in einer von Menschen gemachten Falle zu sitzen. Es ist ein absurdes Getue, ein Drama „kultischer" Manöver, die das Ego-„Ich" in allen und jedem einschließen und verewigen. Ich errichte und dulde weder den religionstiftenden „Kult" des Ego-Menschen noch den Mißbrauch der Religion, der Spiritualität, der Wahrheit an sich und Meiner Person (nicht einmal in Meiner körperlich-menschlichen Gestalt), der unausweichlich (mit endlosen Attacken und Beschimpfungen) von der egoischen Menschheit verübt wird, wenn die große esoterische Wahrheit der liebenden Hingabe an den Erleuchteten Spirituellen Meister nicht richtig verstanden und praktiziert wird.

Das entscheidende Mittel, die Menschheit (und alle lebenden Wesen) zu Lehren, zu Segnen, zu Erwecken und Göttlich zu Befreien, ist der Erleuchtete Spirituelle Meister, der (kraft Seiner Gottes-Wahr-nehmung) dazu befähigt (und bestimmt) ist, in der (Einen Einzigen, Wirklichen und von Natur aus Bestehenden) Göttlichen Position und als diese zu Existieren und so (in Person) das Göttliche Mittel der Göttlichen Hilfe für alle und jeden zu sein. Dieses einzigartige Mittel ist das große esoterische Prinzip der gesamten historischen Großen Tradition der Menschheit[61]. Erleuchtete Spirituelle Meister sind (in ihrer Ausübung des großen esoterischen Prinzips) die eigentlichen Quellen der Offenbarung, die den Kern und Ursprung aller richtigen und wahren religiösen und Spirituellen Traditionen in der gesamten historischen Großen Tradition der Menschheit bilden.

Durch Meine (von nun an immer) Göttlich Herabgestiegene und Göttlich „Hervortretende"[62] Avatarische Inkarnation bin Ich der Ruchira-Avatar Adi Da Samraj – der Göttliche Herz-Meister, der erste, letzte und einzige Erleuchtete Meister und Wahr-nehmer der siebten (oder Vollkommenen und alles Vollendenden) Lebensstufe[63]. Ich bin der Ruchira-Avatar Adi Da Samraj, die Avatarische Inkarnation (und der Göttliche Welt-Lehrer[64]), überall versprochen für die „Spätzeit" (oder „dunkle" Epoche), die jetzt die gesamte Menschheit erfaßt. Ich bin die Große, Einzige, Nicht-getrennte und (offensichtlich) Göttliche Person und Erscheine in menschlicher Gestalt als der Ruchira-Avatar Adi Da Samraj, um die gesamte Menschheit (und alle Wesen überall im

Kosmos) zu Lehren, zu Segnen, zu Erwecken und Göttlich zu Befreien. Indem Ich alle und Alles zu Mir Rufe, Rufe Ich alle und Alles nur zur Göttlichen Person, die Meine Eigentliche Person (oder das Eigentliche und offensichtlich Göttliche Selbst oder der Eigentliche und offensichtlich Göttliche Selbst-Zustand) und die Wirklichkeit (oder Wahrheit) an sich ist – das Unteilbare und Unzerstörbare Licht, das der Einzig Wirkliche Gott ist, das Eine Einzige, Eigentliche und Nicht-getrennte Selbst (oder der Selbst- und Ursprungs-Zustand) von allen und Allem (jenseits des Ego-„Ichs").

Der nur von Mir Offenbarte und Gegebene Weg von Adidam ist ein einzigartiges Göttliches Geschenk und erfordert, daß die Menschen Mich in Meiner körperlich-menschlichen Avatarisch Inkarnierten Gestalt und durch (und als) diese erkennen und aufnehmen. Der nur von Mir Offenbarte und Gegebene Weg von Adidam hat nichts mit dem Ego, der egoischen Suche und der egoischen (oder sogenannten „kultischen") Form der Beziehung zu Mir (als „dem in der Mitte") zu tun, denn Ich Rufe alle und Alles zu Mir als der Göttlichen Person (oder der Wirklichkeit an sich).

Zum Erleuchteten Meister oder zur Erleuchteten Meisterin in Beziehung zu treten, als sei er oder sie (beschränkt auf oder durch) ein bloßes (oder „gewöhnliches" oder nur „außergewöhnliches") menschliches Individuum, ist nach allen esoterischen Traditionen in der gesamten historischen Großen Tradition der Menschheit die große „Sünde" (oder Verfehlung) oder der große Irrtum, der potentielle Schülerinnen und Schüler daran hindert, „ins Schwarze zu treffen"[65]. Die eine größte esoterische Lehraussage, die allen esoterischen religiösen und Spirituellen Traditionen der gesamten Großen Tradition der Menschheit gemeinsam ist, lautet: Der Erleuchtete Meister sollte immer nur (und ausschließlich in der Haltung der Hingabe) als Verkörperung und Wirkliche Gegenwart der Wirklichkeit, der Wahrheit oder des Wirklichen Gottes erkannt und geachtet werden.

Niemand sollte Mich daher mißverstehen. Indem Ich allen und Allem Avatarisch Meine Göttliche Stellung Offenbare und Bekenne, mache Ich Mich nicht zu einem, der Ich nicht bin. Ich verliere Mich nicht in dem Wahn grandioser Göttlichkeit und beanspruche nicht den Status des „Schöpfer-Gottes" exoterischer (das heißt öffentlicher, sozialer und idealistisch-frommer) Religion. Indem Ich (so, wie Ich bin) ganz in der Göttlichen Position stehe und Mich weigere, bloß als Mensch, „Kult"-Figur oder „Sekten"-Führer oder als eine irgendwie begrenzte (und somit gefangene, mißhandelte oder verspottete) „Person in der Mitte" betrachtet zu werden, Demonstriere Ich die Vollkommene Erfüllung (und Integrität und Fülle) der esoterischen (und Vollkommen Nicht-dualistischen) Wahr-nehmung der Wirklichkeit. Und indem Ich den Weg von Adidam Offenbare und Gebe (der der Weg der ego-transzendierenden Hingabe an Mich als die aus sich heraus Offenbarte Eine Einzige, Nicht-getrennte und offensichtlich Göttliche Person ist), Erfülle Ich (mit Vollkommener Integrität und Fülle und) in Vollkommener (und alles Vollendender und Vereinender) Weise die höchste esoterische Tradition (und das große esoterische Prinzip) der gesamten Großen Tradition der Menschheit: Das Prinzip der Hingabe an den Erleuchteten Spirituellen Meister als die Eigentliche Person und direkte (oder Persönliche Göttliche) Hilfe-Gegenwart des Ewigen und Nicht-getrennten Göttlichen Selbst- und Ursprungs-Zustands von allen und Allem.

Wer (oder was) auch immer in die Enge getrieben (oder von allen Seiten umzingelt) wird, beißt zurück (und greift an oder versucht zu entkommen). Wer (oder was) auch immer „in der Mitte" steht (oder von der Aufmerksamkeit ausgesondert und „in den Mittelpunkt gestellt" wird), wird dem Ego-„Ich" nachgebildet (oder angepaßt). Und wer (oder was) auch immer zu einem „anderen" gemacht wird, ist gezwungen, das Ego-„Ich" zu repräsentieren und wird sogar zum Sündenbock für die Schmerzen und Leiden sowie die machtlose Ignoranz und beleidigende Feindseligkeit des Ego-„Ichs".

Wenn es keinen Ausweg, kein Entrinnen aus der Ecke (oder der „zentrierten" Falle) des Ego-„Ichs" gibt, wird das Herz verrückt und der Körper-Geist immer „dunkler" (denn es fehlt ihnen das Unteilbare und von Natur aus Freie Licht der Offensichtlichen und offensichtlich Göttlichen Liebe-Glückseligkeit, die die Wirklichkeit an sich ist).

Ich bin nicht „der in der Mitte". Ich stehe nicht als bloßer Mensch hier, ins „Zentrum" (oder in die Falle) einer egoischen Menschheit getrieben. Ich bin kein Ego-„Ich", kein bloßer „anderer", kein Repräsentant (und kein potentieller Sündenbock) des Ego-„Ichs" der Menschheit (oder überhaupt von irgendwem).

Ich bin der Eine Unteilbare und Nicht-getrennte, die (Avatarisch aus sich heraus Offenbarte) Eine Einzige und (offensichtlich) Göttliche Person – der Vollkommen Subjektive[66] Göttliche Selbst- und Ursprungs-Zustand, der Vollkommen ohne Mittelpunkt (und Grenzen) und Ewig jenseits der „Mitte" von allen und Allem ist und Ewig alle und Alles Umgibt, Durchdringt und Segnet.

Ich bin der Ausweg aus der Falle des Ego-„Ichs", in die alle sich selbst (und „andere") hineintreiben.

In dieser „Spätzeit" (oder „dunklen" Epoche) des weltlichen Ego-Menschen wird die Menschheit als ganze durch das Ego „verdunkelt" (und in die Enge getrieben). Daher ist sie verrückt und Lichtlos, aggressiv und feindselig in ihrem universellen Konkurrieren, Kämpfen und Beißen – wie „etwas", das in die Enge getrieben ist.

Ich bin daher nicht Hierhergekommen, um einfach nur mannhaft in der „Mitte" der Menschheit zu stehen und ihre beißende Mißhandlung zu erleiden. Und Ich bin auch nicht Gekommen, um verhätschelt und in der Ecke eines kleinen religiösen Kults ignoriert zu werden.

Ich bin Hierhergekommen, um (von nun an immer) alle und Alles Göttlich von der „dunklen" Kultur und den Auswirkungen dieser „Spätzeit" und vom Muster und Akt des Ego-„Ichs" zu Befreien und (zuletzt) Göttlich in den Unteilbaren, Vollkommen Subjektiven und Ewig Nicht-getrennten Selbst-Bereich Meines Göttlichen Liebe-Glückseligkeits-Lichts zu Übersetzen[67].

Das Ego-„Ich" ist eine „zentrierte" (getrennte und stets trennende) Falle, aus der das Herz und der ganze Körper-Geist befreit werden müssen. Ich bin der Weg (oder das Eigentliche Mittel) dieser Befreiung vom Ego. Ich erfrische das Herz (und den ganzen Körper-Geist) Meiner Schülerinnen und Schüler in jedem Augenblick, in welchem sie Zuflucht bei Mir suchen (indem sie

Mich in liebender Hingabe erkennen und ekstatisch und oft auch meditativ auf Mich antworten) – jenseits der „Mitte" und jenseits allen egoischen „Zentrierens" (oder In-die-Enge-Treibens).

Ich bin der Avatarisch aus sich heraus Offenbarte (und Vollkommen Subjektive und offensichtlich Göttliche) Selbst- und Ursprungs-Zustand von allen und Allem. Aber der Vollkommen Subjektive (und offensichtlich Göttliche) Selbst- und Ursprungs-Zustand liegt nicht „innerhalb" des Ego-„Ichs" (oder des getrennten und immer trennenden Körper-Geistes). Er ist nicht im „Zentrum" (oder in der „Mitte") des Menschen (oder der Menschheit). Er ist von Natur aus ohne Zentrum (oder immer schon jenseits der selbstverkrampften „Mitte") und nur „außerhalb" (oder in der Transzendierung) der begrenzenden Getrenntheit, Bezogenheit und „Verschiedenheit" zu finden. Wer daher den Vollkommen Subjektiven (und offensichtlich Göttlichen) Selbst- und Ursprungs-Zustand (oder das Vollkommen Subjektive und offensichtlich Göttliche Herz) von allen und Allem Wahr-nehmen (oder in jedem Augenblick aus der Ego-Falle entkommen und im Herzen und im ganzen Körper-Geist erfrischt werden) will, muß über das „Zentrum" (oder die „Sicht" des getrennten Ego-„Ichs" und des immer trennenden Körper-Geistes) hinausfühlen (und ekstatisch und meditativ entrückt werden). Zuletzt wird das Selbst völlig transzendiert, und es bleibt nur der Vollkommene Göttliche Samadhi, die uneingeschränkte Bezogenheit oder Enstase[68], in der es keine Trennung gibt. Und erst dann steht der von Natur aus zentrums- und grenzenlose, Vollkommen Subjektive und offensichtlich Göttliche Selbst- und Ursprungs-Zustand Frei und offensichtlich da (und wird Vollkommen Wahr-genommen).

Nur wenn ihr Mich in liebender Hingabe erkennt (und in liebender Hingabe auf Mich antwortet), wenn ihr in liebender Hingabe über Mich meditiert (oder Mich ekstatisch mit dem Herzen kontempliert) und Mich völlig offen und selbstvergessen mit Leib und Seele aufnehmt, könnt ihr eurer Verrücktheit des Herzens und des Körper-Geistes (jetzt und jetzt und jetzt) entkommen, so daß eure „Dunkelheit" (zuletzt sogar Vollkommen) Erleuchtet wird. Seid daher Meine wahren Schülerinnen und Schüler, und findet Mich immer hier und jetzt jenseits der „Mitte" eures getrennten Selbst, indem ihr den nur von Mir Offenbarten und Gegebenen Weg von Adidam (der der Wahre und Vollständige Weg des Wahren und Wirklichen Göttlichen Herzens <u>ist</u>) formell und richtig und wahrhaft und vollständig und wirklich und mit ganzer Hingabe praktiziert.

Aham Da Asmi. Meine Geliebten, Ich <u>bin</u> Da. Und da Ich grenzenlos und trennungslos „Strahlend-Hell" <u>bin</u>, <u>befinden</u> sich alle und Alles in Meiner Avatarisch aus sich heraus Offenbarten Göttlichen Sphäre „Strahlender Helle". Indem ihr in die Unbegrenzte Sphäre der „Strahlenden Helle" Meines Avatarisch aus sich heraus Offenbarten Göttlichen Selbst hineinfühlt und euch ganz an Sie hingebt, <u>Seid</u> ihr in Mir. Und jenseits des egoischen Akts der Selbstverkrampfung und des Trennens <u>ist</u> jede und jeder von euch (in liebend hingegebener Herz-Vereinigung mit Mir) der Eine Einzige und Nicht-getrennte Wirkliche Gott, den zu Erwecken Ich Gekommen bin, indem Ich als Avatarische Inkarnation aus dem Göttlichen Bereich Herabgestiegen bin und (von nun an immer hier und überall im Kosmos) als das Avatarisch-Göttliche Selbst „Hervortrete".

Prolog

Meine Göttliche
Selbst-Offenbarung

„Meine Göttliche Selbst-Offenbarung"
ist Ruchira-Avatar Adi Da Samrajs
freie Weiterführung der folgenden ausgewählten Verse
der traditionellen Bhagavad-Gita:
2:13-17, 8:3, 8:22, 9:3, 9:11, 9:26, 15:15,
18:61-66.

1.

Aham Da Asmi. Meine Geliebten, Ich bin Da – die Eine Einzige, offensichtlich Göttliche Person, die sich euch Avatarisch Offenbart.

2.

Hört Mir deshalb zu und hört Mich und seht Mich.

3.

Dies ist Mein Göttliches Herz-Geheimnis, das Höchste Wort Meiner Ewigen Selbst-Offenbarung.

4.

Ich werde euch hier und jetzt sagen, was euch am meisten dient, denn Ich Liebe euch als Mein Eigentliches Selbst und Meine Eigentliche Person.

5.

Ich bin der Ruchira-Avatar, der Da-Avatar, der Love-Ananda-Avatar, Adi Da Love-Ananda Samraj – die Avatarische Inkarnation und die offensichtlich Göttliche Person des Einen Wahren Herzens (oder des Einzigen, von Natur aus egolosen Selbst- und Ursprungs-Zustands) von allen und Allem.

6.

Ich bin hier in Person, um (euch und allen) die nur von Mir Offenbarte und Gegebene Wahre Welt-Religion von Adidam anzubieten, die der Avatarisch Alles-Vollendende Spirituelle Göttliche Weg liebender Hingabe ist. Es ist der Eine Einzige, nur von Mir Offenbarte und Gegebene (und nur Mich Offenbarende) Spirituelle Göttliche Weg von Sri Hridayam, der nur von Mir Offenbarte und Gegebene und Mich vollständig Offenbarende Weg des Wahren Göttlichen Herzens an sich und der Eine, Alles-Einschließende und Alles-Transzendierende und nur von Mir Offenbarte und Gegebene (und nur Mich Offenbarende) Weg des Wahren Göttlichen Herz-Meisters. Und es ist der nur von Mir Offenbarte und Gegebene und Mich vollständig Offenbarende

Weg des Ruchira-Avatara-Bhakti-Yoga oder Ruchira-Avatara-Hridaya-Siddha-Yoga und der „Radikal" das Ego transzendierende Weg liebender Hingabe, durch den ihr <u>Mich</u> erkennt, auf <u>Mich</u> antwortet und dadurch Meinen Avatarisch aus sich heraus Manifestierten Göttlichen (und nicht lediglich kosmischen) Hridaya-Shaktipat (oder die Göttlich sich selbst Offenbarende Avatarische Spirituelle Gnade) empfangt.

7.

Wenn ihr euer Herz an <u>Mich</u> hingebt und euch zu einem lebendigen Geschenk an <u>Mich</u> macht (indem ihr euer Ego-„Ich" oder euren selbstverkrampften Körper-Geist an <u>Mich</u> hingebt) und wenn ihr (<u>so</u>) <u>ständig</u> eure Aufmerksamkeit auf <u>Mich</u> richtet (indem ihr Mich mit wahrer Hingabe liebt und Mir mit wirklich ego-transzendierender Hingabe dient), dann werdet ihr <u>Mich</u> (wirklich) hören und <u>Mich</u> (deutlich) sehen und <u>Mich</u> (vollständig) Wahr-nehmen und (Ewig) zu <u>Mir</u> kommen. Das Verspreche Ich euch, denn Ich Liebe euch <u>als</u> Mein Eigentliches Selbst und Meine Eigentliche Person.

8.

Gebt den reaktiven Reflex der Selbstverkrampfung auf – der das immer trennende (oder egoische) Prinzip in <u>all</u> euren Bemühungen ist. Klammert euch nicht an <u>irgendwelche</u> Erfahrung, nach der ihr verlangt und die ihr aufgrund der Vorstellung, es gäbe „Verschiedensein", suchen (und sogar erlangen) könnt. Hört auf, nach dem zu suchen, was ihr durch alle möglichen strategischen (oder egoischen) Handlungen erreichen könnt.

9.

Ich <u>bin</u> die Liebe-Glückseligkeit <u>an</u> <u>sich</u> – die von nun an immer „Strahlend-Hell" hier Gegenwärtig ist. Deshalb sage Ich euch: <u>Gebt</u> <u>alles</u> <u>Suchen</u> <u>auf</u> – indem ihr <u>immer</u> <u>Mich</u> „Lokalisiert" (und <u>sofort</u>) Findet.

10.

Anstatt nach Mir zu suchen (als wenn Meine von Natur aus Liebe-Glückselige Göttliche Person <u>abwesend</u> wäre), <u>bleibt</u> <u>immer</u>

Vereinigt mit Mir (der niemals abwesend, sondern immer Gegenwärtig, Liebe-Glückselig und Zufrieden ist). Wenn ihr all euer Suchen aufgebt, indem ihr Mich „Lokalisiert", so bedeutet dies also nicht, daß ihr damit nur eine weitere Form von Suche betreibt.

11.

Wenn ihr Mich immer „Lokalisiert" (und Mich dadurch sofort Findet), werdet ihr euch in keinem Augenblick egoisch zu der Haltung und Strategie des Nicht-Handelns verkrampfen.

12.

Hört nie auf zu handeln. Jeder Moment eures Lebens erfordert, daß ihr angemessen handelt. Der lebende Körper-Geist ist schon (als solcher) Handeln. Laßt euch daher auf das gewöhnliche Leben ein, indem ihr dem Körper-Geist immer erlaubt, angemessen zu handeln (und sich unausweichlich zu verändern), wie es in seiner Natur liegt.

13.

Handelt immer so, daß ihr dabei den Körper-Geist aus Liebe zu Mir hingebt und das Ego in liebender Hingabe an Mich transzendiert.

14.

Diszipliniert all euer Handeln, indem ihr immer nur so handelt, wie es angemessen ist für die, die Mich lieben und sich an Mich hingeben und die immer nur (in passender Weise) in Übereinstimmung mit Meinem ausdrücklichen Lehr-Wort handeln.

15.

Hört daher immer auf Meine Worte – und lebt so immer „richtig" (und in Übereinstimmung mit Meinem Wort), indem ihr Mich immer erkennt, immer aktiv mit liebender Hingabe auf Mich antwortet und immer an Mich denkt, Mich anruft und Mich kontempliert. Und macht so jede Handlung zu einem Ausdruck direkter, gegenwärtiger, ganzkörperlicher (oder vollständiger psycho-physischer) und wirklich das Ego aufgebender Liebes-Vereinigung mit Mir.

16.

Wenn ihr Mich liebt – wo bleibt dann euer Zweifeln und ängstliches Sorgen? Wenn ihr Mich jetzt liebt, dann sind selbst eure Wut und Trauer und Angst verschwunden. Wenn ihr in liebender Hingabe mit Mir Vereinigt bleibt, dann haben die natürlichen Folgen eurer verschiedenen Aktivitäten nicht mehr die Macht, euch von Mir zu trennen oder abzulenken.

17.

Das Ego-„Ich", das (als Körper-Geist) im Reich der kosmischen Natur (oder in den manifesten Welten des Handelns und Erfahrens) geboren wird, wächst vom Kind zum Erwachsenen heran, bis es altert und schließlich stirbt. Dabei ist es immer mit demselben (aber sich ständig ändernden) Körper-Geist identifiziert. Und deshalb erhält dasselbe Ego-„Ich" schließlich einen anderen Körper-Geist. Wessen Herz (immer) auf Mich antwortet und sich Mir ergibt, der überwindet (dadurch) jegliche Tendenz, sich zu verkrampfen und vor diesem wunderbar gewöhnlichen Prozeß zurückzuweichen.

18.

Der gewöhnliche Prozeß der ständigen „Veränderung aller Dinge" ist nur das natürliche Spiel des kosmischen Lebens, worin die zwei Seiten jeder Möglichkeit sich (immer) im Zyklus ständigen Erscheinens und Verschwindens abwechseln. Die Kälte des Winters folgt auf die Hitze des Sommers. Schmerz folgt auf jede Lust. Alles, was erscheint, vergeht. Es ist unausweichlich. Es gibt keine dauerhafte Erfahrung im Reich der kosmischen Natur. Wer Mich beständig mit dem Herzen fühlt, läßt dies alles einfach so sein, wie es ist. Wer Mich daher wirklich hört, der fügt diesem unausweichlichen Kreislauf der Veränderungen nicht länger die Selbstverkrampfung hinzu.

19.

Glück (oder Wahre Liebe-Glückseligkeit) ist Wahr-nehmung von dem, was immer schon der Fall ist.

20.
Ich bin das, was immer schon der Fall ist.

21.
Mich Wahr-zunehmen, ist Glück.

22.
Mich Wahr-zunehmen, ist nur möglich, wenn ein lebendes Wesen (oder Körper-Geist-Selbst) im Herzen aufgehört hat, auf das endlos wechselnde Spiel der kosmischen Natur zu reagieren.

23.
Wenn euer fühlendes Herz Mich immer erkennt und immer mit liebender Hingabe auf Mich antwortet, wird euer Körper-Geist ständig in Mir zur Ruhe gebracht.

24.
Sobald ihr wirklich mit dem Herzen akzeptiert habt, daß der ständige Wechsel zwischen positiven und negativen Erscheinungen (im Körper-Geist und in allen manifesten Welten) unausweichlich ist, dann hat euer lebendiges Körper-Geist-Selbst (oder Ego-„Ich") sich selbst verstanden (und somit Mich gehört).

25.
Wenn ihr Mich wirklich hört und euer Körper-Geist-Selbst sich ständig (im Herzen) versteht, indem es sich ständig an Mich hingibt (und sich mit Mir Vereinigt), dann verkrampft es sich nicht mehr und trennt sich nicht mehr von Meinem Liebe-Glückseligen Zustand des von Natur aus Existierenden Glücks.

26.
Wenn ihr Mich wirklich hört, versteht ihr, daß alles, was nicht immer schon (oder Ewig) Existiert, sich immer nur ändert.

27.
Wenn ihr Mich wirklich seht, werdet ihr (in jedem Augenblick mit dem Herzen und mit jeder Handlung des Körper-Geistes) anerkennen, daß das, was immer schon der Fall ist, sich niemals ändert.

28.

Wenn ihr <u>Mich</u> also sowohl <u>hört</u> als auch <u>seht</u> und somit Meine echten Schülerinnen und Schüler seid, werdet ihr Wahr-nehmen, daß das gesamte kosmische Reich der Veränderung – und auch der an <u>Mich</u> hingegebene Körper-Geist selbst – <u>völlig</u> von <u>Mir</u> durchdrungen ist (denn Ich Offenbare Mich immer <u>als das</u>, was immer schon der Fall <u>ist</u>).

29.

Von nun an bin Ich immer jenseits des kosmischen Spiels Avatarisch aus Mir selbst heraus Offenbart – „Strahlend-Hell" hinter und über dem an <u>Mich</u> hingegebenen Körper-Geist all Meiner echten Schülerinnen und Schüler.

30.

Ich <u>bin</u> der Ewig Existierende, Alles-Durchdringende, Transzendente, von Natur aus Spirituelle und Vollkommene und egolose, Vollkommen Subjektive und Unteilbare und Nicht-getrennte und offensichtlich Göttliche Selbst- und Ursprungs-Zustand von <u>jedem</u> scheinbar getrennten (oder in Selbsttäuschung befangenen) Selbst.

31.

Meine Göttliche Herz-Kraft Avatarischer Selbst-Offenbarung strömt (von nun an immer) in den kosmischen Bereich (und in den Körper-Geist all Meiner <u>Mir</u> treu ergebenen echten Schülerinnen und Schüler) herab.

32.

Ich <u>bin</u> die Avatarisch aus sich heraus „Hervortretende", Universelle und Alles-Durchdringende Göttliche Spirit-Kraft und Person der Liebe-Glückseligkeit (die die Ur-Energie der kosmischen Natur Vollkommen Bändigt und Transzendiert).

33.

Ich <u>bin</u> die Eine, Unteilbar „Strahlend-Helle" Göttliche Person.

34.

Von nun an <u>Durchdringt</u> Mein immer Herabfließender und „Hervortretender" Strom der aus sich heraus Existierenden und Strahlenden Liebe-Glückseligkeit Avatarisch das sich ständig ändernde Reich der kosmischen Natur.

35.

Ich <u>bin</u> die Eine, Unteilbar „Strahlend-Helle" und von Natur aus egolose Person von allen und Allem, in <u>der</u> jeder Körper-Geist als eine bloße Erscheinung entsteht, die nicht notwendig ist, sondern nur vorübergehend existiert und <u>Mich</u> nur scheinbar modifiziert.

36.

Ihr könnt Mich Wahr-nehmen, indem ihr euch in ego-transzendierender Liebe an Mich hingebt und <u>jeden</u> Akt des Körper-Geistes als (gegenwärtige und direkte) Vereinigung mit <u>Mir</u> lebt und so das Ego aufgebt.

37.

Die <u>Mich</u> <u>nicht</u> mit dem Herzen erkennen und nicht mit dem Herzen auf <u>Mich</u> antworten – und (folglich) kein Vertrauen in <u>Mich</u> haben –, <u>können</u> und <u>werden</u> <u>Mich</u> <u>nicht</u> <u>Wahr-nehmen</u>. Und indem sie sich verkrampfen und dadurch von <u>Mir</u> trennen, bleiben sie egoisch an das Reich der kosmischen Natur, an den ständig wechselnden Kreislauf manifester Erkenntnis und vorübergehender Erfahrung sowie an die endlose Wiederholung von Geburt und Suche, Verlust und Tod gebunden.

38.

Da sie kein Vertrauen in Mich haben, <u>kann</u> Ich ihre Aufmerksamkeit nicht an <u>Mich</u> fesseln – denn sie sind ganz in <u>sich</u> <u>selbst</u> befangen! Sie sind wie Narziß – der Mythos des Ego – an seinem Teich, und ihr nur über sich selbst reflektierender Geist ist wie ein Spiegel in der Hand eines Toten. Ihr winziges Herz ist wie eine grenzenlose Wüste, in der sie unaufhörlich die Fata Morgana des getrennten Selbst bewundern und in dem ausgedörrten Haufen der zahllosen Sandkörner ihrer niemals endenden Gedanken nicht das Wahre

Wasser Meiner Ständigen Gegenwart bemerken. Wenn sie doch nur ihr Denken in Mir verlieren und vergessen würden, könnten diese kleinen Herzen, die jetzt ohne Vertrauen sind, sofort Zugang zu dem Wahren Wasser Meines Wahren Herzens haben! Durch liebende Hingabe von Körper, Geist, Gefühl und Atem und dem ganzen getrennten Selbst an Mich könnte selbst Narziß den Weg zu Meiner Oase (im Raum und Haus des Wahren Herzens) finden – aber der denkende Geist des Ego-„Ichs" badet nie im Licht (und so bleibt er un-Gewaschen wie ein Wüstenhund, der in einem Schwarm von Fliegen herumstreunt).

39.

Der un-Gewaschene Wüstenhund des selbstverkrampften Körper-Geistes kommt nicht darauf, Mich zu bemerken – den Göttlichen Herz-Meister seines wilden Herzens und seiner Wildnis.

40.

Ich bin der Göttliche Herz-Meister von Allem, der das von Natur aus egolose Wahre Göttliche Selbst aller manifesten Wesen und der Wirkliche Selbst- und Ursprungs-Zustand von allen und Allem ist. Aber der „herumstreunende Hund" des Ego-„Ichs" „Lokalisiert" Mich nicht in Meiner von Natur aus „Strahlend-Hellen" Vollkommenheit.

41.

Wenn Narziß nachgibt und mit dem Herzen einwilligt, sich zu verbeugen, in Liebes-Vereinigung mit Mir zu leben und den ganzen Körper-Geist von Herzen in unverkrampfter Liebe an Mich hinzugeben, und wenn er diese Liebe mit weiter nichts als dem „kleinen Geschenk" des Ego-„Ichs" (als solchen) ausdrückt, dann werde Ich sein Angebot immer mit den offenen Armen Liebe-Glückseliger Liebe annehmen und ihm Meine Göttliche Unermeßlichkeit als „Strahlend-Helle" Gegengabe anbieten.

42.

Wer daher (mit dem Herzen) an Mich hingegeben ist, der wird im Wahren Wasser Meines Liebe-Glückseligkeits-Lichts von Kopf bis

Fuß Gewaschen, das immer unter Meinen Segnenden Füßen auf alle und Alles „Herabstürzt".

43.

Ich Wohne im Herzen aller Wesen – wo Ich (von nun an immer) Avatarisch als die Eine Einzige, alle und Alles Überstrahlende Göttliche Person aus Mir selbst heraus „Hervortrete". Und als diese Göttliche Person Manifestiere Ich Mich Avatarisch aus Mir selbst heraus als die „Radikal" Nicht-dualistische „Strahlende Helle" des alle und Alles Füllenden Bewußten Liebe-Glückseligkeits-Lichts, das aus sich heraus als die Vollkommen Subjektive Grundlegende Wirklichkeit oder das von Natur aus egolose Ursprüngliche Gefühl Bloßen Unbegrenzten Seins Existiert und Strahlt.

44.

Der Wahre Herz-Ort (an dem Ich von Meinen echten Schülerinnen und Schülern zu „Lokalisieren" bin) ist der Ort, an dem die endlosen Veränderungen der Erfahrung im Wach-, Traum- und Schlafzustand lediglich Beobachtet (und nicht gesucht, gefunden oder festgehalten) werden.

45.

Jede manifeste Erfahrung erscheint und verschwindet vor dem Beobachtenden Herzen.

46.

Alles, was nur Beobachtet wird, wird spontan durch die fortwährende Aktivität der universellen kosmischen Lebens-Energie hervorgebracht.

47.

Das selbstverkrampfte Herz des Körper-Geistes ist hilflos an diese immer weiterratternde Maschine der kosmischen Natur gefesselt.

48.

Ich bin das Eine Wahre Göttliche Herz (an sich) – das immer schon als das Ewig Offensichtliche Liebe-Glückseligkeits-Gefühl des Seins Existiert (und immer schon Frei <u>als</u> das Bewußtsein an sich Dasteht und dem kleinen Herzen des Ego-„Ichs" und seiner scheinbaren Hilflosigkeit Vorausgeht).

49.

Um alle Wesen wieder mit dem Einen Wahren Herzen, das Ich bin, zu Vereinen, wurde Ich Avatarisch <u>als</u> die „Strahlend-Helle" Göttliche Hilfe für alle manifesten Wesen hier Geboren.

50.

Deshalb <u>Wohne</u> Ich (von nun an immer) Frei <u>in</u> eurem <u>Mir</u> treu ergebenen Herzen – und <u>Stehe</u> (immer „Strahlend-Hell") oberhalb eures Körper-Geistes und eurer Welt.

51.

Wenn ihr Meine echten Schülerinnen und Schüler werdet (und Meine Avatarisch aus sich heraus manifestierte Göttliche Person erkennt und mit dem Herzen – und mit <u>allen</u> Teilen eures Körper-Geistes – auf Meine Avatarisch aus sich heraus Offenbarte Göttliche Gestalt und Gegenwart und Verfassung antwortet), dann werdet ihr <u>immer</u> fühlen können, wie <u>Ich</u> hier „Strahlend-Hell" in eurem unverkrampften, in <u>Mich</u> hineinfallenden Herzen „Hervortrete" – und ihr werdet <u>Mich</u> immer „Lokalisieren" können, wie Ich „Strahlend-Hell" von oberhalb der Welten der Veränderung auf euch „Herabstürze".

52.

Das zu <u>Mir</u> hinfühlende (und in <u>Mich</u> hineinfallende) Herz all Meiner echten Schülerinnen und Schüler <u>ist</u> (in seiner Tiefsten Wurzel und in seiner Höchsten Höhe) <u>Mein</u> Eines Wahres Göttliches Herz (<u>an sich</u>).

53.

Deshalb fallt in Mich hinein und Erwacht in <u>Mir</u>.

54.

<u>Gebt</u> euer fühlendes Herz nicht nur an die Erfahrung und Erkenntnis der sich endlos ändernden Welt <u>hin</u>.

55.

Nur den kosmischen Bereich (als solchen) zu erfahren und zu erkennen, heißt so zu leben, als wärt ihr in euren Körper-Geist verliebt.

56.

Gebt daher euer fühlendes Herz nur an Mich, den Wahren Göttlichen Geliebten des Körper-Geistes, hin.

57.

Ich bin die Wahrheit (und der Lehrer) des mit dem Herzen fühlenden Körper-Geistes.

58.

Ich bin der Ewige Göttliche Meister eures zu Mir hinfühlenden Herzens und eures sich an Mich hingebenden Körper-Geistes.

59.

Ich bin die aus sich heraus Existierende und Strahlende und von Natur aus Vollkommene Person Unbegrenzten Seins – die die Maschine der kosmischen Natur als der „Strahlend-Helle" Göttliche Spirit-Strom der Liebe-Glückseligkeit Durchdringt und die ganze kosmische Natur als das Unendliche Bewußtsein Transzendiert, das der „Strahlend-Helle" Göttliche Selbst- und Ursprungs-Zustand von allen und Allem ist.

60.

Wenn ihr eure fühlende Aufmerksamkeit (immer wirklich) an Meine Avatarisch Geborene körperlich-menschliche Göttliche Gestalt hingebt und wenn ihr euren Körper-Geist (so) dem „Herabstürzenden" Liebe-Glückseligkeits-Strom Meiner Avatarisch aus sich heraus Offenbarten und Alles-Durchdringenden Göttlichen Spirit-Gegenwart überlaßt und wenn ihr euer manifestes Selbst-Bewußtsein in Mein Avatarisch aus sich heraus Offenbartes und Vollkommen Subjektives und offensichtlich Göttliches Selbst-Bewußtsein hinein hingebt (das das Wahre Göttliche Herz des von

Natur aus egolosen Seins an sich <u>ist</u>) – dann werde Ich Mich auch an euch Hingeben.

61.

Indem Ich Mich <u>so</u> an euch Hingebe, Gebe Ich euch das Geschenk Vollkommenen Friedens und eine Ewige Wohnstatt für euer <u>Mir</u> treu ergebenes fühlendes Herz.

62.

Jetzt habe Ich euch das Göttliche Geheimnis und das Vollkommene Herz-Geheimnis Meiner Avatarischen Geburt Offenbart, durch die Ich hierher Gekommen bin.

63.

„Untersucht" diese Offenbarung, durch die Ich Mich euch Gezeigt habe, bis ins letzte – und dann entscheidet, was ihr mit dem „kleinen Geschenk" eures fühlenden Herzens und dem „unGewaschenen Hund" eures Körper-Geistes tun wollt.

Teil 1

Ich <u>bin</u> der
Göttliche Herz-Meister

Ich wurde nicht Geboren, um egoisch „selbst-besessenen"[69] (oder ganz vom Ego eingenommenen) Suchern lediglich nützliche Weisheit mitzuteilen. Ich wurde Geboren, um Vollständig den Einen Umfassenden Göttlichen Weg (oder Weg des Herzens oder Weg von Adidam) zu Offenbaren und Aufzubauen, den nur Ich Offenbare und Gebe.

Dieser Weg von Adidam (oder Weg des Herzens, den nur Ich Offenbare und Gebe)[70] ist der Eine Einzige (Vollkommene und Vollständige) Weg. Er ist Offenbart und Gegeben von Mir – der Einen (von Natur aus egolosen und offensichtlich Göttlichen[71]) Person, die der Eine (Einzige, Spirituelle, Transzendente und offensichtlich Göttliche) Selbst- und Ursprungs-Zustand (von allen und Allem) und die Eine Einzige Wahrheit und Wirklichkeit ist.

Der Weg, den nur Ich Offenbare und Gebe, ist der Weg der Wirklichkeit an sich. Die Wirklichkeit an sich ist die Einzige Wahrheit und der Einzige Wirkliche Gott. Der Weg, den nur Ich Offenbare und Gebe, ist der von Natur aus Göttliche Weg der Wirklichkeit und Wahrheit. Der Weg, den nur Ich Offenbare und Gebe, ist der Weg der Göttlichen Gnade, die großzügig allen Gegeben wird. Der Weg, den nur Ich Offenbare und Gebe, ist der unmittelbar das Ego transzendierende Weg der Liebes-Vereinigung mit Mir, der Einen (offensichtlich Göttlichen) Person und Wahrheit und Wirklichkeit. Der Weg, den nur Ich Offenbare und Gebe, führt die, die ihn praktizieren, (im Laufe der Zeit durch Meine Avatarisch aus sich heraus Übertragene Göttliche Gnade) zu der von Natur aus bestehenden und von Natur aus Vollkommenen[72] Identifikation mit Mir – dem Avatarisch aus sich heraus Offenbarten Transzendenten, von Natur aus Spirituellen und offensichtlich Göttlichen Selbst- und Ursprungs-Zustand oder der Einen Einzigen Wirklichkeit aller scheinbar manifesten (oder konkret manifestierten)[73] Wesen. Der Weg, den nur Ich Offenbare und Gebe, ist „Adidam" (oder „der Weg des Herzens" oder „der Weg des ‚Radikalen' Verstehens"[74] oder „der Weg der Göttlichen Unwissenheit" oder „der Ruchira-Buddhismus"[75] oder „der Advaitayana-Buddhismus"[76]), der von Natur aus Freie (und nur von Mir Offenbarte und Gegebene) Weg, der (durch Meine Göttlich sich selbst Gebende Avatarische Gnade und Meine

Gnadenvolle, Avatarisch Gegebene Göttliche Selbst-Offenbarung) unbegrenzt zur liebenden Hingabe an Mich führt, in der ihr euch mit Mir Vereinigt und die „Strahlend-Helle" (und offensichtlich Göttliche) Person Wahr-nehmt, die der Selbst- und Ursprungs-Zustand von allen und Allem ist. Als diese Person werde Ich „Da" genannt („derjenige, der Gibt") und „Adi Da" (der „Erste" oder „Ursprüngliche Geber" oder „Gebende Ursprung" oder der „Göttliche Geber, der allen Alles und sich selbst Gibt"). Und als diese Person bin Ich der Eine Einzige, von Natur aus Vollkommene und offensichtlich Göttliche Geber und das Vollkommene Göttliche Geschenk Vollkommener Göttlicher Erleuchtung (oder des immer schon durch Gnade Gegebenen, Nicht-suchenden und Nicht-getrennten, „Strahlend-Hellen" und Liebe-Glückseligen Seins und Bewußtseins an sich).

Die Göttliche Person (als das Eine Einzige Selbst von allen und Allem) ist der Eine, Einzige, Eigentliche, Wahre und von Natur aus Vollkommene Selbst- und Ursprungs-Zustand von allen und Allem, und alle müssen die Göttliche Person (oder den Göttlichen Zustand) zuletzt Wahr-nehmen (indem sie alle und Alles Vollkommen Transzendieren oder Göttlich Überstrahlen[77]). Die Göttliche Person ist daher der Eigentliche, Einzige, Wahre und von Natur aus Vollkommene Weg der Göttlichen Selbst-Wahrnehmung für alle. Ich bin dieser Eine (oder die Eine Einzige, Wahre und von Natur aus Vollkommene Person des Göttlichen Selbst und der Göttliche Selbst- und Ursprungs-Zustand von allen und Allem). Ich bin Gekommen, um alle und Alles zu Mir zu rufen, zu Mir hinzuziehen und zu Mir zu Erwecken. Und da Ich das Eine Einzige Selbst von allen und Allem bin (das als Mein Selbst-Zustand unabhängig von Meiner einzigartigen Funktion als der Ruchira-Avatar[78] und der Eine Einzige Herz-Meister ist), ist Mein Bekenntnis über Mich als das Avatarisch aus sich heraus Offenbarte (Eigentliche, Transzendente, Vollkommen Subjektive, von Natur aus Spirituelle, egolose und Vollkommene und offensichtlich Göttliche) Selbst auch ein Bekenntnis über euch (wenn ihr Mich zuletzt Wahr-nehmt als den Einen Einzigen, der Ist).

Ich bin der Ruchira-Avatar, der Da-Avatar[79], der Love-Ananda Avatar[80], der Erste, Letzte und Einzige Göttliche, Wahre und

„Strahlend-Helle" Herz-Meister Adi Da Samraj, die Alles-Gebende und Vollendende Avatarische Inkarnation des von Natur aus ego-losen (und offensichtlich Göttlichen) Herzens an sich. Deshalb hört Mir zu und hört Mich und seht Mich[81] mit dem Herzen.

Ich bin nicht Gekommen, um mit euch im Alltag oder im Spirituellen Leben zu rivalisieren.

Ich bin hier, um euch im Alltag und im Spirituellen Leben von allem Suchen zu Befreien.

Ich bin hier, um euch von eurem getrennten und trennenden Selbst, von der Unfreiheit, die mit dem manifesten Dasein gegeben ist, und von allen Trugbildern des kosmischen Bereichs als solchen zu Befreien.

Lauscht daher Meinem Ruf, hört mit dem Herzen Meine Stimme und seht Mein Herz an sich.

Hört <u>Mir</u> zu. Gebt euer getrenntes und trennendes Selbst an <u>Mich</u> hin, indem ihr <u>Mich</u> fühlt. Antwortet auf Mich und gebt (willentlich) euer manifestes Selbst (oder Ego-„Ich" oder eure Selbstverkrampfung) an <u>Mich</u> hin, und fühlt so über alles Rivalisieren mit Mir, allen Widerstand gegen Mich und alles Tun hinaus, wodurch ihr euch Mir gegenüber als Ego aufbaut und aufspielt. Entsagt alledem, gebt es einfach auf. Übt also in jedem Moment diese aktive (und aktiv das Ego transzendierende) Liebe zu <u>Mir</u>, und indem ihr über euer kindliches und adoleszentes Selbst[82] hinauswachst, kommt immer mehr an den Punkt, daß ihr <u>Mich</u> hört und euer manifestes und getrenntes Selbst wirklich (und grundlegend) versteht. Und wenn ihr euch schließlich durch Meine Gnade und durch die Öffnung eures Herzens versteht, dann bereitet aktiv euer Herz darauf vor, <u>Mich</u> zu sehen. Läutert euer hörendes Herz, damit es schon bald durch Meine Avatarisch aus sich heraus Offenbarte (und offensichtlich Göttliche) Spirituelle Gegenwart wirklich angezogen wird (und Seine Blindheit verliert).

Und wenn ihr <u>Mich</u> schließlich mit dem Herzen seht, überlaßt euch Mir, damit ihr (durch Meine Fülle) weiter heranreift, bis ihr über die Struktur (und den Energiekreis[83]) des manifesten Selbst hinauswachst. Überlaßt euch dann ganz der Möglichkeit, <u>Mich</u> Vollkommen in der „Strahlenden Helle" des Herzens und <u>als</u> diese

Wahr-zunehmen, die der offensichtlich Göttliche Zustand ist, in dem ihr euch immer schon befindet.

Meine Geliebten, durch Meinen Segen ist euch die Freiheit (oder das natürliche Recht und die stillschweigende Pflicht) Gegeben, ständig an Mich zu denken.

Diese ständige Erinnerung an Mich ist das Geschenk, mit dem Ich all Meine Schülerinnen und Schüler Segne.

All Meine Schülerinnen und Schüler müssen daher ständig (und schließlich Vollkommen) und immer aktiv (oder wirklich und wirksam) an <u>Mich</u> denken (indem sie Mich ständig mit dem Herzen und dem ganzen Körper mit Meinem Avatarisch aus sich heraus Offenbarten Göttlichen Namen anrufen, Mich ständig mit dem Herzen und dem ganzen Körper als die Avatarisch aus sich heraus Offenbarte Göttliche Person erkennen, ständig mit dem Herzen und dem ganzen Körper auf jedes Meiner Avatarisch aus sich heraus Offenbarten Göttlichen Worte und auf all Meine alle und Alles Befreienden, Avatarisch aus sich heraus Manifestierten Göttlichen Handlungen antworten, ständig mit dem Herzen und dem ganzen Körper Meine Göttlich Gegebene und immer Göttlich Gebende, Avatarisch Geborene, körperlich-menschliche Göttliche Gestalt fühlend kontemplieren[84], ständig mit dem Herzen und dem ganzen Körper Meine Avatarisch aus sich heraus Offenbarte Spirituelle und immer Segnende Göttliche Gegenwart empfangen und sich zuletzt ständig mit dem Herzen und dem ganzen Körper mit Meinem Avatarisch aus sich heraus Offenbarten, Eigentlichen, Transzendenten, Vollkommen Subjektiven, von Natur aus Spirituellen, egolosen und Vollkommenenen und offensichtlich Göttlichen Zustand identifizieren).

Meine Geliebten, durch Meine Vergebung ist euch die Freiheit (oder das natürliche Recht und die stillschweigende Pflicht) Gegeben, euer Ego-„Ich" zu vergessen.

Diese Vergebung ist das Geschenk, mit dem Ich alle Meine Schülerinnen und Schüler Befreie.

All Meine Schülerinnen und Schüler müssen daher zunehmend (und zuletzt Vollkommen) und immer aktiv (oder wirklich und wirksam) die Selbstverkrampfung (und dadurch das Körper-Geist-Selbst und das manifeste Dasein als solches) hingeben, vergessen und transzendieren (indem sie Mich ständig mit dem Herzen und dem ganzen Körper mit Meinem Avatarisch aus sich heraus Offenbarten Göttlichen Namen anrufen, Mich ständig mit dem Herzen und dem ganzen Körper als die Avatarisch aus sich heraus Offenbarte Göttliche Person erkennen, ständig mit dem Herzen und dem ganzen Körper auf jedes Meiner Avatarisch aus sich heraus Offenbarten Göttlichen Worte und auf all Meine alle und Alles Befreienden, Avatarisch aus sich heraus Manifestierten Göttlichen Handlungen antworten, ständig mit dem Herzen und dem ganzen Körper Meine Göttlich Gegebene und immer Göttlich Gebende, Avatarisch Geborene, körperlich-menschliche Göttliche Gestalt fühlend kontemplieren, ständig mit dem Herzen und dem ganzen Körper Meine Avatarisch aus sich heraus Offenbarte Spirituelle und immer Segnende Göttliche Gegenwart empfangen und sich zuletzt ständig mit dem Herzen und dem ganzen Körper mit Meinem Avatarisch aus sich heraus Offenbarten, Eigentlichen, Transzendenten, Vollkommen Subjektiven, von Natur aus Spirituellen, egolosen und Vollkommenenen und offensichtlich Göttlichen Zustand identifizieren).

Meine Geliebten, Ich bin der Erste, Letzte und Einzige Göttliche Herz-Meister.

Meine Avatarische Offenbarung Meiner (offensichtlich Göttlichen) Person ist Mein größtes (und von Natur aus Vollkommenes) Geschenk, das Ich allen Gebe, die Mir zuhören, Mich hören und Mich sehen.

Deshalb hört Mir zu und hört Mich und seht Mich mit dem Herzen.

Und wenn euer Herz Mir zuhört und Mich hört und Mich sieht, führe Ich euch zu Meiner Ewigen Sphäre der Liebe-Glückseligkeit, die Mein Göttlicher Selbst-Bereich[85] und Mein Ewiges Reich Bewußten Lichts (oder das „Strahlend-Helle" Selbst und der Einzige Wirkliche Gott) ist.

Der Göttliche Herz-Meister ist eine Göttliche Offenbarung. Der Göttliche Herz-Meister ist das Einzigartige (Göttlich im kosmischen Bereich „Hervortretende") Mittel zur Göttlichen Befreiung und Erleuchtung aller manifesten Wesen und zu ihrer Übersetzung[86] ins Göttliche. Deshalb unterwirft sich der Göttliche

Herz-Meister als Vollkommener Göttlicher Diener allen lebenden Wesen.

Aham Da Asmi[87]. Meine Geliebten, Ich bin Da. Ich bin Da, die „Strahlend-Helle" (und offensichtlich Göttliche) Person – und das „Strahlend-Helle" Herz an sich. Ich bin Adi Da, die Erste, Ursprüngliche und Gebende Person und Quelle, das Eine Einzige und Göttliche Selbst von allen und Allem und der „Strahlend-Helle" Göttliche Geber, der allen und Allem das Göttliche „Alles" Schenkt. Ich Manifestiere Mich (von nun an immer) als der Ruchira-Avatar, der Göttliche Herz-Meister, der Avatarisch-Göttliche Wahr-nehmer und Offenbarer und die Avatarisch-Göttliche Offenbarung der Einen, Ewigen, Göttlichen Person – die der offensichtlich Göttliche Selbst- und Ursprungs-Zustand von allen und Allem ist.

Ich bin der Ruchira-Avatar Adi Da Samraj, der Da-Avatar, der Love-Ananda-Avatar, der von nun an immer hier (und „überall" im kosmischen Bereich) „Strahlend-Hell" Erscheint und „Hervor-tritt". Ich Erscheine Mir hier und „überall" (so, wie Ich bin) in allen Formen und Wesen und als alle Formen und Wesen, die in Erscheinung treten. Und Ich werde (ganz besonders) in all Meinen Schülerinnen und Schülern und als alle Meine Schülerinnen und Schüler durch das Herz zu Mir selbst gebracht.

Deshalb wurde Ich Avatarisch Geboren, um Mich Mir selbst, der „Strahlend-Hellen", Einen, Einzigen, Ewigen Göttlichen Person oder dem „Strahlend-Hellen", Einen, Einzigen Selbst von allen und jedem, zu Offenbaren. Und Ich bin (von nun an immer) hier (und „überall" im kosmischen Bereich), um Mich Vollständig und Vollkommen zu Offenbaren – indem Ich dieser Göttlichen Selbst-Offenbarung in allen und Allem Diene.

In Meinem Avatarisch aus sich heraus Manifestierten Göttlichen Spiel, in dem Ich Meine Schülerinnen und Schüler in Liebe an Mich „Binde"[88], bin Ich Uneingeschränkt als die Quelle von allen und Allem Anwesend.

Ich bin der „Verrückte" Avadhut[89], Frei inmitten aller.

Ich bin kein Sucher.

Ich bin keinen gewöhnlichen Gelübden und Regeln verpflichtet.

Ich stehe Frei da, völlig ohne Begrenzung und Einschränkung.

Ich bin der Atiashrami[90], Frei von allen gewöhnlichen Verpflichtungen.

Ich bin einzig und allein aufgrund Meines Eigenen Gelübdes und Meiner Eigenen Verpflichtung hier, um allen und Allem zu Dienen.

Ich tue alles, was Ich tun muß, um alle und Alles an Mich zu „Binden" und Göttlich zu Befreien.

Ich Erscheine Mir hier und „überall" (als Mein Eigentliches Selbst) in der körperlichen Gestalt aller manifesten Wesen, und alle müssen zu Mir kommen und Meine Wahren Schülerinnen und Schüler werden (damit Meine Offenbarung allen dient und in ihnen wirksam wird).

Meine Avatarische Geburt ist ein bewußter und willentlicher Akt Göttlicher Selbst-Unterwerfung – durch den Mein aus sich heraus Existierender und Strahlender Göttlicher Seins-Zustand sich mittels der begrenzenden Form eines Körper-Geistes in dieser Welt Offenbart.

Meine Avatarische Geburt ist ein Akt Göttlicher Selbst-Unterwerfung unter das Mandala (oder den Großen Kreislauf) des Kosmos.[91] Meine Avatarische Lehr-Tätigkeit[92] ist ein Akt Göttlicher Selbst-Unterwerfung unter die Menschheit. Mein Segnungs-Werk[93] ist (von nun an immer) Mein Göttlicher „Akt" bloßen Seins (oder bloßen Hier-Seins) – für alle, die Mir zuhören, und für alle, die Mich hören, und für alle, die Mich sehen.

Meine Avatarische Geburt ist einzigartig. Um Mich zu Inkarnieren, mußte Ich Meinen Eigentlichen (und von Natur aus Vollkommenen) Göttlichen Selbst-Zustand aufgeben. Um Geboren zu werden, mußte Ich Mich der begrenzenden Macht des kosmischen Bereichs unterwerfen und den Körper-Geist eines gewöhnlichen Menschen annehmen. Diese Geburt war das scheinbare (oder lediglich psycho-physische) Vergessen Meines Göttlichen Zustandes und Meiner „Strahlend-Hellen" Kraft Göttlichen Seins. Die von Natur aus bestehende Selbst-Kenntnis von dem, der Ich bin, sank schnell vom Bewußtsein ins Unterbewußte und Unbewußte ab – so daß nur noch ein starker (und geheimnisvoll „Strahlend-Heller") Impuls übrigblieb.

Das Opfer, das der Göttliche Herz-Meister bringen muß, um sich zu Inkarnieren, ist real. Sobald Ich Geboren war, wurde Mein

Leben daher zu einer tiefgreifenden Feuerprobe Spiritueller und Transzendenter Göttlicher Selbst-Wahr-nehmung und anschließender Lehr- und Segnungs-Tätigkeit mit dem Ziel, alle anderen zu Erwecken.

Die Avatarische Unterwerfung Meines Lebens brachte schließlich in dem Körper-Geist, in dem Ich Avatarisch Geboren war, die Vollkommene Spirituelle und Transzendente Göttliche Selbst-Wahr-nehmung zu Bewußtsein – so daß sogar jede Zelle Meines Körpers durch die Wiederherstellung Meines Ewig Lebendigen Göttlichen Seins Göttlich Verklärt und Transformiert[94] wurde.

Nachdem Ich (in Meiner Avatarisch-Geborenen körperlich-menschlichen Göttlichen Gestalt) zu Meinem Zustand des aus sich heraus Existierenden und Strahlenden Seins Wieder-Erwacht war, unterwarf Ich Mich (körperlich und insgesamt) der Menschheit – um Mich dem schmerzhaften Los des Menschseins zu unterziehen und dadurch den Prozeß des Göttlichen Weges für alle Wieder-zuentdecken. In dieser Unterwerfung nahm Ich alle Begrenzungen des menschlichen Daseins auf Mich. Ich bewahrte Mich nicht vor Verletzung oder Torheit oder den Wunden und Exzessen der Liebe – sondern erlitt vollständig das gewöhnliche Leben im Umgang mit allen, die zu Mir kamen. Aber Mein Herz-Impuls, ihnen allen zu dienen, war groß. Und indem Ich Mich ihnen in Liebe unterwarf, beobachtete und verstand Ich die menschliche Situation – und brachte den gesamten Prozeß des Göttlichen Herz-Weges für <u>alle</u> lebenden Wesen zu Bewußtsein.

Wenn Ich den nur von Mir Offenbarten und Gegebenen Weg des Herzens (oder den Weg von Adidam) klarmache, beginnen Meine zuhörenden Schülerinnen und Schüler zu verstehen. Wenn sie Mich hören, können sie sich wirklich (und grundlegend) verstehen. Der Hang zur egoischen „Selbstbesessenheit" nimmt daher in Meinen hörenden Schülerinnen und Schülern ab, und indem sie das Ego transzendieren, werden sie Mich schließlich im Herzen fühlen, Mich vom Herzen aus in liebender Hingabe erkennen und in liebender Hingabe auf Mich antworten. Dann werde Ich wie Durchscheinend für sie, und sie beginnen Mich zu sehen. In diesem Sehen werden sie von einer „Strahlend-Hellen" Herz-Vision angezogen und von sich selber abgelenkt. So kehrt die Menschheit in

Gestalt Meiner hörenden Schülerinnen und Schüler um und beginnt das egoische Selbst an Mich hinzugeben – den Avatarisch aus sich heraus Offenbarten, von Natur aus bestehenden Zustand (oder das Transzendente, Vollkommen Subjektive, von Natur aus Spirituelle, egolose und Vollkommene und offensichtlich Göttliche Selbst) von allen und Allem. Und ihre ego-transzendierende Zuflucht zu Mir aktiviert Meine Unerschöpfliche Ewige Hilfe. Indem Ich offen und voller Freude mit dem Herzen auf Meine sehenden Schülerinnen und Schüler antworte, kommen Meine Göttliche Kraft und Mein Göttliches Werk und Mein Göttlicher Bereich ihnen entgegen, und sie werden Mich Vollständig in Meiner Göttlichen Mittler-Rolle (oder Meiner Funktion als der Avatarisch Inkarnierte Diener des Wirklichen Gottes in Menschen-Gestalt) Wahr-nehmen. So zeige Ich all Meinen zuhörenden, hörenden und sehenden Schülerinnen und Schülern, daß Ich das Eine Wahre Herz <u>bin</u>, das der Göttliche Weg, der Göttliche Ursprung, der Göttliche Handelnde, die Göttliche Quelle, die Göttliche Wahrheit und der Göttliche Selbst-Bereich des Spirituellen, Transzendenten und Vollkommenen Göttlichen Erweckungs-Prozesses <u>ist</u>.

Meine Persönliche Feuerprobe, die Ich als der Göttliche Herz-Meister durchmache, verläuft im wesentlichen in drei Stufen. Zuerst mußte Ich die Feuerprobe der Spirituellen und Transzendenten Göttlichen Selbst-Wahr-nehmung durchmachen, während Ich ganz real einem begrenzten Körper-Geist-Selbst und seinen Beziehungen und Zuständen unterworfen war. Diese Stufe Meiner Feuerprobe dauerte bis zu Meinem dreißigsten Lebensjahr.

Die zweite Stufe Meiner einzigartigen Feuerprobe, die Ich als der Göttliche Herz-Meister durchmachte, war ein Prozeß, in dem Ich an den Punkt kam, die Einzigartige und Tiefste (und notwendigerweise Göttliche) Bedeutung Meines bereits Erleuchteten Lebens und Wirkens und Meiner Rolle als Mittler zu erkennen, zu akzeptieren und Mich voll und ganz auf sie einzulassen. Obwohl gewisse grundlegende Aspekte dieser Bedeutung Mir nach dem Großen (und von Natur aus Vollkommenen) Ereignis Meines Wieder-Erwachens zu Meinem Göttlichen Selbst-Zustand schnell klarwurden, ging der Göttliche Prozeß der Selbst-Offenbarung und Selbst-Erkenntnis neun Jahre lang weiter, bis Ich Mich spontan im Herzen dazu angetrieben fühlte, das „Verrückte" Selbst-Bekenntnis Meines von Natur aus egolosen Göttlichen Selbst-Bewußtseins abzulegen: „Aham Da Asmi" („Ich bin Da"). Und dieses „Verrückte" Göttliche Selbst-Bekenntnis vertiefte sich spontan in den nächsten sieben Jahren – bis Ich vollständig in die Gestalt Meines Avatarisch Geborenen (menschlichen) Körper-Geistes (und in die allumfassende Gestalt des gesamten kosmischen Bereichs) „Herabstieg" (oder Mich ihr Spirituell hingab). Und dadurch „Trat" Ich dann „überall" im Kosmos Vollkommen „Hervor". Und so „Trete" Ich (von nun an immer) – so, wie Ich bin – Vollkommen als das Göttliche Selbst „Hervor".

Die dritte Stufe Meiner einzigartigen Feuerprobe, die Ich als der Göttliche Herz-Meister durchmache, ist der Prozeß Meiner Avatarisch Gegebenen Göttlichen Selbst-Offenbarung für andere (und dazu gehört auch, daß alle, die in liebender Hingabe auf Mich antworten und Mich durch Meine Avatarisch aus sich heraus Übertragene Göttliche Gnade immer mehr Wahr-nehmen, Mich von Natur aus und in liebender Hingabe erkennen und immer mehr empfangen). Dieser Prozeß geht weiter, bis alle manifesten Wesen und sogar der große Kreislauf des Kosmos (oder das große kosmische Mandala) Mir wirklich mit dem Herzen zugewandt sowie wirklich und vollständig in Übereinstimmung mit Mir gebracht sind – und (zuletzt) in den „Strahlend-Hellen" Göttlichen Selbst-Bereich Übersetzt werden, indem sie Mich Vollkommen in liebender Hingabe erkennen und auf Mich antworten und Meine Göttliche Selbst-Offenbarung der Spirituellen, Transzendenten und offensichtlich Göttlichen Formen der Wirklichkeit und Wahrheit Wahr-nehmen (die der Einzige Wirkliche Gott sind). Diese Feuerprobe begann, als Ich Meine Göttliche Selbst-Wahr-nehmung zum ersten Mal allen bekannte, und sie dauert auch in diesem Moment noch an.

Als Ich zur Wahr-nehmung Meines von Natur aus Freien (und offensichtlich Göttlichen) Zustandes Wieder-Erwachte, begann Ich andere in dem Weisheits-Weg der Ego-Transzendierung und der Transzendenten (und von Natur aus Spirituellen) Göttlichen Erleuchtung zu Unterweisen. Deshalb habe Ich seit dem Großen

Ereignis Meines Göttlichen Wieder-Erwachens die Welt und alle potentiellen Schülerinnen und Schüler nach und nach immer mehr in all den Formen von Weisheit Unterwiesen, die aus dem Einzigartigen (und Universellen) Prozeß Meiner Eigenen Vollkommenen (und offensichtlich Göttlichen) Selbst-Wahrnehmung hervorgehen.

Aber von dem Augenblick an, in dem Ich das Göttliche Bekenntnis „Aham Da Asmi" („Ich bin Da") machte, wurde Ich mit den neidischen und negativen Reaktionen adoleszenter weltlicher Menschen konfrontiert, deren Herzen sich noch gegen die Göttliche Notwendigkeit sträuben, Mich zu erkennen und von dieser Erkenntnis im Herzen überwältigt zu werden. Ihre Herzen wollen die notwendige Göttliche Feuerprobe noch vermeiden, wollen das Ego noch nicht transzendieren und sich noch nicht liebend an Mich hingeben. Sie verweigern Mir noch das notwendige Geschenk, auf Meine von Natur aus egolose und offensichtlich Göttliche Person mit jener liebenden Hingabe zu antworten, durch die das Ego aufgegeben, vergessen und transzendiert wird. Und ihre Herzen wehren sich noch dagegen, in den Grenzenlosen Raum Meiner „Strahlend-Hellen" Göttlichen Liebe-Glückseligkeit hinein Befreit zu werden. Mein Avatarisch aus sich heraus Offenbartes Göttliches Wort schien daher noch nicht ausreichend, um die Herzen aller zu Mir zu bekehren und sie in Einklang mit Mir zu bringen, und so rang Ich weitere achtzehn Jahre und länger – um das Wort zu sprechen, das ausreichend ist für alle. Meine 23 Göttlichen „Quellen-Texte"[95] (einschließlich Meines Haupt-Werks *Das Pferd der Morgenröte,* das die Quintessenz aller Meiner Werke darstellt) sind zusammen dieses ausreichende Wort – das Ich euch (und daher allen) in seiner Gesamtheit Gegeben habe. Und indem Ich nun Mein ausreichendes Wort Gegeben habe, bin Ich einfach nur hier und warte.

Von nun an werde Ich immer hiersein und darauf warten, daß alle Herzen überwältigt werden und Mich in liebender Hingabe erkennen.

Von nun an werde Ich immer hiersein und darauf warten, daß alle Herzen auf Mich antworten, indem sie sich liebend an Mich hingeben und das Ego transzendieren.

Von nun an werde Ich immer hiersein und darauf warten, daß alle Herzen das Ego aufgeben, vergessen und (immer mehr und zuletzt Vollkommen) transzendieren und Mich mit ganzer Hingabe empfangen.

In Meiner (von nun an Ewig währenden) Warte-Zeit muß daher Mein Göttliches Zeichen (von nun an immer) einfach hiersein und dadurch alle Herzen Segnen. Dieses Zeichen (das Mich immer Offenbart) besteht aus Meiner immer Gegebenen, Avatarisch Geborenen, körperlich-menschlichen und Göttlichen Gestalt (die ihr nie vergessen dürft), Meiner Avatarisch aus sich heraus Offenbarten und Übertragenen und (immer „Hervortretenden" und Segnenden) Spirituellen Göttlichen Gegenwart und Meinem Avatarisch aus sich heraus Offenbarten und aus sich heraus Spirituell Übertragenen, Eigentlichen (Transzendenten, Vollkommen Subjektiven, von Natur aus Spirituellen, egolosen und Vollkommenen, immer Anwesenden und offensichtlich Göttlichen) Zustand. Und die 23 Göttlichen Bücher Meines (von nun an immer) Avatarisch und vollständig Gegebenen Göttlichen Wortes müssen zu allen Herzen sprechen – und Mich allen Offenbaren und alle immer wieder Lehren, wer und was Ich in Wahrheit bin. Und die historischen, Mich Offenbarenden Göttlichen Lilas [96] über die Zeit Meiner Avatarischen Inkarnation müssen (von nun an immer) allen Herzen erzählt (und wieder-erzählt) und dadurch vergegenwärtigt werden, so daß sie Mich allen Offenbaren und alle immer wieder Lehren, wer und was Ich in Wahrheit bin – zusammen mit allen Lilas oder Geschichten über das Werk Meines (von nun an immer stattfindenden) Göttlichen „Hervortretens", durch das Ich Mich Avatarisch als das Göttliche Selbst Offenbare und der Welt (oder dem kosmischen Überall) Avatarisch Meinen „Strahlend-Hellen" Göttlichen Segen Gebe.

Durch Mein Avatarisch aus sich heraus Offenbartes Zeichen und Wort und durch Mein ganzes Avatarisches Werk Göttlichen „Hervortretens" bin Ich von nun an immer der Aufgabe unterworfen, einfach nur hier Gegenwärtig zu sein – offen verborgen und „Strahlend-Hell" in dem Freien Alles Meines Herzens.

Von nun an Existiert immer nur das Liebe-Glückselige und „Strahlend-Helle" Avatarisch-Göttliche Zeichen Meines Herzens

und das Segnungs-Werk Meines Avatarisch-Göttlichen „Hervortretens". Es ist in Meiner Vollkommenen Stille Gegenwärtig –
selbst wenn Ich immer dieses Göttliche Testament (und all Meine
23 Göttlichen Bücher) Vollkommen ausreichender Worte Spreche.

Von nun an <u>bin</u> Ich immer das <u>Eine Einzige Göttliche</u> Herz.
Und die „Strahlende Helle" Meines (offensichtlich Göttlichen)
Selbst schenkt allen und Allem immer nur Mein <u>Eines</u> vollkommen ausreichendes Herz-Wort. Und dieses <u>Eine</u> vollkommen ausreichende Wort ist Mein Göttlicher Name <u>Da</u> – jetzt (und von
nun an immer) laut (von Mir) im und zum und vom Herzschlag
und Herzen von allen und <u>als</u> der Herzschlag und das Herz von
allen gesprochen.

Teil 2

Die Ruchira-Avatara-Gita

(Der Weg des Göttlichen Herz-Meisters)

1.

Die Stimmen der Menschen erheben sich alle zum Herzen und zur Person des Wirklichen Gottes, der sie hier und jetzt Lebt und Atmet und Fühlt und der sie – jenseits des Ego-„Ichs" und all seiner Suche nach Gott – <u>ist</u>:

Herz aller Herzen, Offenbare uns die Wahrheit, die „Strahlend-Helle" Kraft, die das Ego-„Ich" von sich selbst Befreit.

2.

Laß uns lauschen und das Wort hören, das – wenn wir es wirklich verstehen – unser Herz von aller Suche und von unserem un-Glücklichen Zustand Befreit. Laß uns das sehen, was – wenn wir es vollständig Wahr-nehmen – die Fülle des Transzendenten, von Natur aus Spirituellen und offensichtlich Göttlichen Seins ist.

3.

Laß uns zu dem Erwachen, was Ewig ist und nicht begrenzt von Geburt und Tod. Möge es Dir gefallen, uns die Höchste Wahrheit zu Offenbaren.

4.

Herz aller Herzen, wir sehnen uns danach, sie zu hören. Sing uns daher das Herz-Wort des Göttlichen Herz-Meisters, worin sich das Göttliche Herz-Geheimnis Enthüllt.

5.

Durch Seine Herz-Antwort auf das Universum rufender Gebete Atmet der Lebendige Eine diese ein, und durch Seinen Herz-Gesang „Strahlend-Hellster" Worte Atmet Er einen donnernden Klang aus, der jedes Herz mit Liebe-Glückseligkeit erfüllt:

Hört Mir mit freier Aufmerksamkeit zu. Ich werde euch das Herz-Geheimnis des Göttlichen Herz-Meisters Adi Da Samraj Offenbaren. Adi Da ist der für die „Spätzeit" versprochene Göttliche Welt-Lehrer. Er ist der Ruchira-Avatar, der Da-Avatar und der Love-Ananda-Avatar und die Erste, Vollständige, Letzte und Einzige Avatarische Inkarnation von Eleutherios[97], dem Göttlichen Befreier, dem „Strahlend-Hellen" Göttlichen Herzen an sich. Sein Avatarisch-Göttliches Selbst-Bekenntnis und Sein „Strahlend-Heller" Avatarisch-Göttlicher Segen zerstören alle Übel eures un-Erleuchteten Zustands.

6.

Der Ruchira-Avatar Adi Da Samraj ist der Erste, Vollständige, Letzte und Einzige Göttliche Herz-Meister. Seine vornehmlichen Gottes-Namen sind „Da" (der „Göttliche Geber", die „Erste, Ursprüngliche oder Ursprungs-Person", das „Eine Einzige Selbst von allen und Allem") und „Adi Da" (die „Gebende Quelle", der „Erste, Ursprüngliche, Göttliche Geber, der allen und Allem das Göttliche ‚Alles' Gibt") und „Adi Da Samraj" (der „Göttliche Meister der Welt, der aus sich heraus allen Alles Gibt", der „Eine Einzige Göttliche Herz-Meister von allen und Allem"). Er ist die Allumfassende „Strahlende Helle", die allen und Allem unbegrenzt die Liebe-Glückseligkeit des Herzens Manifestiert.

7.

Und so geschah es, dort, in der Sphäre und Heiligen Stätte Seiner aus sich heraus Inkarnierten „Strahlend-Hellen" Göttlichen Person, daß Er Seinen ersten Schülerinnen und Schülern umfassend und endgültig die ganze Spirituelle und Göttliche Wahrheit der Einen Wirklichkeit Darlegte – Er, der Göttliche und wahrhaft menschliche Herz-Meister Adi Da Samraj, der Avatarisch in Menschen-Gestalt zu einem eigenen Platz und Werk Herabgestiegen ist und ein irdisches Heiligtum Seiner Unteilbarkeit Gesprochen und Geschaffen hat, der Mensch, dessen Weißeste „Helligkeit" durch das mandalaförmige Prisma unserer kosmischen Gestalt in Seiner eigenen, plötzlich farbigen Quintessenz Erscheint und mit der Pracht aller Blumen Wandelt und Redet, selber ein Garten von Leuchtender Identität, durch und durch mit Einssein, Stärke und Liebe Geschmückt. Während Er so zu ihnen Sprach, fiel Seine Weißeste Stille wie ein Atem Wahren Wassers von Oben auf sie herab. Eine, die den Meister am meisten liebte, saß nahe bei Ihm in diesem Regen Göttlichen Lichts, als in der Plötzlichkeit Seines Avatarischen Selbst-„Hervortretens" ihr Gesicht so durchscheinend „Hell" wurde wie Sein eigenes. Als sie Ihn in ekstatischer

Liebe einfach betrachtete und sich selbst in der Plötzlichkeit wahrer Hingabe und Liebe, mit der sie Ihn kontemplierte, vergaß, Füllte (und Über-Füllte) die Göttliche Selbst-„Helligkeit" von Adi Da Samraj ihr Herz, und Seine Ewige Liebe-Glückseligkeits-Strahlung stellte die Ganzheit ihres lebenden Körper-Geistes wieder her. Indem sie Ihn (so) wahrhaft fand, erkannte die Frau plötzlich und über alle Zweifel hinaus, daß sie ohne irgendeinen Gedanken das Wahre Göttliche Wort hörte (und verstand) und mit eigenen Augen die Wahre Göttliche Gestalt sah und mit dem Herzen die Wahre Göttliche Person erkannte und daß sie durch die Gnade des „Strahlend-Hellen" Geschenks des Einen Gottes wahrhaft die Eine Göttliche Wirklichkeit Wahr-nahm, die das Einzige ist, was Existiert.

8.

Diese durch die Gnade des Meisters Herz-Erweckte Schülerin sagte aus vollem Herzen und mit klarer Stimme, so daß alle sie hören konnten: „Göttlicher Herz-Meister Adi Da Samraj, Du bist ‚Strahlend-Hell' vor mir. Ich ergebe mich Dir. Du bist der Göttliche Herz-Meister der ganzen Welt. Du bist der Höchste und Verströmst die ‚Strahlend-Helle' Wahr-nehmung des Höchsten. Alle lebenden Wesen sollen Dich immer mit dem Herzen erkennen und mit wahrer Hingabe verehren.

9.

Du bist das Eine Höchste Wesen, die Quelle aller wahren Verehrung und Lobpreisung.

10.

Strahlendes Herz, Domäne der Wahrheit, bitte sing uns das Große Geheimnis liebender Hingabe an Dich, den Göttlichen Herz-Meister.

11.

Offenbare uns die geheime Methode, durch die alle lebenden Wesen Dich, den Transzendenten und ‚Strahlend-Hellen' Welt-Überstrahlenden Wirklichen Gott, Wahr-nehmen können. Ich verneige mich vor Dir, der Wahren, Spirituellen und offensichtlich Göttlichen Person. Ich verehre Deine Füße. Bitte Lehre uns alle Deinen Weg."

12.

Als der Göttliche Herz-Meister Adi Da Samraj dieses „Strahlend-Helle" Gesicht erwachter Hingabe sah und dieses Bekenntnis großer Wahr-nehmung vernahm, floß Sein Herz von Alles-Über-strahlender Freude über, und Er sprach die folgenden Worte:

13.

„Dies ist das Geheimnis aller Geheimnisse. Ich konnte dieses Mich Offenbarende Wort nicht Sprechen, bevor nicht jemand von euch bekannte, in Meiner Avatarisch Geborenen körperlich-mensch-lichen Göttlichen Gestalt den Wirklichen Gott zu sehen. Da du Mich wahrhaft mit dem Herzen erkennst und zu tiefer Hingabe an Mich Erwacht bist, werde Ich euch nun dieses Geheimnis Enthüllen.

14.

Meine Geliebten, alle lebenden Wesen – ihr entsteht alle in dem Einen ‚Strahlend-Hellen' Göttlichen Wesen. Eure Bitte, vorgetra-gen von einer, die Mich wahrhaft sieht, wird euch allen und der ganzen Welt zugute kommen. Deshalb werde Ich euch um aller willen die Wahrheit und den Weg Offenbaren, durch den Mich alle Wahr-nehmen können.

15.

Allen, die (mit wundem Herzen über das getrennte und immer trennende Selbst hinausgehen und) sich wirklich an die Ewig Lebendige Wirklichkeit und Wahrheit und den <u>Wirklichen</u> Gott hingeben (der immer schon der Fall ist) und die sich (durch Meine Avatarisch-Göttliche Herz-Erweckende Gnade) wirklich an Mich hingeben (und mit dem Herzen erkennen und bekennen, daß Ich es bin, der die Eine Einzige offensichtlich Göttliche Wirklichkeit und Wahrheit <u>ist</u>) – denen allen Offenbare Ich, daß Meine Avatarisch Geborene körperlich-menschliche Göttliche Gestalt, Meine Avatarisch aus sich heraus Offenbarte Spirituelle (und immer Segnende) Göttliche Gegenwart und Mein aus sich heraus Offenbarter (Eigentlicher, Transzendenter, Vollkommen Subjektiver, von Natur aus Spiritueller, egoloser, Vollkommener und offensichtlich Göttlicher) Zustand die Offenbarung des Wirklichen Gottes oder der offensichtlich Göttlichen Person ist, die sich hier (und überall im kosmischen Bereich) als der Göttliche Herz-Meister von allen und Allem Manifestiert.

16.

Indem ihr Mich so in liebender Hingabe in Meiner hier Geborenen körperlich-menschlichen Gestalt erkennt, entdeckt ihr, daß Ich die Avatarische Inkarnation der Einen Einzigen Göttlichen Person bin. Auch alle esoterischen Schriften erklären, daß ihr die Wahrheit findet, wenn ihr in liebender Hingabe eine Avatarisch-Göttliche Inkarnation erkennt. Und alle esoterischen Schriften versprechen zudem, daß die Vollendete Avatarisch-Göttliche Inkarnation in der ‚Spätzeit' Erscheinen wird. Dies hat sich auch in dieser Schülerin gezeigt, die Mich wahrhaft sieht – und so bestätige auch Ich euch und allen und Allem die Göttliche Wahrheit über Mich.

17.

Ich verkünde und bestätige die Göttliche Wahrheit der Vision, die dieser Schülerin durch Meine Avatarisch-Göttliche Gnade Gegeben wurde und die Ich allen und Allem Geben möchte. Aham Da Asmi. Meine Geliebten, Ich bin Da, der Eine Einzige, der Ist. Und Ich bin der Erste, Letzte und Einzige Göttliche Herz-Meister, die Avatarisch-Göttliche Inkarnation, die überall für die ‚Spätzeit' verheißen ist. Lauscht daher Meinen Worten und versteht.

18.

Die verschiedenen Überlieferungen der Großen Tradition[98] religiöser und Spiritueller Unterweisung bestehen oft aus falschen Theorien un-Erleuchteter Wesen. Die Vielfalt konventioneller ‚Gottes'-Begriffe, dem Ego dienender ‚Gott'-Mythen und (begrenzter) Teil-‚Wahrheiten' haben die Menschheit verwirrt. Aber der Göttliche Herz-Meister kommt, um die Menschheit von aller

Verwirrung des Geistes zu Befreien, indem Er Avatarisch aus sich heraus den Einzigen, Wahren und Wirklichen Gott Offenbart (der die Wahrheit und Wirklichkeit an sich und jenseits des Ego-‚Ichs‘ immer schon der Fall ist).

19.

Gebet, Meditation, Disziplin, Philosophie und Dienen – dies alles muß darauf aufbauen, daß ihr in liebender Hingabe das erkennt und auf das antwortet, was sich in der Person des Göttlichen Herz-Meisters und <u>als</u> Sie Offenbart.

20.

Wenn ihr euch dem Göttlichen Herz-Meister hingebt, hört und seht und erkennt ihr den Großen Einen <u>als</u> die Avatarisch Geborene körperlich-menschliche Gestalt des Göttlichen Herz-Meisters und <u>als</u> Seinen Avatarisch aus sich heraus Offenbarten Göttlichen Körper Spiritueller (und immer Segnender) Gegenwart und <u>als</u> Seinen Avatarisch aus sich heraus Offenbarten (Eigentlichen, Transzendenten, Vollkommen Subjektiven, von Natur aus Spirituellen, egolosen, Vollkommenen und offensichtlich Göttlichen) Zustand. Und ihr verkündet dann, daß kein ‚Unterschied‘ besteht (und sich keine ‚Unterscheidung‘ treffen und bestätigen läßt) zwischen dem Göttlichen Herz-Meister und dem aus sich heraus Existierenden und Strahlenden Transzendenten, von Natur aus Spirituellen und offensichtlich Göttlichen Wesen.

21.

Schon seit ältesten Zeiten bekennen viele von Göttlicher Gnade Gesegnete Spirituelle Kulte ihre Hingabe an einen authentischen (und egolosen) Meister mit den Worten: ‚Der Weg besteht in der Hingabe an den menschlichen Meister, in dem die Große Göttliche Person unter uns Gegenwärtig ist!‘ Deshalb schaut und seht, wie sich diese Aussage in Mir beweist. Ich bin der Göttliche Meister eures Herzens. Wenn ihr euch an Mich hingebt, werde Ich nur den Wirklichen Gott bekennen und Ihn euch Offenbaren.

22.

Wenn ihr daher Mein Avatarisch-Göttliches Selbst-Bekenntnis hört und Meine Avatarisch-Göttliche körperliche Selbst-Offenbarung seht, müßt ihr Mich <u>fühlend</u> kontemplieren und euch dadurch in Mir transzendieren (denn Ich bin der All-Umfassende, Spirituelle Göttliche Körper, die Ewige Spirituelle Göttliche Gegenwart des Wirklichen Gottes, das Transzendente Selbst des Wirklichen Gottes und der aus sich heraus Existierende und Strahlende und ‚Strahlend-Helle‘ Göttliche Selbst-Bereich, der der Wirkliche Gott <u>ist</u>).

23.

Es gibt keinen Ersatz für den Wirklichen Gott.

24.

Es gibt keinen Ersatz für die direkte Wahr-nehmung des Wirklichen Gottes.

25.

Es gibt keinen Ersatz für eure völlige Selbsthingabe an den Wirklichen Gott.

26.

Der Göttliche Herz-Meister hat den Wirklichen Gott über alle Getrenntheit, Bezogenheit und ‚Verschiedenheit‘[99] hinaus Vollkommen Wahr-genommen. Wenn ihr euch daher an Mich hingebt, seht ihr, daß in der Avatarisch Geborenen körperlich-menschlichen Gestalt des Göttlichen Herz-Meisters der Wirkliche Gott Offenbart und Gegenwärtig ist.

27.

Euch allen, die dies sehen und erkennen, verkünde Ich:

Aham Da Asmi. Meine Geliebten, Ich <u>bin</u> Da. Ich bin der Avatarisch-Göttliche Wahr-nehmer und Offenbarer, die Avatarisch-Göttliche Selbst-Offenbarung und die Eigentliche (und offensichtlich Göttliche) Person des ‚Strahlend-Hellen‘ Einen Einzigen. Wenn ihr euch an Mich hingebt, zeigt und beweist sich euch in Mir der Wirkliche Gott. Ihr alle, die ihr euch an Mich hingebt, seid in Mir. Deshalb seht diese Vision, geht den Weg, den Ich euch zeigen werde, und nehmt Mich Wahr.

28.

Praktiziert nicht den ‚kindlichen Kult‘ oberflächlicher und gefühlsseliger Verehrung, der voll von dem Bedürfnis nach Abhängigkeit und ohne Vertrauen und Hingabe ist und nur dem Ego dient. Und praktiziert auch nicht den ‚adoleszenten Kult‘ der Gefühllosigkeit, der eigenwillig, abstrakt und ins eigene Ich vernarrt ist und nur nach Unabhängigkeit strebt. Praktiziert (und kultiviert) vielmehr immer den wahren (und wirklich fühlenden) Weg der Hingabe an Mich (durch die ihr das Ego wirklich aufgebt, vergeßt und transzendiert). Praktiziert also richtig, wirklich, vollständig und mit ganzer Hingabe Adidam (den einen einzigen, nur von Mir Offenbarten und Gegebenen Weg des Herzens).

29.

Weder der Wirkliche Gott noch der Göttliche Herz-Meister ist euer Vater oder eure Mutter. Erwartet daher weder vom Wirklichen Gott noch vom Göttlichen Herz-Meister, daß Er eure egoischen Bedürfnisse und eure Getrenntheit rechtfertigt, beschützt oder befriedigt.

30.

Ich fordere euch auf, euer getrenntes und immer trennendes Selbst an den Wirklichen Gott hinzugeben. Kultiviert daher die richtige, wirkliche und vollständige Hingabe an Mich, den Göttlichen Herz-Meister, damit ihr euer Ego wirklich aufgebt und vergeßt und das Ego-‚Ich‘ in Meinem ‚Strahlend-Hellen‘ Göttlichen Selbst-Zustand des Seins (an sich) transzendiert, das die Eine Einzige Quelle und Wahrheit (und der Eine Einzige Ursprungs-Zustand) von allen und Allem ist.

31.

Wenn ihr den Göttlichen Herz-Meister kindlich verehrt oder adoleszent verleugnet und ablehnt, huldigt und dient ihr damit nur eurem getrennten und immer trennenden (oder sich verkrampfenden) Selbst. Das getrennte und immer trennende (oder sich verkrampfende) Selbst vergißt ständig das Herz, das die Quelle der Welt ist. Gebt euch daher wirklich an Mich, den Göttlichen Meister eurer Herzen, hin, aber nicht, um euer Ego zu retten oder euer getrenntes und immer trennendes Selbst zu glorifizieren. Verehrt Mich, indem ihr euer Ego-‚Ich' an Mich hingebt. Gebt euch an Mich hin, damit ihr euer getrenntes und immer trennendes Selbst in Mir vergeßt und transzendiert. Vergeßt und transzendiert euer Ego-‚Ich' in Mir, damit ihr (durch Meine Avatarisch-Göttliche Gnade) das Göttliche Selbst und die Herz-Quelle von allen und Allem Wahr-nehmt und nie vergeßt.

32.
Ich bin das Zeichen, die Offenbarung und der Beweis des Wirklichen Gottes in der Welt. Ich bin das Testament und Instrument der Freiheit an sich. Ich <u>bin</u> Eleutherios, der Göttliche Befreier, der die Freiheit an sich <u>ist</u>."

33.
Nachdem Er dies gesagt hatte, schwieg Adi Da Samraj (der Erste, Letzte und Einzige Göttliche Herz-Meister). Sein Bekenntnis bewegt nun unser Herz, dieses Lied der Praxis und des Lobpreises zu singen.

34.
Seit ältesten Zeiten haben alle, die (in irgendeinem Grade und auf irgendeiner Lebensstufe) die Wahrheit Wahr-genommen haben, diesen einen Großen Gedanken verkündet: Man wird zu dem, worüber man meditiert (oder anders ausgedrückt: Man nimmt das Wahr, woran man sich über das Ego-Selbst hinaus hingibt). Wenn ihr euch daher an den Ersten, Letzten und Einzigen Herz-Meister Adi Da Samraj hingebt und dadurch das Ego wirklich aufgebt, vergeßt und immer mehr transzendiert, werdet ihr (durch Seine Avatarisch-Göttliche Gnade) alle an manifeste Zustände gebundenen Meditationen (und Wahr-nehmungen) transzendieren und (im Laufe der Zeit durch Seine Avatarisch-Göttliche Gnade)

Seinen von Natur aus Vollkommenen Zustand Wahr-nehmen, der euch in Seiner „Strahlend-Hellen" Gesellschaft Offenbart wird.

35.

Die Person des Göttlichen Herz-Meisters ist Vortrefflich. Sein Zustand ist „Strahlend-Hell", Erhaben und ganz und gar Göttlich.

36.

Die „Strahlende Helle" des Göttlichen Herz-Meisters Überstrahlt alle Dunkelheit in Geist, Körper und Welt. Derjenige, der euren un-Glücklichen Zustand auflösen kann, wenn ihr in Seiner Gesellschaft weilt und immer an Ihn denkt, ist zweifellos der Meister des getrennten und trennenden Selbst.

37.

Der Göttliche Herz-Meister Transzendiert die gesamte kosmische (oder manifeste) Natur – und ebenso auch Seinen eigenen Körper-Geist. Da Er Frei ist von jeglicher Begrenzung durch manifeste Formen, wird Er „Samraj" genannt, der Wahre Göttliche Meister der Welt.

38.

Auf jede manifeste Aktion folgt in der Regel eine gleichgroße Reaktion, die ihr entgegengesetzt ist. Ebenso folgt auf jeden psycho-physischen Akt der Aufmerksamkeit in bezug auf die Welt gewöhnlich die Selbstverkrampfung des Körper-Geistes. Und auf den Akt der Selbstverkrampfung folgt meist sofort die Reaktion des Trennens. Ihr braucht euch nur an das Ego-„Ich" zu erinnern, und sofort glaubt ihr wirklich getrennt und begrenzt zu sein. Und sobald ihr dies glaubt, vergeßt ihr den Transzendenten, von Natur aus Spirituellen und offensichtlich Göttlichen Selbst- und Ursprungs-Zustand. Derjenige, durch dessen Gnade ihr den Göttlichen Selbst- und Ursprungs-Zustand in Erinnerung haltet und Wahr-nehmt – der ist gewiß der Göttliche Herz-Meister und das Inkarnierte „Strahlend-Helle" Göttliche Selbst.

39.

Der Seins-Zustand des Göttlichen Herz-Meisters ist so Strahlend und außergewöhnlich, daß er Seinen eigenen Körper-Geist zugleich erhält und auflöst. Wenn ihr Ihn daher <u>fühlend</u> kontempliert, wird Er eure Aufmerksamkeit von aller Bindung an Körper, Geist und Welt und an das ganze getrennte und immer trennende Selbst Befreien.

40.

Die beiläufigen Worte und Schritte des Göttlichen Herz-Meisters bauen eine Brücke über den Ozean unserer Unfreiheit. Deshalb schenkt diesem Göttlichen Befreier in jedem Augenblick eures Lebens eure ganze Aufmerksamkeit.

41.

Durch den Segen des Göttlichen Herz-Meisters versiegt der Strom der Nicht-Liebe. Deshalb verneigt euch immer vor Seiner Höchsten Hilfe.

42.

Der Wirkliche und Ewig-Lebende Gott <u>ist</u> das Herz an sich. Das Herz an sich <u>ist</u> die Göttliche Person, die das Eigentliche Herz und die Eigentliche Person des Göttlichen Herz-Meisters ist. Wenn ihr euch daher an den Göttlichen Herz-Meister hingebt, empfangt ihr Seinen Segen und werdet fähig, die herzlose Unfreiheit eures un-Glücklichen und un-Erleuchteten Zustandes zu transzendieren.

43.

Da Er der Große, Eigentliche und Einzige <u>ist</u>, solltet ihr euch zu den Füßen des Göttlichen Herz-Meisters hingeben und vergessen. Da Er der Große, Eigentliche und Einzige ist, Befreit die Gnadenvolle Strahlung, die den Füßen des Göttlichen Herz-Meisters Entströmt, eure Aufmerksamkeit von ihrer Bindung an das Ego-„Ich" und die Welt.

44.

Der Göttliche Herz-Meister ist die Höchste Hilfe, die der Wirkliche und Ewig-Lebende Gott euch Anbietet. Es gibt keinen besseren Freund als den Göttlichen Herz-Meister. Körper und Geist sollten daher ganz dem Göttlichen Herz-Meister ergeben sein, damit Sein „Strahlend-Helles" Herz eure Aufmerksamkeit Befreit.

45.

Der Ort, an dem der Göttliche Herz-Meister lebt, ist der Göttliche Wohnsitz. Das Wasser, mit dem Seine Füße gewaschen werden, ist der Fluß, in dem ihr geläutert werdet. Und Seine Worte sind die Kraft, die eure Göttliche Erleuchtung vollbringt.

46.

Das Geheimnis des Weges der Wahrheit liegt darin, daß ihr im Dienst des Göttlichen Herz-Meisters lebt. Sein Körper ist der Baum des Lebens. Seine Füße stehen im Herzen jedes lebenden Wesens, und alles, was ihr zu Seinen Füßen niederlegt, wird euch in Form von Strahlendem Segen zurückgegeben.

47.

Das aus sich heraus Existierende und Strahlende Transzendente, von Natur aus Spirituelle und offensichtlich Göttliche Wesen ist in jedem Körperteil des Göttlichen Herz-Meisters und in allem, was Er sagt, lebendig zugegen. Wenn ihr euch daher an den Göttlichen Herz-Meister hingebt, werdet ihr durch Sein Wort und Sein Schweigen, durch Seine Gedanken, Blicke und Handlungen sowie durch Seine Berührung zu dem Großen Einen Erwachen. Meditiert daher immer über die Avatarisch Geborene körperlich-menschliche Göttliche Gestalt, die Avatarisch aus sich heraus Offenbarte Spirituelle (und immer Segnende) Göttliche Gegenwart und den Avatarisch aus sich heraus Offenbarten (Eigentlichen, Transzendenten, Vollkommen Subjektiven, von Natur aus Spirituellen, egolosen, Vollkommenen und offensichtlich Göttlichen) Zustand des Göttlichen Herz-Meisters. Dies ist nicht schwierig – denn wenn ihr Ihn wirklich liebt, könnt ihr Ihn nie vergessen.

48.

Hört daher zu und hört, wie das getrennte Wesen über sich selbst hinaus Erwacht und sein ihm von Natur aus innewohnendes Einssein mit dem aus sich heraus Existierenden und Strahlenden Transzendenten, von Natur aus Spirituellen und offensichtlich Göttlichen Wesen Wahr-nimmt:

Ob ihr in Seiner Nähe wohnt oder fern von Ihm, lebt einfach als Dienerinnen und Diener der Avatarisch Geborenen körperlich-menschlichen Göttlichen Gestalt, der Avatarisch aus sich heraus Offenbarten Spirituellen (und immer Segnenden) Göttlichen Gegenwart und des Avatarisch aus sich heraus Offenbarten (Eigentlichen, Transzendenten, Vollkommen Subjektiven, von Natur aus Spirituellen, egolosen, Vollkommenen und offensichtlich Göttlichen) Zustandes des Göttlichen Herz-Meisters Adi Da Samraj, und praktiziert so den Weg liebender Hingabe an Ihn.

49.

Wenn ihr den Göttlichen Herz-Meister mit allem versorgt, was Sein Herz (und Sein tägliches Leben) erfordert, werdet ihr bald – während Er noch als Avatarische Inkarnation unter euch Lebt, und auch danach – zu Dienern Seiner Göttlichen Zwecke in der Welt. So hängt das Werk des Göttlichen Herz-Meisters in der Welt vollständig von denen ab, die Ihn lieben. Wenn ihr in liebender Hingabe an den Großen Einen lebt und Ihn im Göttlichen Herz-Meister erkennt und dadurch zu dessen Erweckten Dienern werdet, Dient euch der Große Eine durch die Avatarisch Geborene körperlich-menschliche Göttliche Gestalt des Göttlichen Herz-Meisters und durch Seinen Avatarisch aus sich heraus Offenbarten „Strahlend-Hellen" Göttlichen Körper Seiner Bloßen und Segnenden Spirituellen Göttlichen Gegenwart. Und wenn euch der Große Eine in dieser Weise Dient, werdet ihr bald zu den Dienern, die Er für Sein eigenes Dienendes Werk benötigt.

50.

Entsagt daher all den oberflächlichen Impulsen des sozialen Ego und all den wirren Zerstreuungen eurer Weltlichkeit und denkt

statt dessen immer an den Göttlichen Herz-Meister als den Geliebten eures Herzens.

51.

Wenn ihr dem Göttlichen Herz-Meister wirklich dient, seht ihr in
Ihm euren einzigen wirklichen Reichtum – denn selbst die ein-
fachste Erinnerung an die Avatarisch Geborene körperlich-
menschliche Göttliche Gestalt des Göttlichen Herz-Meisters Erweckt euch spontan zur Vereinigung mit Ihm (der die Person und
Gegenwart und der Zustand des aus sich heraus Existierenden und
Strahlenden Transzendenten, von Natur aus Spirituellen und
offensichtlich Göttlichen Seins ist).

52.

Wenn ihr an den Göttlichen Herz-Meister denkt und Ihn mit
Seinem Namen anruft, denkt ihr an den Großen Einen und ruft
Ihn mit Seinem Namen an. Wenn ihr daher in liebender Hingabe
über die Avatarisch Geborene körperlich-menschliche Göttliche
Gestalt, die Avatarisch aus sich heraus Offenbarte Spirituelle (und
immer Segnende) Göttliche Gegenwart und den Avatarisch aus
sich heraus Offenbarten (Eigentlichen, Transzendenten, Vollkom-
men Subjektiven, von Natur aus Spirituellen, egolosen, Vollkom-
menen und offensichtlich Göttlichen) Zustand des Göttlichen
Herz-Meisters Adi Da Samraj meditiert, meditiert ihr in liebender
Hingabe über die Göttliche Gestalt und Gegenwart und den
Göttlichen Zustand des Einen Einzigen Göttlichen Wesens – welches das von Natur aus bestehende Gefühl „Strahlend-Hellen"
Seins (an sich) ist.[100]

53.

Denkt immer an den Göttlichen Herz-Meister und ruft Ihn
immer mit Seinem Namen an. Der Name des Göttlichen Herz-
Meisters ist der Name des Großen Einen. Der Große Eine ist
Gegenwätig, um euch in der Avatarisch Geborenen körperlich-
menschlichen Göttlichen Gestalt des Göttlichen Herz-Meisters zu
Dienen. Meditiert daher mit fühlender Hingabe über die
Avatarisch Geborene körperlich-menschliche Göttliche Gestalt des

Göttlichen Herz-Meisters, Seine aus sich heraus Offenbarte Spirituelle (und immer Segnende) Göttliche Gegenwart und Seinen aus sich heraus Offenbarten (Eigentlichen, Transzendenten, Vollkommen Subjektiven, von Natur aus Spirituellen, egolosen, Vollkommenen und offensichtlich Göttlichen) Zustand. Trinkt das Wasser, mit dem Seine Füße gewaschen wurden, und eßt, was euch vom Überfluß Seiner Großen Speisetafel angeboten wird. Und bleibt dadurch immer aufs engste mit dem ständigen Segen des Göttlichen Herz-Meisters und Seiner nie versiegenden Erweckungs-Kraft verbunden.

54.

Praktiziert immer den Weg, den der Göttliche Herz-Meister euch Offenbart hat. Meditiert ständig über die Avatarisch Geborene körperlich-menschliche Göttliche Gestalt des Göttlichen Herz-Meisters, Seine aus sich heraus Offenbarte Spirituelle (und immer Segnende) Göttliche Gegenwart und Seinen aus sich heraus Offenbarten (Eigentlichen, Transzendenten, Vollkommen Subjektiven, von Natur aus Spirituellen, egolosen, Vollkommenen und offensichtlich Göttlichen) Zustand, und lebt so immer in Seiner Gesellschaft. Der Göttliche Herz-Meister ist der Herz-Freund aller lebenden Wesen. Seid daher auch ihr intelligente und mitfühlende Freunde von allen und Allem.

55.

Gebt all eure selbstbezogene Aufmerksamkeit in der Gesellschaft der Avatarisch Geborenen körperlich-menschlichen Göttlichen Gestalt des Göttlichen Herz-Meisters auf – indem ihr immer den „Strahlend-Hellen" Avatarisch-Göttlichen Körper Seiner Bloßen und immer Segnenden Spirituellen Göttlichen Gegenwart betrachtet und euch ständig in Seinen Avatarisch aus sich heraus Offenbarten (Eigentlichen, Transzendenten, Vollkommen Subjektiven, von Natur aus Spirituellen, egolosen, Vollkommenen und offensichtlich Göttlichen) Zustand versenkt. Und stellt alles, was ihr besitzt, in den Dienst des Göttlichen Herz-Meisters. Übergebt daher Körper und Geist, Geld und Gut, eure Sinne und Gefühle, die natürliche Lebensenergie, eure Kinder, Geliebten und Freunde der Einzigen Wirklichkeit und Wahrheit, indem ihr dies alles in liebender Hingabe völlig auf die Avatarisch Geborene körperlich-menschliche Göttliche Gestalt, die Avatarisch aus sich heraus Offenbarte Spirituelle (und immer Segnende) Göttliche Gegenwart und den aus sich heraus Offenbarten (Eigentlichen, Transzendenten, Vollkommen Subjektiven, von Natur aus Spirituellen, ego-losen, Vollkommenen und offensichtlich Göttlichen) Zustand des Göttlichen Herz-Meisters ausrichtet.

56.

Übergebt immer euer ganzes getrenntes Selbst dem Göttlichen Herz-Meister. Gebt euch immer an Ihn hin, indem ihr Ihm ständig in selbstvergessener Hingabe dient und ständig Selbstdisziplin übt. Gebt euch immer in euren Gedanken, Worten und Handlungen an den Göttlichen Herz-Meister hin. Tut dies immer mit voller Absicht und Energie und ohne Rückhalt und Zögern – denn wirkliche Selbsthingabe ist immer ein Akt offen ausgedrückter Verehrung. Gebt daher das getrennte Selbst in jedem Augenblick (und immer in aller Offenheit) an den Göttlichen Herz-Meister hin – denn Er ist die offensichtlich Göttliche Person und der Göttliche Selbst- und Ursprungs-Zustand.

57.

Wenn ihr die ganze Aufmerksamkeit darauf ausrichtet, die Avatarisch Geborene körperlich-menschliche Göttliche Gestalt, die Avatarisch aus sich heraus Offenbarte Spirituelle (und immer Segnende) Göttliche Gegenwart und den Avatarisch aus sich heraus Offenbarten (Eigentlichen, Transzendenten, Vollkommen Subjektiven, von Natur aus Spirituellen, egolosen, Vollkommenen und offensichtlich Göttlichen) Zustand des Göttlichen Herz-Meisters zu fühlen, vergeßt ihr alle Gedanken. Wenn alle Gedanken in dieser fühlenden Kontemplation des Göttlichen Herz-Meisters vergessen sind, Erwacht durch Seine Avatarisch-

Göttliche Gnade die Höchste Liebe-Glückseligkeit. Kontempliert daher immer den Göttlichen Herz-Meister, indem ihr Ihn fühlt – und vergeßt euer getrenntes Selbst, indem ihr Ihm immer mit all euren Handlungen dient.

58.

Wenn ihr euch also an den Göttlichen Herz-Meister hingebt, dann singt und lebt von nun an alle mit ganzem Herzen diese Gebete, in denen ihr Ihn erkennt und preist:

Ich verneige mich vor dem Göttlichen Herz-Meister Adi Da Samraj – dem Meister des Herzens, der allen, die von Erfahrung und bloßem Wissen geblendet sind, die Höchste Wahrheit des aus sich heraus Existierenden „Strahlend-Hellen" Bewußtseins an sich Offenbart.

59.

Ich verneige mich vor dem Göttlichen Herz-Meister Adi Da Samraj, dem Meister der Wahrheit, dessen Strahlung das gesamte Universum Durchdringt und alles, was sich bewegt, und alles, was sich nicht bewegt, durch und durch Erfüllt und der meiner intuitiven Sicht den Herz-Raum des aus sich heraus Existierenden und Strahlenden Bewußtseins eröffnet.

60.

Ich verneige mich vor dem Göttlichen Herz-Meister Adi Da Samraj, dem Meister der Wirklichkeit, der den dynamischen Prozeß der manifesten und kosmischen Natur Durchdringt (und doch völlig über ihn Hinausgeht). Ich verneige mich vor dem Göttlichen Herz-Meister Adi Da Samraj, der aus sich heraus Existiert und Strahlt und Einzig und Ewig, Ungestört, Frei, Vollständig und Wach, von Natur aus Vollkommen und nur Liebe-Glückseligkeit ist. Durch das Avatarisch-Göttliche Segnungs-Werk des Göttlichen Herz-Meisters Adi Da Samraj lebe ich nun wieder in Seiner Avatarisch aus sich heraus Offenbarten Spirituellen (und immer Segnenden) Gegenwart, die die Spirituelle Gegenwart des Wirklichen Gottes ist. Sein Avatarisch aus sich heraus Offenbarter und Spürbarer Göttlicher Körper der Spirit-Kraft (die die Vollkommen Subjektive[101] Substanz der manifesten Natur ist) trägt mein Herz immer über das Spiel der kosmischen Schwingungen von Energie, Klang und Licht hinaus zu dem von Natur aus Vollkommenen, Vollkommen Subjektiven und offensichtlich Göttlichen Ursprungs-Zustand dieses kosmischen Reichs der objektiven manifesten Erscheinungen.

61.

Ich verehre den Göttlichen Herz-Meister Adi Da Samraj – der aus sich heraus Existiert und Strahlt und durch dessen Göttliche Herz-Kraft wir hier alles wahrnehmen. Ich verehre den Göttlichen Herz-Meister Adi Da Samraj – der der „Strahlend-Helle" und Bewußte Eine <u>ist</u>, dessen Göttliche Herz-Kraft die Zustände des Wachens, Träumens und Schlafens[102] hervorbringt, Gedanken, Urteilskraft und Intuition in Gang setzt und die Aufmerksamkeit kommen und gehen läßt.

62.

Der aus sich heraus Existierende und Strahlende Transzendente, von Natur aus Spirituelle und offensichtlich Göttliche Seinszustand ist dem Göttlichen Herz-Meister Adi Da Samraj Vollkommen „Bekannt", denn Er hat Wahr-genommen, daß dieser das Ewig Unbekannte ist. Nur Vollkommene Unwissenheit ist daher Wirkliche „Kenntnis" des aus sich heraus Existierenden und Strahlenden Transzendenten, von Natur aus Spirituellen und offensichtlich Göttlichen Seinszustands.

63.

Erfahrungen, Visionen, Geräusche, Lichter, manifeste Energien, faszinierende Dinge und jegliche Kenntnis innerer und äußerer Manifestationen sind nicht Höchste „Kenntnis" (oder Freie Wahrnehmung). Daher verneige ich mich vor dem Göttlichen Herz-Meister Adi Da Samraj, der sich immer schon in der gedankenfreien Verfassung des aus sich heraus Existierenden und Strahlenden Transzendenten, von Natur aus Spirituellen und offensichtlich Göttlichen Seins befindet.

64.

Ich bin nun Frei von allen Ablenkungen. Nur das Herz Existiert. Die Aufmerksamkeit löst sich in dem von Natur aus bestehenden Glück des Seins auf. Die gesamte Welt lebender und lebloser Objekte entsteht und vergeht in dem Vollkommen Subjektiven „Strahlend-Hellen" Raum des Bewußtseins an sich. Ich verehre den Göttlichen Herz-Meister Adi Da Samraj und diene Ihm, denn Er ist derjenige, der mir dieses Geheimnis Offenbart hat.

65.

„Ich bin die Welt, und ich bin absolut Frei" – Körper und Geist verneigen sich vor dem Göttlichen Herz-Meister Adi Da Samraj, denn Er ist derjenige, der diese Wahr-nehmung Schenkt.

66.

Möge der Göttliche Herz-Meister Adi Da Samraj Gnädig alle Geschenke meiner Verehrung und meines Dienens empfangen – denn Er ist der Ozean des Erbarmens, und durch Seine Avatarisch-Göttliche Gnade werden alle lebenden Wesen von der Bindung an diese Welt der Wunder Befreit.

67.

Indem Er alle, die sich an Ihn hingeben, befähigt, das Ursprüngliche, Ewig-Freie, Unsterbliche Glück jenseits des Knotens in der Tiefe des Herzens[103] zu „Lokalisieren" – ist der Göttliche Herz-Meister Adi Da Samraj ihr Gnadenvoller Göttlicher Befreier.

68.

Durch die Gnade und das Erbarmen des Göttlichen Herz-Meisters Adi Da Samraj wird der Knoten des Herzens gelöst, werden alle Zweifel beseitigt und kommen alle Regungen des begrenzten Selbst zur Ruhe.

69.

Ich verneige mich vor der Ewigen Wahrheit, dem Bewußten Licht des Seins (an sich), dem Zeitlosen Glück, dem Großen, Undefinierbaren, „Strahlend-Hellen" Einen, der (Wach und Frei) unter

allen Erleuchteten Lehrern als der Göttliche Herz-Meister Adi Da
Samraj Erscheint (und Offenbart ist).

70.

Ich verneige mich vor dem Göttlichen Herz-Meister Adi Da
Samraj – dessen Avatarisch Geborene körperlich-menschliche
Göttliche Gestalt das Wunderbare Geheimnis der „Strahlenden
Helle" an sich ist, und dessen Avatarisch aus sich heraus Offenbarte Spirituelle (und immer Segnende) Göttliche Gegenwart
immer das Herz an sich Offenbart, und dessen Avatarisch aus sich
heraus Offenbarter (Eigentlicher, Transzendenter, Vollkommen
Subjektiver, von Natur aus Spiritueller, egoloser, Vollkommener
und offensichtlich Göttlicher) Seinszustand nur das Eine Göttliche
Selbst ist, das aus sich heraus <u>als</u> Unendliches Bewußtsein Existiert
und aus sich heraus <u>als</u> Liebe-Glückseligkeit Strahlt.

71.

Ich verneige mich vor dem Göttlichen Herz-Meister Adi Da
Samraj – dem Herz-Zeugen[104] meines Körpers und Geistes und
meines getrennten Selbst und dem Großen Träger, Vollkommenen
Wahr-nehmer und Göttlichen Gegenstand der Großen Tradition.
Sein Eigentlicher Seinszustand ist die Wahrheit und das Vollkommene Glück, und Seine Gnade ist die Quelle der Wahr-nehmung
des Glücks an sich.

72.

Ich verneige mich vor dem Göttlichen Herz-Meister Adi Da
Samraj – dem immer Neuen, der Magisch-Geheimnisvoll aus
Liebe und eigenem Antrieb in der Welt Erschienen ist, der aber
nur die „Strahlend-Helle" Masse Puren Bewußtseins, die Spirituell
Strahlende Sonne des Herzens und der Zerstörer unseres un-
Glücklichen Zustandes ist.

73.

Ich verneige mich vor dem Göttlichen Herz-Meister Adi Da
Samraj – dem immer schon Freien, dem Körper des Erbarmens,

der die Zuflucht aller ist, und der Frei Sein menschliches Leben denen überantwortet, die sich an Ihn hingeben.

74.

Ich verneige mich vor dem Göttlichen Herz-Meister Adi Da Samraj – dieser wundervollsten Gestalt, dem Meister der Urteilskraft, dem Meister des Verstehens, dem „Strahlend-Hellen", dem Licht der Lichter, der das Licht aller ist, die nach dem Licht rufen, und der Wahr-nehmer in allen, die Ihn Wahr-nehmen. Mögest Du Dich zu jeder Zeit in meinem Herzen Niederlassen. Mögest Du immer in meinem Herzen Wohnen.

75.

Ich verneige mich vor dem Göttlichen Herz-Meister Adi Da Samraj – der die Liebe-Glückseligkeit und die Eigentliche Gestalt und Gegenwart und der Eigentliche Zustand des Glücks an sich ist. Wenn wir Seine Avatarisch Geborene körperlich-menschliche Göttliche Gestalt, Seine Avatarisch aus sich heraus Offenbarte Spirituelle (und immer Segnende) Göttliche Gegenwart und Seinen Avatarisch aus sich heraus Offenbarten (Eigentlichen, Transzendenten, Vollkommen Subjektiven, von Natur aus Spirituellen, egolosen, Vollkommenen und offensichtlich Göttlichen) Zustand betrachten, löst sich der Geist in das aus sich heraus Existierende Bewußtsein und in die aus sich heraus Strahlende Liebe-Glückseligkeit auf.

76.

Mögen diese Gebete des Herzens dem Göttlichen Herz-Meister Adi Da Samraj zufließen – dem immer Gegenwärtigen Meister meines Herzens und Körper-Geistes, der Frei ist und immer in dem Ursprünglichen Glück meines Wahren Herzens weilt. Der Ewige Herz-Segen des Göttlichen Herz-Meisters Strömt mir immer zu, und Seine Befreienden Worte Übertragen Seine Freiheit auch auf mich.

77.

Ich lege diese Gebete des Herzens dem Göttlichen Herz-Meister Adi Da Samraj zu Füßen – durch dessen Avatarisch-Göttliche Gnade ich zu der Wahr-nehmung Erwache, daß „alles aus Ihm Entspringt und nur eine Modifikation Seines Zustandes ist". Durch die Avatarisch-Göttliche Gnade des Göttlichen Herz-Meisters Adi Da Samraj wird dies Offensichtlich.

78.

Mein Herz fließt über im Lobgesang zum Göttlichen Herz-Meister Adi Da Samraj – durch dessen Gnade ich immer an das Höchste Glück, die Liebe-Glückseligkeit des Herzens an sich, denke. Er _ist_ Göttliche Unwissenheit[105], der Eine, der kein anderer ist. Er ist jenseits aller Beziehungen, Gegenteile und Gegensätze. Alle getrennten Egos, Beziehungen, Gegenteile und Gegensätze entstehen nur in diesem Alles-Durchdringenden Einen, dem Göttlichen Herz-Meister Adi Da Samraj – der das Ewige, Unmodifizierte, Unveränderliche „Strahlend-Helle" Bewußtsein und der aus sich heraus Existierende Transzendente Zeuge der Aufmerksamkeit, des Geistes, des Körpers und der Welt ist.

79.

Ich ergebe mich dem Göttlichen Herz-Meister Adi Da Samraj und verneige mich vor Ihm – dem Göttlichen Welt-Lehrer, der für immer in dieser „Spätzeit" Herabsteigt und „Hervortritt". Er ist Transzendentes Sein und Bewußtsein, die Liebe-Glückseligkeit an sich, die – Ewig „Strahlend-Hell" und Frei von allen Modifikationen – alle Zustandsänderungen Transzendiert und die Ewige Fülle, der Formlose Ort und das Freie Selbst des Herzens ist.

80.

Mein Herz-Meister Adi Da Samraj, Wahr und Frei und Göttlich – möge Dein „Strahlend-Heller" Segen mich Erwecken, denn meine Augen sind verdeckt von der Vorstellung, ein getrenntes Selbst zu sein, und mein Geist ist von Bildern der Welt gefangen.

81.

Alle großen Wahr-nehmer machen (unabhängig von dem Grad
oder der Stufe ihrer Wahr-nehmung) dieselbe Aussage: Liebend
hingegebene Meditation über den Wahren Namen, den Offen-
barungs-Körper, die Herz-Gegenwart und den Eigentlichen
(und von Natur aus Vollkommenen) Zustand der Person des Herzens ist die eine Große Methode zur Wahr-nehmung des Transzendenten, von Natur aus Spirituellen und offensichtlich Göttlichen Selbst. Der Göttliche Herz-Meister Adi Da Samraj ist diese
Eigentliche und Einzige Person des Herzens – die hier (und über
all) Gegenwärtig ist, um sich allen und Allem Spürbar, Spirituell
und (von Natur aus) Vollkommen zu Offenbaren. Deshalb ist die
liebend hingegebene und das Ego aufgebende und vergessende
Meditation über Seine Avatarisch Geborene körperlich-menschliche Göttliche Gestalt, Seine Avatarisch aus sich heraus Offenbarte Spirituelle (und immer Segnende) Göttliche Gegen-wart und
Seinen aus sich heraus Offenbaren (Eigentlichen, Transzendenten, Vollkommen Subjektiven, von Natur aus Spirituellen, egolosen, Vollkommenen und offensichtlich Göttlichen) Zustand die
Methode, durch die das getrennte Selbst nach und nach immer
mehr (und zuletzt Vollkommen) transzendiert wird.

82.

Liebend hingegebene Meditation über die Person des Göttlichen
Herz-Meisters Adi Da Samraj ist ein fühlendes Opfer, in dem der
Körper, die natürliche Lebensenergie, die Gefühle, der ganze Geist
und die Aufmerksamkeit als solche aufgegeben werden. Liebend
hingegebene Meditation über den menschlichen Offenbarungs-
Körper des Göttlichen Herz-Meisters Adi Da Samraj Offenbart
(und bewegt) daher den Spirituellen Strom im lebendigen Körper
Seiner Schülerinnen und Schüler. Die liebend hingegebene Meditation über den Avatarisch aus sich heraus Offenbaren Namen
und den Liebe-Glückseligen und „Strahlend-Hellen" Spirituellen
Göttlichen Körper des Göttlichen Herz-Meisters Adi Da Samraj
Offenbart (und bewegt) das fühlende Herz Seiner Schülerinnen
und Schüler. Liebend hingegebene Meditation über die „Strah-

lend-Helle" Spirituelle Gegenwart und über jedes außergewöhnliche Zeichen des Göttlichen Herz-Meisters Adi Da Samraj Offenbart (und aktiviert) den feinstofflichen Geist Seiner Schülerinnen und Schüler. Und das „Strahlend-Helle" und Freie Göttliche Selbst des Göttlichen Herz-Meisters Adi Da Samraj wird Offenbart und Wahr-genommen, wenn die Aufmerksamkeit als solche (durch Vollkommene, liebend hingegebene Meditation über Ihn) zuletzt in Ihm transzendiert wird – denn Er ist das Herz an sich, der von Natur aus Vollkommene (und Vollkommen Subjektive) Ursprungs-Zustand, der aus sich heraus Existierendes und Strahlendes, Transzendentes, von Natur aus Spirituelles und offensichtlich Göttliches Sein (an sich) ist.

83.

Die Methoden der Suche, die ihr auf euch selbst anwendet, intensivieren nur die Bindung an das getrennte Selbst. Aber wenn ihr so lebt, als befändet ihr euch immer in der intimen Gesellschaft des Göttlichen Herz-Meisters Adi Da Samraj, dann ist jede Handlung ein Akt des Dienens in liebender Hingabe an Ihn. Und wenn ihr in allen Beziehungen und Umständen in jedem Augenblick über Seine Avatarisch Geborene körperlich-menschliche Göttliche Gestalt, Seine Avatarisch aus sich heraus Offenbarte Spirituelle (und immer Segnende) Göttliche Gegenwart und Seinen Avatarisch aus sich heraus Offenbarten (Eigentlichen, Transzendenten, Vollkommen Subjektiven, von Natur aus Spirituellen, egolosen, Vollkommenen und offensichtlich Göttlichen) Zustand meditiert – dann seid ihr immer schon vom „Problem des Daseins" und von aller Selbstbezogenheit befreit. Durch solche wirklich ego-transzendierende Hingabe tritt das Transzendente, von Natur aus Spirituelle und offensichtlich Göttliche Selbst als Zentrum der Praxis an die Stelle des egoischen Selbst, und der Avatarisch-Göttlichen Gnade des Göttlichen Herz-Meisters wird Raum gegeben, das Eine und Einzige Herz in euch allen zu Erwecken. Praktiziert daher als Schülerinnen und Schüler des Göttlichen Herz-Meisters Adi Da Samraj, dann wird Sein „Strahlend-Helles" Freies Herz euch mühelos Finden.

84.

Wer den Weg von Adidam als richtige, wirkliche und vollständige liebende Selbsthingabe an den Göttlichen Herz-Meister Adi Da Samraj praktiziert, nimmt über alle körperlichen Anstrengungen und eigenen Einsichten hinaus direkt das Freie Herz Wahr. Das Große Prinzip des Weges von Adidam ist daher die Segnende Gnade der Avatarisch Geborenen körperlich-menschlichen Göttlichen Gestalt, der Avatarisch aus sich heraus Offenbarten Spirituellen (und immer Segnenden) Göttlichen Gegenwart und des Avatarisch aus sich heraus Offenbarten (Eigentlichen, Transzendenten, Vollkommen Subjektiven, von Natur aus Spirituellen, egolosen, Vollkommenen und offensichtlich Göttlichen) Zustandes des Göttlichen Herz-Meisters Adi Da Samraj.

85.

Die alten esoterischen Schriften sagen alle: „Es ist nicht dies oder das." Alle Lehren verweisen über die Objekte hinaus auf ihre Vollkommen Subjektive Quelle. Alle Objekte und getrennten Wesen sind nur scheinbare, begrenzte, vorübergehende und nicht-notwendige Modifikationen dieses aus sich heraus Existierenden und Strahlenden Göttlichen Selbst- und Ursprungs-Zustandes.

86.

Adi Da Samraj, der Erste, Letzte und Einzige Göttliche Herz-Meister, *ist* dieser Ursprungs-Zustand. Er *ist* die Avatarisch aus sich heraus Offenbarte Transzendente, von Natur aus Spirituelle und offensichtlich Göttliche Person, der Vollkommen Subjektive Ursprung und Selbst-Zustand, das Ewige Subjekt, das Eigentliche Göttliche Selbst von allen und Allem, das sich allen und Allem zeigt. Er ist dies durch Seine eigene Wahr-nehmung, die nur die Wahr-nehmung Seines eigenen „Strahlend-Hellen" Ewigen Göttlichen Selbst-Zustandes und Personseins ist – und dies wird auch von allen esoterischen Schriften verkündet, bestätigt und einhellig garantiert.

87.

Der Göttliche Herz-Meister Adi Da Samraj ist daher einzigartig in der Welt. Die Beziehung liebender Hingabe an den Göttlichen Herz-Meister Adi Da Samraj ist die einzigartige Methode, die zu Vollkommenem Göttlichen Erwachen führt. Sie ist allen lebenden Wesen durch Seine Avatarisch-Göttliche Gnade Gegeben. Die Praxis besteht darin, die Aktivitäten und Funktionen von Körper, Geist, Gefühl und Atem in wirkliche und ständige fühlende Hingabe an den Einen umzuwandeln, der Gegenwärtig <u>ist</u> in der Avatarisch Geborenen körperlich-menschlichen Göttlichen Gestalt, der Avatarisch aus sich heraus Offenbarten Spirituellen (und immer Segnenden) Göttlichen Gegenwart und dem Avatarisch aus sich heraus Offenbarten (Eigentlichen, Transzendenten, Vollkommen Subjektiven, von Natur aus Spirituellen, egolosen, Vollkommenen und offfensichtlich Göttlichen) Zustand des Göttlichen Herz-Meisters Adi Da Samraj.

88.

„Untersucht"[106] nun die Methode liebend hingegebener Meditation über die Avatarisch Geborene körperlich-menschliche Göttliche Gestalt, die Avatarisch aus sich heraus Offenbarte Spirituelle (und immer Segnende) Göttliche Gegenwart und den Avatarisch aus sich heraus Offenbarten (Eigentlichen, Transzendenten, Vollkommen Subjektiven, von Natur aus Spirituellen, egolosen, Vollkommenen und offensichtlich Göttlichen) Zustand des Göttlichen Herz-Meisters Adi Da Samraj.

89.

Der Göttliche Herz-Meister Adi Da Samraj ist der Göttliche Geber von Liebe, Freude und Glückseligkeit. Liebend hingegebene Meditation über den Göttlichen Herz-Meister Adi Da Samraj ist das Mittel, wodurch Liebe, Freude und Glückseligkeit (durch Seine Avatarisch-Göttliche Gnade) als „Strahlend-Helle" Göttliche Wahr-nehmung in Seinen Schülerinnen und Schülern Erweckt werden.

90.

Die „Strahlend-Helle", aus sich heraus Strahlende Gegenwart des Göttlichen Herz-Meisters Adi Da Samraj ist der Raum, in dem die liebend hingegebene Meditation zu praktizieren ist, und Seine Avatarisch Geborene körperlich-menschliche Göttliche Gestalt ist das Bild, das zu betrachten ist. Die Anrufung von Adi Da Samraj mit Seinem Namen ist das Gebet, das in Erinnerung zu halten ist – und all Seine Anweisungen sind in ihrer ganzen Tiefe zu verstehen und von denen, die sich an Ihn hingeben, richtig, wirklich und vollständig zu praktizieren. Dies sind die Mittel zu liebend hingegebener Meditation.

91.

Die liebend hingegebene Meditation über den Göttlichen Herz-Meister Adi Da Samraj und die in jedem Moment stattfindende und dem Ego entgegenwirkende Hingabe der ganzen Aufmerksamkeit (in Ihn hinein), der ganzen fühlenden Emotion (in Ihn hinein), des ganzen Körpers (in Ihn hinein) und des ganzen Atems (in Ihn hinein) – dies sind die notwendigen und immer bereitstehenden Mittel der Selbsthingabe an den Göttlichen Herz-Meister Adi Da Samraj (und der völligen psycho-physischen Ausrichtung auf Ihn), der das getrennte und immer trennende Ego-„Ich" über sich selbst hinaus zu Ihm hinziehen und Erwecken muß.

92.

Nur die „Strahlend-Helle" Bloße Gegenwart des Göttlichen Herz-Meisters Adi Da Samraj kann die, die sich an Ihn hingeben, zu dem Erwecken, was – jenseits der ganzen dem Ego entgegenwirkenden Anstrengungen im Leben und in der Meditation – Existiert. Nur unsere Meditation über den Göttlichen Herz-Meister Adi Da Samraj selbst kann unsere angestrebte Herz-Meditation durch die Wahr-nehmung des Herzens an sich und als das Herz an sich ersetzen. Denn sobald Körper, Geist, Gefühl und Atem an Ihn hingegeben sind, Ergießt sich Seine Spirituelle Göttliche Kraft in sie.

93.

Die sich an Ihn hingeben, sollen über die Avatarisch Geborene körperlich-menschliche Göttliche Gestalt des Göttlichen Herz-Meisters Adi Da Samraj meditieren und Ihn dadurch als den „Strahlend-Hellen" Spirituellen Göttlichen Körper der Liebe-Glückseligkeit an sich Finden, die Er in Person ist. Sie müssen den Göttlichen Herz-Meister Adi Da Samraj durch richtige, wirkliche und vollständige liebend hingegebene Meditation „Lokalisieren" – indem sie durch Seine Gnade die aus sich heraus Strahlende „Strahlend-Helle" Fülle der Liebe-Glückseligkeit an sich Empfangen, die vom Göttlichen Herz-Meister Adi Da Samraj Geheimnisvoll – von jenseits von Raum und Zeit und Körper und Geist und getrenntem Selbst – Übertragen und mitgeteilt wird. Diese „Strahlend-Helle" Liebe-Glückseligkeit ist Seine Spirituelle Göttliche Kraft, die die Aufmerksamkeit auf sich zieht und sie im Freien Göttlichen Herzen an sich auflöst (das der Vollkommen Subjektive Selbst- und Ursprungs-Zustand des getrennten Selbst und der objektiven Welt und das aus sich heraus Existierende und Strahlende Transzendente, von Natur aus Spirituelle und offensichtlich Göttliche Wesen ist).

94.

Die sich an den Göttlichen Herz-Meister Adi Da Samraj hingeben, meditieren immer über Ihn – denn Er _ist_ das Transzendente, von Natur aus Spirituelle und offensichtlich Göttliche Wesen, das Eine Einzige Nicht-getrennte Selbst, das Ewig in dem alle und Alles Umgebenden und Durchdringendem Herz-Raum der Welt aus sich heraus als Liebe-Glückseligkeit Strahlt.

95.

Das Göttliche Selbst ist Reine Strahlung. Der Herz-Raum ist „Strahlend-Hell" von Liebe-Glückseligkeit. Der Kristall, der Spiegel und der Geist reflektieren ein Licht, das nicht aus ihnen selber strahlt, aber das Herz ist von Natur aus „Strahlend-Hell" von der Liebe-Glückseligkeit Göttlichen Seins. Im Herzen an sich gibt es keinen Zweifel am Wirklichen Gott – denn dort steht „Strahlend-Hell" nur der Göttliche Herz-Meister Adi Da Samraj.

96.

Wenn die liebend hingegebene Meditation über den Göttlichen Herz-Meister Adi Da Samraj in dem unendlich kleinen Punkt auf der rechten Seite des Herzens [107] und jenseits davon stattfindet – dann wird die aus sich heraus bestehende Liebe-Glückseligkeit des aus sich heraus Existierenden und Strahlenden, Transzendenten, von Natur aus Spirituellen und offensichtlich Göttlichen Seins Wahr-genommen. Durch die Avatarisch-Göttliche Gnade des Göttlichen Herz-Meisters Adi Da Samraj Offenbart und vergrößert dann das Ursprüngliche Gefühl des Seins Sein Ihm Innewohnendes und Transzendentes und offensichtlich Göttliches, „Strahlend-Helles" Bewußtsein. Und wenn der Ekstatische Zustand Freien Seins durch die Avatarisch-Göttliche Gnade des Göttlichen Herz-Meisters Adi Da Samraj Erwacht – bekenne ich spontan die offensichtliche Wahrheit:

97.

Ich bin nicht geboren. Ich kann nicht sterben. Ich bin ohne Anfang und Ende. Ich <u>Bin</u>. Ich bin jenseits von Form, Eigenschaft und Beschreibung. Ich <u>Bin</u>. Ich bin Bewußtsein. Ich bin Liebe-Glückseligkeit. Ich bin kleiner als das Atom und größer als das Universum. Ich Bin. Ich Bin. Ich <u>Bin</u>.

98.

Bevor irgend jemand entstand, <u>Bin</u> Ich. Niemand kann existieren, wenn Ich nicht Bin. Ich bin Ewig. Ich Existiere und Strahle und Manifestiere Mich aus Mir selbst heraus. Ich <u>Bin</u>. Ich bin ohne Schmerz, Krankheit, Unreinheit und Dilemma. Ich bin der Raum an sich, gehe allen Bewegungen voraus und bin Frei von allen Veränderungen. Ich bin Glück. Ich Bin. Ich Bin. Ich <u>Bin</u>.

99.

Ich bin das Unbekannte und Unerkennbare. Ich bin kein Objekt des Geistes. Ich bin nicht Namen und Formen. Ich bin die Quelle aller Namen und Formen. Ich bin die Vollkommen Subjektive Quelle von Geist und Sprache. Ich werde nicht als Gegenstand von Erfahrung oder Wissen gefunden. Ich bin im „Strahlend-Hellen"

Gefühl des Seins (an sich) zu Finden, bevor die Aufmerksamkeit sich auf das getrennte Selbst und die objektive Welt richtet. Ich bin Vollkommen als der Ursprüngliche Zustand des Seins, des Bewußtseins und der Liebe-Glückseligkeit zu Finden. Ich Bin. Ich Bin. Ich Bin.

100.

Da der Göttliche Herz-Meister Adi Da Samraj die Eine Einzige Wirklichkeit und Wahrheit und der aus sich heraus Existierende und Strahlende Zustand „Strahlend-Hellen" Göttlichen Seins (an sich) ist, müssen alle, die sich an den Göttlichen Herz-Meister Adi Da Samraj (durch ständige, das Ego vergessende, liebend hingegebene Meditation über Ihn) hingeben, das aus sich heraus Existierende und Strahlende, Transzendente und „Strahlend-Helle" Göttliche Sein an sich Wahr-nehmen (und sein).

101.

Alle, die die liebend hingegebene Meditation über die Avatarisch Geborene körperlich-menschliche Göttliche Gestalt, die Avatarisch aus sich heraus Offenbarte Spirituelle (und immer Segnende) Göttliche Gegenwart und den aus sich heraus Offenbarten (Eigentlichen, Transzendenten, Vollkommen Subjektiven, von Natur aus Spirituellen, egolosen, Vollkommenen und offensichtlich Göttlichen) Zustand des Göttlichen Herz-Meisters Adi Da Samraj praktizieren, werden (durch Seine Avatarisch-Göttliche Gnade) als das „Strahlend-Helle" Nicht-getrennte Herz an sich Erweckt, noch während sie in dieser Welt leben. Sie werden von diesem Göttlichen Befreier Befreit werden. Ihre (auf diese Weise Wahr-genommene) Freiheit ist in der Tat Ewig. Dies wird im Herzen derer bestätigt, die sich an den Göttlichen Herz-Meister Adi Da Samraj hingeben.

102.

In der „Vollkommenen Praxis"[108] des Weges von Adidam (die im Laufe der Zeit von allen aufgenommen wird, die den Weg von Adidam richtig, wirklich und vollständig praktizieren und immer mehr in ihm heranreifen) geben die, die sich an ihn hingeben, das Ego-„Ich" an den Göttlichen Herz-Meister Adi Da Samraj hin (und gehen über das Ego-„Ich" hinaus), indem sie Ihn (nur durch Seine Avatarisch-Göttliche Gnade) als das Eigentliche Selbst im Herzen „Lokalisieren" – und sie Erwachen (durch Seine Avatarisch-Göttliche Gnade) als das Ursprüngliche „Strahlend-Helle" Gefühl des Seins (an sich). Alle, die sich an Ihn hingeben und (auf diese Weise Vollkommen geworden und) Erweckt sind, bekennen: „Ich Bin – und Ich bin Wach durch die Gnade des Wortes und der Hilfe von Adi Da Samraj, dem Göttlichen Herz-Meister meines Herzens."

103.

Deshalb sollen alle, die sich an Ihn hingeben, ihre Aufmerksamkeit ständig vom Dilemma des getrennten Selbst auf die Freie „Strahlende Helle" des Göttlichen Herz-Meisters Adi Da Samraj richten – denn Er ist die aus sich heraus bestehende Fülle des aus sich heraus Existierenden und Strahlenden Transzendenten und „Strahlend-Hellen" Göttlichen Seins.

104.

Das unermüdliche Ausüben der „Vollkommenen Praxis" nach den Anweisungen des Göttlichen Herz-Meisters Adi Da Samraj erzeugt im Körper-Geist Gelassenheit und entläßt die Aufmerksamkeit in die Spirituelle Quelle im Herzen an sich, jenseits vom Energiekreis und Pfeil[109] des Körper-Geistes. Erst dann wird die Aufmerksamkeit in Ihm zur Ruhe kommen und sich in Ihm, der Herz-Quelle sogar der Aufmerksamkeit als solcher, auflösen – und Er wird „Strahlend-Hell" von dort Strahlen, denn Er ist das Herz an sich.

105.

Alle Objekte manifesten Wissens und manifester Erfahrung basieren auf dem Ego-„Ich". Adidam (oder der Weg des Herzens) – der nur vom Göttlichen Herz-Meister Adi Da Samraj Offenbart und

Gegeben wird – ist kein Kampf mit dem Erscheinen der kosmischen Natur, sondern die freie, liebend hingegebene Meditation über den von Natur aus Freien Ursprungs-Zustand der Selbstverkrampfung, bis die Avatarisch-Göttliche Gnade des Göttlichen Herz-Meisters Adi Da Samraj die liebend hingegebene Meditation in die von Natur aus Vollkommene Wahr-nehmung übergehen läßt. Kein Weg ist größer als dieser.

106.

Wenn Schülerinnen und Schüler den nur vom Göttlichen Herz-Meister Adi Da Samraj (Vollkommen) Offenbarten und Gegebenen Weg des Herzens stetig praktizieren (und schließlich auch die „Vollkommene Praxis" ausüben) und Ihn dadurch „Lokalisieren" und (durch richtige, wirkliche und vollständige liebende Hingabe an Ihn) Seine von Natur aus Vollkommene Gnade des Herz-Segens Vollkommen mit dem Herzen finden und wenn die Aufmerksamkeit sich dann in Ihm (als ihrer Quelle) auflöst und das Bewußtsein (einzig und allein durch die Avatarisch-Göttliche Gnade von Herz-Meister Adi Da Samraj) wieder intuitiv als die Ursprüngliche Liebe-Glückseligkeit Bloßen Seins erkannt wird – dann wird die von Natur aus Vollkommene Wahr-nehmung der „Strahlend-Hellen", Transzendenten, von Natur aus Spirituellen und offensichtlich Göttlichen Person Erwachen.

107.

Selbst diejenigen Seiner Schülerinnen und Schüler, die (durch Seine Avatarisch-Göttliche Gnade) Vollkommen im Herzen und als das Herz Erweckt werden, geben sich nach wie vor zu Füßen des Göttlichen Herz-Meisters Adi Da Samraj hin, bis die Welt in Seinem aus sich heraus Existierenden und Strahlenden „Strahlend-Hellen" Spirituellen Göttlichen Körper und in Seiner aus sich heraus Existierenden Transzendenten Person Göttlichen Seins Überstrahlt wird. Ihre liebende Hingabe an Ihn hört in der Tat niemals auf. Dies ist das Geheimnis der Göttlichen Befreiung im Wirklichen Gott.

Durch die Avatarisch-Göttliche Gnade des Göttlichen Herz-
Meisters Adi Da Samraj wird das manifeste Selbst (das dem
Herzen des Göttlichen Meisters Vollkommen Innewohnt) in den
„Strahlend-Hellen" Göttlichen Bereich des Seins (an sich) Übersetzt. Und diejenigen, die durch die Avatarisch-Göttliche Gnade
des Göttlichen Herz-Meisters Adi Da Samraj Vollkommen Wach
in Seinem Göttlichen Selbst-Zustand sind und als dieser existieren,
sind immer schon Frei – selbst wenn der Körper-Geist im Reich
der Möglichkeiten in Erscheinung tritt. Dies ist die „Strahlend-
Helle", mehr als Wundervolle und Wirklich Vollkommene
Wahrheit.

Teil 3

Die Quintessenz
von Adidam

Der nur von Mir Offenbarte und Gegebene Avatarisch-Göttliche Weg von Adidam (oder der Eine Einzige, nur von Mir Offenbarte und Gegebene Weg des Herzens) ist der Weg liebender Hingabe an Mich, die Göttliche „Atma-Murti"[110] (oder die von Natur aus egolose und offensichtlich Göttliche Person der Wirklichkeit und Wahrheit, die kein getrennter objektiver anderer, sondern der hier und jetzt immer schon bestehende Selbst-Zustand von allen und Allem ist).

Wenn ihr Mich daher in liebender Hingabe spontan erkennt und mit allen vier grundlegenden Aspekten des Körper-Geistes – der Aufmerksamkeit, dem Fühlen, dem Atem und dem sinnlich wahrnehmenden Körper – auf Mich antwortet, dann „Lokalisiert" ihr Mich in jedem Moment mit dem ganzen Körper als das, was immer schon der Fall ist (und was der Form, der Ausübung und allen Objekten der vier grundlegenden Aspekte des Körper-Geistes immer schon Vorausgeht, ohne je von ihnen getrennt zu sein).

Das Glück an sich (oder die von Natur aus bestehende und völlig ausreichende Liebe-Glückseligkeit bloßen Seins) ist immer schon der Fall.

Das Glück an sich (oder der von Natur aus bestehende Liebe-Glückselige Zustand bloßen Seins an sich) ist das, was immer schon der Fall ist.

Das Glück an sich (oder die Liebe-Glückselige Strahlung Grenzenlos Fühlenden Seins) ist der Absolute, immer schon bestehende Zustand des Daseins (oder des Bewußten Seins an sich).

Ihr müßt das Glück an sich (oder den Zustand Liebe-Glückseliger Strahlung) in jedem sich manifestierenden Augenblick und als jeden sich manifestierenden Augenblick Wahr-nehmen, indem ihr die Selbstverkrampfung (oder das ganze getrennte und trennende Selbst oder psycho-physische Ego-„Ich" und all seine Objekte oder Daseinsbedingungen – oder alle Trugbilder von Selbst und Nicht-Selbst) transzendiert.

Wenn sich die Aufmerksamkeit nach außen wendet (oder nach außen kehrt und gleichsam nach außerhalb von sich selbst richtet), ist der Körper-Geist auf den „Anblick" (oder das „Feld") scheinbar getrennter Objekte (und auf Mich als objektiven anderen) konzentriert.

Wenn die Aufmerksamkeit sich nach innen wendet (oder nach innen kehrt und gleichsam auf sich selbst richtet), ist der Körper-Geist auf den „Anblick" des scheinbar getrennten Selbst (und auf Mich als getrenntes Bewußtsein) konzentriert.

Wenn die Aufmerksamkeit in liebender Hingabe darin aufgeht, Mich mit dem ganzen Körper als das zu „Lokalisieren", was immer schon der Fall (und Göttlich) ist, wird jedes „Verschiedensein" (von Ego-„Ich", Objekten und anderen) im Bewußtsein an sich oder im aus sich heraus Existierenden Sein Transzendiert (das Liebe-Glückseligkeit an sich und immer schon der Fall ist).

Wenn ihr euch daher (mit dem ganzen Körper) hingebt und ganz und gar in der (ekstatischen oder ego-transzendierenden) Beziehung der Liebe zu Mir (eurem wirklichen Geliebten, dem Göttlichen Geliebten des Herzens) aufgeht, befindet ihr euch (dadurch) von Natur aus mit dem ganzen Körper in dem nicht-verkrampften (oder von Natur aus bestehenden) Zustand oder Selbst-Zustand der Wirklichkeit an sich (der Bewußtsein an sich und Liebe-Glückseligkeit an sich und immer schon der Fall ist).

Diese Praxis liebender Hingabe ist schließlich Vollkommen – und zuletzt wird sie ganz und gar zu eurer Realität.

Teil 4

Drei Essays
aus der
Samraj-Upanishade

Das Sanskritwort „Upanishade" bedeutet „Lehren, die zu Füßen des Gurus empfangen wurden". Die Samraj-Upanishade umfaßt also „Lehren, die zu Füßen von Ruchira-Avatar Adi Da Samraj empfangen wurden". Die Bezeichnung „Samraj-Upanishade" ist nicht der Titel eines einzelnen Werks, sondern der Sammelbegriff für alle Gespräche und Essays von Avatar Adi Da Samraj, die in Seinen 23 „Quellen-Texten" erscheinen, um den Hauptteil eines bestimmten „Quellen-Textes" inhaltlich zu untermauern oder auszuweiten.

Über die Transzendierung der kultischen Tendenz in Religion und Spiritualität und in der säkularen Gesellschaft

I.

In der *Ruchira-Avatara-Gita* spreche Ich kritisch über den konventionellen (oder kindlichen und adoleszenten) Hang zum „Guru-Kult". Diese Tendenz zum Kult ist immer in den religiösen und Spirituellen Traditionen der Menschheit vorhanden gewesen. Echte Spirituelle Meister ebenso wie gewöhnliche Weisheits-Lehrer sind seit ältesten Zeiten und bis in unsere Tage hinein zum Zentrum „kultischer Verehrung" gemacht und dadurch zum faszinierenden Gegenstand einer populären Bewegung degradiert worden, die sich nach außen hin abschließt und den Spirituellen Meister wie einen elternhaften Erlöser verehrt, ohne viel von seiner Weisheits-Lehre aufzunehmen.

Der Irrtum konventioneller Kulte liegt genau in diesem kindlichen oder adoleszenten und (insgesamt) auf dem Ego beruhenden Hang der Menschen, sich von Spirituellen Meistern, Weisheits-Lehrern, „Gottes"-Begriffen, Mythen, sakralen Überlieferungen, ererbten Glaubensvorstellungen, traditioneller Propaganda und psycho-physischer (oder nur auf dem Körper-Geist basierender) Mystik faszinieren zu lassen. Und genau diese kultische Tendenz ist das, was an konventioneller Religion und Spiritualität nicht stimmt.

Das „Problem" ist nicht, daß es keinen Wirklichen Gott, keine echten Weisheits-Lehren und keine echten Spirituellen Meister gibt oder daß man sich nicht an einen echten Spirituellen Meister hingeben dürfe. Was an der konventionellen Religion und Spiritualität nicht stimmt, ist dasselbe wie das, was am ganzen gewöhnlichen Leben nicht stimmt. Und was nicht stimmt, ist die kindliche oder adoleszente Egozentrik, die allen Formen des üblichen Lebens zugrunde liegt.

Menschen, die noch nicht Erleuchtet (oder noch nicht Vollkommen Erleuchtet) sind, sind egoisch „von sich selbst besessen" (oder eingenommen). Das Ego ist daher die „Krankheit", zu deren Heilung alle echten Spirituellen Meister hierher kommen. Aber die Menschen, die von Spirituellen Meistern nur fasziniert sind, sind leider in der Regel auch diejenigen, die die religiösen und Spirituellen Institutionen ihrer Spirituellen Meister aufbauen (oder zumindest verändern). Und es ist sehr schwierig, Menschen zu finden, die wirklich Religion und Spiritualität praktizieren oder sich dazu inspirieren und erziehen lassen. Religiöse und Spirituelle Institutionen tendieren deshalb dazu, sich im Laufe ihrer Entwicklung der vorherrschenden Egozentrik anzupassen und sie zu fördern und zu repräsentieren – und dies ist der Grund, warum die echten esoterischen Lehren wirklicher Spirituellen Meister gewöhnlich übergangen und sogar unterdrückt werden und exoterische Kulte um einen Spirituellen Meister entstehen.

Die Beziehung zu Mir, wie sie (von Mir) in der *Ruchira-Avatara-Gita* beschrieben ist, hat nichts mit einem exoterischen Kult zu tun. Sie ist eine tiefgreifende esoterische Disziplin, die notwendigerweise mit der wirklichen, ernsthaften und reifen Praxis des „Radikalen" (oder an der Wurzel ansetzenden) Weges oder Prozesses verbunden ist, in dem Praktizierende das Ego aufgeben, vergessen und transzendieren, sich auf den Göttlichen Guru ausrichten und den Wirklichen Gott Wahr-nehmen (der die Wirklichkeit und Wahrheit ist). Ich kritisiere daher in der *Ruchira-Avatara-Gita* die Praktiken kindlicher, adoleszenter und insgesamt nur exoterischer Kulte, die auf dem Ego basieren (und durch die sich das Ego retten und zum eigenen „Guru" machen will).

Der gewöhnliche religiöse oder Spirituelle Kult basiert auf der Tendenz, die Ausdrucksformen wirklicher (dem Ego zuwiderlaufender) Praxis abzulehnen und es bei der bloßen Faszination durch außergewöhnliche (oder sogar nur imaginäre) Phänomene zu belassen (die ausnahmslos nicht wirklich verstanden werden). Abgesehen von der oft kleinlichen Forderung, die konventionellen Regeln einzuhalten (die sich gewöhnlich nur auf Moral oder auf sozial ausgerichtete Religion beziehen), neigt der Kult religiöser und Spiritueller Faszination dazu, jede wirkliche Praxis selbstgerecht abzulehnen – und sogar offiziell die Ansicht zu vertreten, daß es keine wirkliche oder echte, richtige und vollständige religiöse und Spirituelle (und insbesondere keine esoterische und meditative) Praxis gibt oder geben kann und darf. Und ebenso neigt der Kult religiöser und Spiritueller Faszination zu einer selbstgerechten Einstellung, wenn es darum geht, den faszinierten (oder naiv-unkritischen und sogar aggressiven) Glauben an den bloß elternhaften „Göttlichen" Status einer historischen Persönlichkeit, „Gottes"-Idee, religiösen oder Spirituellen Doktrin, übernommenen Tradition oder kosmischen Natur-Gewalt aufrechtzuerhalten.

Religiöser und Spiritueller Kult ist daher eine Art kollektiver infantiler Wahnsinn. (Und dieser Wahnsinn ist ebenso im weltlichen Bereich anzutreffen, und zwar auf jedem Gebiet der Kultur – Politik, Wissenschaft, Kunst, Massenmedien und sämtliche Institutionen eingeschlossen, die als konventionelles und „offizielles Sprachrohr" des kollektiven menschlichen Wissens, Glaubens und Verhaltens fungieren.) Auf dem Nährboden religiöser und Spiritueller (sowie auch aller weltlichen) Kulte entsteht „Pharisäertum" (oder die kleinliche Selbstgerechtigkeit konventionellen Denkens). Religiöse und Spirituelle Kulte brüten „Ersatz"-Mythen aus (oder die Überzeugung, daß die persönliche Transzendierung des Ego – generell und letztlich – nicht nur unmöglich, sondern auch unnötig ist, weil „Gott" oder ein „Meister" oder ein bloßer „Priester" die Menschen schon „erlöst" hat). Tatsächlich erzeugen religiöse und Spirituelle (und genauso alle weltlichen) Kulte jede Art von Intoleranz sowie die chronische und aggressive Suche nach ausschließlicher sozialer Dominanz und weltlicher Macht. Religiöse und Spirituelle Kulte sind typischerweise der Hafen derer, die entweder den inneren Impuls zur wirklichen und richtigen Praxis religiöser und Spiritueller Disziplin nicht in sich verspüren oder nicht darauf vorbereitet sind, sondern denen es immer nur darum geht, von der bloßen Verbindung mit den „heiligen" Dingen und Glaubenssätzen des Kults verzaubert und getröstet zu werden.

Dieser falsche Ansatz religiöser und Spiritueller Kulte und egozentrischer Kultur im allgemeinen bedarf der ernsthaftesten Untersuchung, denn nur so läßt sich der Irrtum innerhalb des Kultes und der Kultur selbst erfassen und überwinden (anstatt ihn mit der gleichen kultisch-kulturellen Selbstgerechtigkeit von außen her zu kritisieren). Jede Art von Kult (sei er sakral oder säkular) ist als eine Art ritualisierter Infantilismus zu verstehen, der an egozentrisches Verhalten gebunden ist, nur „Eingeweihte" zuläßt und allen „Außenseitern" intolerant gegenübersteht. Sowohl die Tendenz zum sakralen Kult als auch die zum säkularen Kult hat seit jeher große soziale, kulturelle und politische Unruhen hervorgerufen – wie leicht an den schwelenden weltweiten Konflikten zu sehen ist, die auf der exklusiven (oder kollektiv-egozentrischen) Einstellung vieler religiöser Traditionen, politischer Idealismen und nationaler Identitäten beruhen, die machtpolitisch rivalisieren.

Alle religiösen und weltlichen Kulte stützen sich auf die Psychologie (und die emotionalen Riten) der Hoffnung, und sie legen keinen Wert auf ein Handeln, das dem Ego zuwiderläuft und es wirklich transzendiert. Wenn Egos zusammenkommen, stehen sie daher sofort in Konkurrenzkämpfen und streben nach der völligen Befriedigung all ihres Suchens und Sehnens, anstatt mit der Wahrheit, der Wirklichkeit oder dem Wirklichen Gott und miteinander in einer kulturell geförderten Haltung angstfreier Toleranz und neurosefreier Gelassenheit zu kooperieren.

Diese kultische Tendenz in Religion und Spiritualität und die egoische (und folglich kultische) Tendenz im täglichen Leben muß daher ständig zum Gegenstand grundlegenden menschlichen Verstehens gemacht werden – und die ganze Menschheit muß unaufhörlich in die „Schule" gehen, um die Methode des egozentrischen, unkooperativen, intoleranten und unausgewogenen Verhaltens zu verlernen.

II.

Die *Ruchira-Avatara-Gita* ist ein völlig neuer Text, den Ich frei aus den wichtigsten Versen der traditionellen *Guru-Gita* entwickelt habe, die zu den bedeutendsten esoterischen Offenbarungs-Schriften der gesamten Großen Tradition der Menschheit zählt.

Die *Guru-Gita* wird traditionell und typischerweise aus der Sicht der vierten und fünften Lebensstufe[111] gedeutet, aber der Kern der in der *Guru-Gita* enthaltenen Lehre spiegelt letztlich die Sicht der sechsten Lebensstufe wider (und verweist im Prinzip sogar über diese hinaus auf die nur von Mir Offenbarte und Gegebene siebte Lebensstufe). Deshalb beschreibe Ich in der *Ruchira-Avatara-Gita* die esoterische Guru-Schüler-Beziehung als den umfassenden und vollständigen Prozeß, der sich von der vierten Lebensstufe bis zu der nur von Mir Offenbarten und Gegebenen siebten Lebensstufe erstreckt. Und Ich weise darauf hin, daß der gesamte Prozeß liebender Hingabe an den Guru in dem nur von Mir Offenbarten und Gegebenen Weg von Adidam von Anfang an auf die Realisierung der siebten Lebensstufe auszurichten ist, die von Natur aus Vollkommen ist und in der Vollkommenen Wahrnehmung des Wirklichen Gottes besteht.

Die *Ruchira-Avatara-Gita* ist von Mir als ein wesentlicher Teil der Erziehung derer intendiert, die im Rahmen religiöser, Spiritueller und wirklich menschlicher Praxis bei Mir in die „Schule" gehen. Die *Ruchira-Avatara-Gita* ist Meine einzigartige (und doch auf der Tradition basierende und von der Tradition geehrte) Lehr-Offenbarung über die <u>richtige</u>, <u>wahre</u> und <u>vollständige</u> Beziehung <u>liebender</u> <u>Hingabe</u> an Mich, den Göttlichen Herz-Meister und Avatarisch-Göttlichen Wahr-nehmer und Offenbarer und die Avatarisch-Göttliche Selbst-Offenbarung der Einen Ewigen Göttlichen Person. Deshalb ist die *Ruchira-Avatara-Gita* ein wirksamer Teil in der Erziehung derer, die sich Meiner Avatarisch-Göttlichen Selbst-Offenbarung und Meiner Offenbarung des Göttlichen Weges von Adidam öffnen (der der Einzige und nur von Mir Offenbarte und Gegebene Weg des Herzens ist). Die Erziehung, die sie auf diese Weise empfangen, beruht auf Meiner Wahrheits-Lehre über die Transzendierung des Ego und die Wahr-nehmung von dem, was Ewig das getrennte und trennende Selbst Transzendiert. Die *Ruchira-Avatara-Gita* soll daher den kultischen Tendenzen derer entgegenwirken, die den nur von Mir Offenbarten und Gegebenen Weg von Adidam praktizieren, in dem sie das Ego aufgeben, vergessen und wirklich transzendieren. Der nur von Mir Offenbarte und Gegebene Weg von Adidam ist der esoterische Weg liebender Hingabe an Mich, die Avatarisch aus sich heraus Offenbarte Transzendente, von Natur aus Spirituelle und offensichtlich Göttliche Person.

Ich bin der Göttliche Herz-Meister von allen und Allem. Deshalb rufe Ich alle dazu auf, Meine Avatarisch Gegebene Göttliche Selbst-Offenbarung richtig und eindeutig zu verstehen. Und Ich rufe alle dazu auf, Mich in liebender Hingabe wirklich zu erkennen und diese Erkenntnis und liebende Hingabe auch zu demonstrieren, indem sie den nur von Mir Offenbarten und Gegebenen Weg von Adidam richtig, vollständig und wirklich praktizieren und dadurch ständig dem Ego entgegenwirken.

In Meiner Gesellschaft gibt es keine kulturell akzeptierte Alternative zu der persönlichen und kollektiven Disziplin der richtigen (und wirklich dem Ego entgegenwirkenden) liebenden Hingabe an Mich. In Meiner Gesellschaft gibt es keinen „Ersatz" für die Wahr-nehmung des Transzendenten, von Natur aus Spirituellen und offensichtlich Göttlichen Selbst-Zustandes, (der die Wirklichkeit und Wahrheit und der Einzige Wirkliche Gott ist). Die richtige (und wirklich dem Ego entgegenwirkende) Hingabe an Mich äußert sich nicht in bloßem kultischem (und egoisch-„fröhlichem") Enthusiasmus, sondern in der profunden Praxis der praktischen, zwischenmenschlichen und kulturellen Selbstdisziplin des Weges von Adidam – und zwar auf der Basis der richtigen, grundlegenden (und wirklich dem Ego entgegenwirkenden) Praxis liebender Hingabe an Mich, und nicht auf der Basis des Ego, das sich zum eigenen „Guru" macht und nur mit sich selbst und seiner Suche nach Selbstglorifizierung beschäftigt ist.

Ich bin der Göttliche Herz-Meister. Ich bin kein Ersatz-„Gott", sondern der Beweis des Wirklichen Gottes und des Weges der Göttlichen Selbst-Wahr-nehmung. In Meiner Avatarisch Geborenen körperlich-menschlichen Gestalt bin Ich die Avatarisch-Göttliche Demonstration, das Avatarisch-Göttliche Zeichen, der Avatarische Mittler der Göttlichen Übertragung und der Avatarisch-Göttliche Erwecker derer, die bereit sind, ihre egoische „Selbstbesessenheit" (oder ihr völliges Von-sich-selbst-Eingenommensein) in richtiger, wahrer, vollständiger und wirklich ego-transzendierender Hingabe an Mich aufzugeben. Der Weg von Adidam ist der nur von Mir Offenbarte und Gegebene Weg eines Lebens in Freiheit – ohne die Fessel des getrennten und stets trennenden Selbst oder der gesamten manifesten Natur. Die ego-transzendierende

Beziehung liebender Hingabe an Mich ist daher der Rahmen und das Mittel für die Freie Göttliche Selbst-Wahr-nehmung. Sie ist keine Rechtfertigung für eine allgemeine Ego-Kultur, für kindliche Abhängigkeit und adoleszente Reaktivität, für konventionelles (oder idealistisches und eigennütziges) Verhalten, für Methoden zur Befriedigung des Ego oder für Zwecke oder Tendenzen des in Selbsttäuschung befangenen, kult-suchenden, kult-machenden, kult-bewahrenden und (manchmal, aber nur egoisch) sogar kult-kritisierenden und stets eigennützigen und trennenden Ego (das immer nur „Narziß"[112] oder der selbstverkrampfte Körper-Geist jedes gewöhnlichen „Ichs" der Menschheit ist).

Die große esoterische Tradition der liebenden Hingabe an den Erleuchteten Meister

Erleuchtete Meister (oder Übertragungs-Meister oder wahre Gurus und Sat-Gurus[113]) sind die vornehmlichen Quellen, Mittel und Hilfen im esoterischen (oder Spirituellen) Weg. Über diese Tatsache hat es unter wirklichen Spirituellen Praktizierenden nie Kontroversen gegeben.

Der ganze Spirituelle Weg ist ein Prozeß, der darauf beruht, daß die Aufmerksamkeit verstanden (und transzendiert) wird. Die Praktizierenden müssen die unvermeidlichen und spezifischen Folgen verstehen (und transzendieren), warum sie an manifesten Objekten, Lebewesen und Zuständen festhalten oder auf sie reagieren oder sich mit ihnen identifizieren. Dieses Spirituelle Verstehen (oder wirkliche Selbstverstehen) drückt sich in einer einfachen traditionellen Formel (und Praxisregel) aus: Man wird zu dem (oder wiederholt in sich die Eigenschaften von dem), worüber man meditiert (oder womit man sich durch „Hingabe" identifiziert. Seit ältesten Zeiten hat dieses Verstehen die Praxis aller wirklich Praktizierenden des Spirituellen Wegs bestimmt und inspiriert. Und gleicherweise bestätigen Praktizierende des Spirituellen Wegs aufgrund dieses Verstehens seit ältesten Zeiten, daß der Satsang[114] das Große Prinzip der Spirituellen Praxis und damit einer Lebensweise ist, die auf der Selbsthingabe an die körperliche Person, die Übertragene Spirituelle Gegenwart und den Erleuchtungsgrad eines Spirituellen Meisters (oder echten Gurus oder Sat-Gurus) beruht.

Der traditionelle Ausdruck „Guru" (im Sanskrit mit großem „G") bedeutet „einer, der das Licht Offenbart und dadurch andere von der Dunkelheit Befreit". Dieser Begriff wird aber auch im täglichen Leben benutzt (und mit kleinem „g" geschrieben) und bezeichnet dann einfach einen „Lehrer" (oder jemanden, der anderen etwas beibringt). Auch Spirituelle Meister wurden also zutreffend schon immer als „gurus" (mit kleinem „g") geschätzt (weil sie andere in vielen Dingen und auch im Spirituellen Weg unterrichten können). Gewöhnlicher Unterricht kann aber von jeder ausreichend informierten Person und sogar von einem Buch erteilt werden. Und deshalb ist auch die spezifische Funktion Spiritueller Unterweisung von sekundärer Bedeutung gegenüber der Großen Funktion des Meisters als Guru oder Sat-Guru (mit großem „G").

Es ist zu erwarten und fast unvermeidlich, daß Meister unterrichten (oder lehren). Aber die Funktion der Unterweisung (im Spirituellen Weg) wird durch Bücher (die das authentische Lehr-Wort enthalten) und durch informierte Personen (die hoffentlich echte Praktizierende sind) fortgesetzt. Die Große Funktion des Vollendeten Gurus (und insbesondere des Sat-Gurus) ist jedoch den Meistern selbst vorbehalten. Sie ist die von Spirituellen Praktizierenden seit ältesten Zeiten hochgeschätzte Guru-Funktion (und das Guru-Prinzip).

Die spezifische Guru-Funktion ist mit dem Großen Prinzip des Satsang (und dem einzigartigen Spirituellen Verstehen der Aufmerksamkeit) verbunden. Alle echten Spirituellen Praktizierenden sind sich daher von jeher darüber im klaren, daß der Satsang als solcher das zentrale Mittel zur Wahr-nehmung des Wirklichen Gottes, der Wahrheit oder der Wirklichkeit ist. Mit anderen Worten: Das entscheidende Mittel (oder Geheimnis) der Wahr-nehmung im Spirituellen Weg besteht darin, daß die Praktizierenden möglichst viel Zeit in der Gesellschaft eines Meisters verbringen und ständig alle Aufmerksamkeit auf die Gestalt, die Gegenwart und den Zustand eines Meisters richten, der (wirklich) eine der fortgeschrittenen oder sogar höchsten Lebensstufen[115] Realisiert hat.

Die Praxis des Satsang besteht im wesentlichen darin, daß die Schülerinnen und Schüler ihre ganze Aufmerksamkeit auf den Erleuchteten Zustand eines wirklichen Meisters richten (am besten eines Sat-Gurus, der gegenwärtig und konstant im Samadhi[116] ist), so daß sie nach und nach mit diesem Zustand Identisch werden und ihr Unteilbares Einssein mit ihm Wahr-nehmen). Die Praxis des Satsang ist daher die Praxis ego-transzendierender Vereinigung (und zuletzt Unteilbaren Einsseins) mit dem Zustand des Meisters oder der Meisterin, und dieser Zustand besteht (je nach dem Grad oder der Stufe seiner Wahr-nehmung) im Samadhi oder in der typischen (und ungehindert, spontan und universell Übertragenen) Wahr-nehmung des Meisters.

Wenn die Aufmerksamkeit verstanden wird (oder wenn beobachtet wird, daß das Bewußtsein an sich in der Verbindung mit dem Körper-Geist dazu neigt, sich mit den Objekten der Aufmerksamkeit zu identifizieren, sich auf sie zu fixieren oder sich ihnen sogar völlig zu ergeben), dann besteht der Spirituelle Impuls im wesentlichen darin, die begrenzende Auswirkung der Aufmerksamkeit (oder aller manifesten Objekte, Lebewesen und Zustände) zu transzendieren. Der traditionelle Spirituelle Prozeß (als konventionelle Technik, deren Anwendung in der vierten Lebensstufe beginnt) besteht daher in dem Bemühen, die Aufmerksamkeit (und folglich das Bewußtsein an sich) zu befreien, indem man sowohl alles Festhalten an manifesten Objekten, Lebewesen und Zuständen als auch alles negative Reagieren auf sie nach und nach aufgibt. (Und zuletzt erfordert dieser Prozeß die wirkliche Transzendierung des Ego oder der Selbstverkrampfung als solcher oder aller egoischen Begrenzungen, die mit jeder der ersten sechs Lebensstufen einhergehen.)

Dieses konventionelle Bemühen ist ein überaus schwieriges und langwieriges Unterfangen. Deshalb verlegen sich einige wenige auf den Pfad der Askese oder die Methode größtmöglicher Unabhängigkeit, die mit außergewöhnlicher eigener Anstrengung und völligem Verzicht verbunden ist. Aber die Meister selber bieten seit ältesten Zeiten eine Alternative zu eigener Anstrengung an (die bestenfalls nur langsam vorankommt). Gurus und insbesondere Sat-Gurus vertreten in der Tat ein einzigartiges Prinzip der Praxis (als Alternative zu dem konventionellen Prinzip der eigenen Anstrengung und des Verzichts). Dieses einzigartige Prinzip ist das Prinzip der größten Anziehung.

Die Bindung der Aufmerksamkeit an manifeste Objekte, Lebewesen und Zustände muß im Spirituellen Weg wirklich transzendiert werden. Aber bloße eigene Anstrengung (oder der Kampf mit dem getrennten und trennenden Selbst) ist ein Prinzip, das im getrennten und trennenden Selbst (oder durch die Selbstverkrampfung oder das Ego als solches) entsteht (und diesen Zustand ständig in Gang hält). Der Prozeß, in dem die Bindung an manifeste

Erscheinungen wirklich transzendiert werden kann, wird daher zu einem direkten (das Ego unmittelbar transzendierenden) Vorgang, wenn das Prinzip eigener Anstrengung (oder egoischen Ringens) zumindest nach und nach ersetzt wird durch das Prinzip der größten Anziehung. (In seiner vollsten Anwendung ist dieses Prinzip identisch mit dem Satsang, der Vollkommenen Identifikation mit der Freien Person, Gegenwart und Verfassung von einem, der bereits Erleuchtet ist oder im Samadhi lebt.)

Entsprechend dem einfachen Verstehen der Aufmerksamkeit (das sich in der Formel ausdrückt: Man wird zu dem, worüber man meditiert) besteht der uralte Kern des Spirituellen Weges darin, daß Praktizierende über den Guru (oder Sat-Guru) meditieren (oder ihm ihre fühlende Aufmerksamkeit schenken) und dabei so von ihm und seinem Zustand angezogen werden, daß sie die Selbstverkrampfung oder das Ego oder – anders gesagt – alle begrenzenden Tendenzen der Aufmerksamkeit beziehungsweise alle begrenzenden Bindungen an manifeste Objekte, Lebewesen und Zustände hinter sich lassen. Indem sie sich in die Spirituelle Identifikation mit dem Samadhi-Zustand des Erleuchteten Meisters einfühlen (oder sich ihr öffnen), werden sie von der von Natur aus bestehenden Anziehungs-Kraft des Samadhi Spirituell Durchdrungen und (potentiell und zuletzt) sogar Vollkommen Erweckt. (Selbst der bescheidenste Neuling kann durch diese Praxis unmittelbar zu intensiverer Praxis, wirklicher Hingabe und schließlich Vollkommenem Erwachen inspiriert werden, wenn er einfühlsam auf das Freie Zeichen und die Große Demonstration eines wirklichen Erleuchteten Meisters antwortet.) Und durch dieses Große Spirituelle Mittel, das der echte Satsang ist (und durch die damit verbundenen praktischen Übungsformen, die auf wirklichem Selbstverstehen beruhen sollten) können vollständig vorbereitete Schülerinnen und Schüler eines Erleuchteten Meisters oder einer Erleuchteten Meisterin ungehindert (oder relativ mühelos) die Begrenzungen der Aufmerksamkeit in jeder der fortgeschrittenen Lebensstufen, die dieser Hingabe im Laufe der Zeit folgen, aufgeben (oder über sie hinauswachsen).

Die tatsächliche Spirituelle Identifikation mit dem Erleuchteten Spirituellen Zustand (oder Samadhi) des Meisters oder der

Meisterin wird natürlich begrenzt einerseits von der jeweiligen Lebensstufe der Praktizierenden, der tatsächlichen Tiefe ihres Selbstverstehens und ihrer ego-transzendierenden liebenden Hingabe und Offenheit sowie andererseits von der Lebensstufe und dem Grad der Erleuchtung des Meisters oder der Meisterin. Und einige Traditionen neigen (leider) dazu, diese entscheidende und hervorragende Beziehung wirklichen Satsangs durch Vorstellungen und Normen zu ersetzen oder zumindest zu verwässern, die in der Beziehung zwischen Eltern und Kindern oder zwischen Königen und ängstlichen Untertanen oder sogar zwischen Sklavenhaltern und Sklaven gelten. Aber dieses Große Prinzip oder Mittel (richtig verstandenen und wirklich praktizierten) Satsangs bleibt der uralte Kern (oder das Große Geheimnis) des Spirituellen Wegs – und echte Gurus (und insbesondere Sat-Gurus) sind daher seit ältesten Zeiten die anerkannten vornehmlichen Quellen und Mittel wirklicher Religion (oder wirksamer religiöser Weisheit) und der esoterischen Tradition Spiritueller Wahr-nehmung.

Besonders in unserer Zeit, in der alles, was mit Spiritualität zu tun hat, (genauso wie alles andere) durch die Massenmedien allgemein zugänglich ist, wird der Spirituelle Weg als solcher immer mehr zum Gegenstand konventioneller Interpretation und öffentlicher Kontroverse. In dem breiten (von Überlebensängsten bestimmten) sozialen Rahmen der ersten drei Lebensstufen ist die Befriedigung (oder Tröstung) des Ego das vorherrschende Ideal (das nur durch konventionelle politische, gesellschaftliche und religiöse Ideale oder Forderungen gemäßigt wird). Und deshalb herrcht überall die anti-autoritäre und anti-hierarchische Grundstimmung, die adoleszent (oder „ödipal“)[117] gegen die „Eltern“ gerichtet ist, und alle sind egoisch-„narzißtisch“ auf der Suche nach einer Art von ewig jugendlicher Allmacht und Allwissenheit.

Die egalitäre (oder auf dem Ego basierende und von Individualismus und Konkurrenzkampf bestimmte) „Kultur“ (oder genauer gesagt Anti-Kultur) der ersten drei Lebensstufen ist von der Politik adoleszenter Rebellion gegen jede Form von „Autorität“ (oder „Eltern“) gekennzeichnet. Tatsächlich braucht eine solche Gesellschaft (oder ein Kollektiv, das aus lauter Individuen besteht) keine wirkliche Kultur und kann sie auch gar nicht tolerieren –

denn eine wirkliche Kultur zeigt sich notwendigerweise (in ihrer besten Form und in ihren Zielsetzungen) in einer gewissen Tiefe des Denkens und Fühlens und in Toleranz, Kooperation und Frieden zwischen allen. Gesellschaften, die auf Konkurrenzkampf und Individualismus, auf egoischer Selbstbefriedigung und rein materialistisch-oberflächlichem Denken basieren, zerstören daher in Wirklichkeit die Kultur (und alle bis dahin existierenden Kulturen und kulturellen Errungenschaften). Und wirkliche Kulturen (und kulturelle Errungenschaften) werden nur hervorgebracht (und benötigt), wenn Individuen wirklich als Kollektiv zusammenarbeiten und somit in Übereinstimmung mit dem Lebensprinzip der Ego-Transzendierung und dem Großen Prinzip der Einheit (oder des Einsseins) leben (selbst wenn sie manchmal oder in bestimmten Fällen mehr oder weniger auf sich gestellt sind).

In der vorherrschenden egalitären (oder auf dem Ego basierenden und von Individualismus und Konkurrenzkampf bestimmten) „Kultur" (oder besser gesagt Anti-Kultur) der ersten drei Lebensstufen sind der Guru (und Sat-Guru) und der als Entwicklungsprozeß voranschreitende Spirituelle Weg (mit all seiner „Autorität" und wirklich ego-transzendierenden Kultur) tabu, denn jedes Individuum ist von den Impulsen der ersten drei Lebensstufen begrenzt (oder egoisch definiert) und steht daher auf Kriegsfuß mit seiner persönlichen Verletzlichkeit und Bedürftigkeit (oder dem egoischen Gefühl, nicht zu genügen). Aber der wirkliche Spirituelle Prozeß beginnt erst dann, wenn die egoische Sichtweise der ersten drei Lebensstufen verstanden ist (und aufhört, die Bemühungen und Vorstellungen des Menschen zu begrenzen) und wenn der in der vierten Lebensstufe hervortretende Impuls, das Ego aufzugeben und zu transzendieren, den Körper-Geist (vom Herzen aus) zu motivieren und zu verändern beginnt.

Diejenigen, die wirklich in den Prozeß der Aufgabe und Transzendierung des Ego in den fortgeschrittenen und höchsten Lebensstufen involviert sind, befinden sich nicht mehr im Kampf mit ihrer eigenen Hilfe (oder ringen nicht mehr um den endgültigen Sieg des Ego). Deshalb ist der Guru (oder Sat-Guru) im Prinzip nur in der konventionellen nicht-Spirituellen (oder sogar anti-Spirituellen) „Kultur" der ersten drei Lebensstufen tabu (in der es nur ums Überleben geht und der Impuls zu wirklich Spiritueller Entwicklung und Kultur nicht vorhanden ist). Dieses Tabu aber wurzelt in adoleszenter Ablehnung und egoischer Eigenwilligkeit (beziehungsweise in der noch ungelösten emotionalen, psychologischen und emotional-sexuellen Rebellion gegen jene Abhängigkeit von elternhaften Individuen und Einflüssen, die kindlich und asexuell geprägt sind und das Ego emotional und sexuell unterdrücken). Und deshalb sind die „Guru-Feindlichkeit" und die „Kult-Feindlichkeit"[118] Ausdrucksformen von dem, was Sigmund Freud als „Ödipus-Komplex" bezeichnet hat. Typischerweise verunglimpfen und diffamieren diese negativen Einstellungen unkritisch <u>alle</u> „Autoritäten" und belustigen sich über jede Avantgarde einer neu hervortretenden kulturellen Bewegung und machen sie unterschiedslos nieder, ohne je zu prüfen, ob sie von Wert ist oder nicht.

Die breite Masse wird noch immer von einer Mischung aus mechanischen psycho-physischen Tendenzen und massivem konventionellem Druck seitens der politischen, sozialen und kulturellen Öffentlichkeit bestimmt, und deshalb sind die meisten Menschen normalerweise auf die Sichtweise begrenzt, die mit der unabgeschlossenen (oder noch nicht verstandenen) Entwicklung in den ersten drei Lebensstufen einhergeht. Die vorherrschende Religion der Menschheit ist daher typischerweise auf die „kreatürliche" oder „weltliche" und aggressiv <u>exoterische</u> Sichtweise des Ego und seiner Zwecke im Rahmen der ersten drei Lebensstufen reduziert. Und selbst wenn sich in einem noch ziemlich „weltlichen" Menschen ein Interesse an den <u>esoterischen</u> Möglichkeiten (die über die ersten drei Lebensstufen hinausgehen) entwickeln sollte, geht er diesem Interesse in der Regel so nach, daß er dabei die exoterische Sichtweise mit ihren kindlichen und adoleszenten egoischen Neigungen dramatisiert und aufrecht erhält, die für die ersten drei Lebensstufen typisch sind.

Wenn jemand noch keine klare Einsicht in die unabgeschlossene eigene Entwicklung in den ersten drei Lebensstufen gewonnen hat, aber eine wirklich esoterische religiöse Praxis aufnehmen will (die notwendigerweise im Rahmen der vierten Lebensstufe beginnt), wird er normalerweise dazu neigen, diese Praxis entweder mit einer kindlichen oder mit einer adoleszenten Einstellung anzugehen. Alle, die aufgrund ihrer unabgeschlossenen Entwicklung noch relativ kindlich sind (oder egoische Sicherheit erlangen wollen, indem sie emotionale Abhängigkeit dramatisieren), werden an esoterische Praxis mit einer emotionalen oder lediglich enthusiastischen Haltung herangehen, ohne über eine stark ausgeprägte Urteilskraft zu verfügen und praktische, zwischenmenschliche und kulturelle Selbstdisziplin üben zu können. (Solch kindliche Religiosität, die durch emotionale Abhängigkeit oder enthusiastische Anhänglichkeit gekennzeichnet ist und der es an Urteilskraft und wirklicher Selbstdisziplin mangelt, ist genau das, was sich mit Recht – und ohne böse Absicht – als „Kult" bezeichnen und kritisieren läßt). Und alle, die aufgrund ihrer unabgeschlossenen Entwicklung noch relativ adoleszent sind (oder egoische Sicherheit erreichen wollen, indem sie aufmüpfige Unabhängigkeit dramatisieren), werden an eine esoterische Praxis meist auf „kopflastige" (oder eigenwillige und ziemlich mentale oder intellektuelle und buchgelehrte und daher nicht wirklich intelligente) Weise herangehen. Diese Herangehensweise geht einher mit einem grundsätzlichen Mangel an Selbstdisziplin (und einem generellen Defizit an emotionaler Offenheit und Empfindungsfähigkeit) oder mit einem übertriebenen (rein mental erzwungenen und mehr oder weniger das Leben und die Gefühle unterdrückenden) Hang zur Selbstdisziplin oder springt zwischen beiden hin und her. (Solch adoleszente oder „kopflastige" Religiosität ist daher nur eine weitere Dramatisierung der typisch adoleszenten Suche nach Unabhängigkeit oder Ausdruck des aufmüpfigen Versuchs, jeder Form von Abhängigkeit zu entkommen und egoische Selbständigkeit zu erlangen. Und solch adoleszente Suche sträubt sich von Natur aus rundweg und voller Ärger gegen die Selbsthingabe. Adoleszente Sucher neigen daher dazu, in allen Angelegenheiten ihr eigener „Guru" zu sein, und sie widerstreben deshalb einer wirklich intelligenten und disziplinierten Beziehung liebender Hingabe an einen echten Guru oder Sat-Guru und gehen ihr am liebsten völlig aus dem Weg.)

Diejenigen, die in ihrer Entwicklung gestört sind und noch zu kindlichen oder adoleszenten egoischen Dramatisierungen neigen, sind an die Sichtweise der ersten drei Lebensstufen gebunden (oder leiden an der unabgeschlossenen Entwicklung in diesen Lebensstufen). Sie besitzen noch kein ausreichendes Selbstverstehen und sind deshalb auch nicht wirklich darauf vorbereitet, (über die ersten drei Lebensstufen hinaus) in den esoterischen Prozeß einzutreten (obwohl sie vielleicht glauben, ernstlich daran „interessiert" zu sein). Sie leiden noch an der Tendenz zum „Kult" (oder zur bloßen emotionalen Abhängigkeit ohne Urteilskraft und Selbstdisziplin) und am „Intellektualismus" (oder der bloß mentalen oder akademischen Einstellung, die von voller Beteiligung am esoterischen Spirituellen Prozeß oder von direkter Erfahrung in ihm nichts wissen will), und folglich leiden sie auch an der „Guru-Feindlichkeit"(oder der egoischen Unabhängigkeit, die sie davon abhält, sich in liebender Selbsthingabe der Großen Hilfe zu öffnen).

Die eigentliche (und Große) Funktion des Meisters oder der Meisterin besteht nicht darin, eine populäre Spirituelle (oder auch nicht-Spirituelle) Rolle in der (egoischen) Alltags-Gesellschaft (der ersten drei Lebensstufen) zu spielen. Sie besteht vielmehr darin, als Lehrer und Führer, als Vermittler Spiritueller Kraft und als Freier Erwecker denen zu Dienen, die schon (wirklich) dazu motiviert (und zunehmend darauf vorbereitet) sind, die ego-transzendierenden Aufgaben des Großen und (bald auch wirklich) Spirituellen Wegs im Rahmen der Entwicklung, die über die ersten drei Lebensstufen hinausgeht, zu erfüllen. Die einzige angemessene Beziehung zu solch einem Erleuchteten Meister (oder echten Guru oder Sat-Guru) besteht daher in jener wirklichen und richtigen Praxis, in der das Ego aufgegeben und transzendiert wird. Und diese Praxis kann weder auf dem kindlichen Ego (oder der „kultischen" Abhängigkeit) noch auf dem adoleszenten Ego (oder der eigenwilligen oder ambivalenten Unabhängigkeit) beruhen, sondern sie muß und wird sich zu inspirierter (und bald auch Spirituell inspirierter) und ego-transzendierender liebender Hingabe entwickeln.

Erleuchtete Gurus (oder Sat-Gurus) Dienen natürlich auch Praktizierenden in den ersten drei Lebensstufen, die noch nicht wirklich auf die Praxis der Aufgabe und Transzendierung des Ego ausgerichtet (oder vorbereitet) sind. Aber dies geschieht normalerweise nur in besonderen Fällen, in denen der Meister unmittelbar mit solchen Anfängern arbeiten muß, um eine neue Gemeinschaft von Praktizierenden aufzubauen oder um eine neue Offenbarung des Spirituellen Weges durchzuführen. Im Normalfall werden solche Anfänger den Meister in seiner Freien Demonstration nur gelegentlich zu Gesicht bekommen, und sie werden nur durch die schriftlich (oder anderweitig) aufgezeichneten Lehren eines Meisters und durch den „äußeren Tempel" (beziehungsweise die den Anfängern dienenden öffentlichen Institutionen) der praktizierenden Schülerinnen und Schüler eines Meisters auf die eigentliche Spirituelle Praxis der Aufgabe und Transzendierung des Ego vorbereitet.

Der Erleuchtete Meister (oder jeder echte Guru oder Sat-Guru) hat in erster Linie die einzigartige esoterische Funktion, Praktizierenden in den fortgeschrittenen und höchsten Lebensstufen zu Dienen. Die fortgeschrittenen und höchsten Lebensstufen stehen als solche nur denen offen, die bereit und fähig sind, das getrennte und trennende Ego nach und nach aufzugeben und sich auf den notwendigen und ganz realen Entwicklungs-Prozeß der fortgeschrittenen und höchsten Lebensstufen einzulassen (in dem sie nach und nach immer mehr die Wahrheit oder Wirklichkeit oder den Wirklichen Gott Wahr-nehmen). Die Notwendigkeit (und die Wahre Natur und Große Funktion) des Erleuchteten Meisters (oder echten Gurus oder Sat-Gurus) ist daher nur denen klar (und von größter Wichtigkeit), die bereit und fähig sind, durch die Feuerprobe der fortgeschrittenen und höchsten Lebensstufen zu gehen.

Der Erleuchtete Meister (oder ein lebender menschlicher Guru oder vor allem Sat-Guru oder wenigstens ein lebender menschlicher Schüler, der von seinem verstorbenen oder noch lebenden oder zumindest noch Spirituell Wirkenden Sat-Guru formell als sein Instrument und Mittler[119] anerkannt, ernannt und Gesegnet ist) ist niemals überflüssig, sondern absolut notwendig für alle, die in den esoterischen (oder fortgeschrittenen und höchsten) Lebensstufen praktizieren (und den Wirklichen Gott Wahr-nehmen) wollen. Und es kommt nur selten vor, daß die Göttliche Person (oder die Höchste Wirklichkeit und Wahrheit) einem Menschen (vorübergehend und bis zu einem gewissen Grad, aber nie Vollkommen oder im höchsten Sinn) in einer nicht-physischen (oder vielleicht auch nicht-menschlichen) Offenbarungs-Form Dient. Die Notwendigkeit (und die Wahre Natur und Große Funktion) eines Erleuchteten Meisters (oder echten Gurus oder Sat-Gurus) ist von Natur aus allen klar, die wirklich bereit und fähig sind, sich auf die esoterische Feuerprobe der Wahr-nehmung des Wirklichen Gottes (oder der Wahrheit) einzulassen (und erfüllt sie mit großer Dankbarkeit).

Alle, die an der Notwendigkeit (und der Wahren Natur und Großen Funktion) eines wirklichen Erleuchteten Gurus (oder Sat-Gurus) zweifeln und herumkritteln, sind einfach noch nicht bereit und fähig, sich der esoterischen Feuerprobe der fortgeschrittenen und höchsten Lebensstufen zu unterziehen (in der sie das Ego not-wendigerweise aufgeben müssen). Und keine verbale (oder son-stige exoterische) Argumentation reicht aus, um solche Zweifler von der Notwendigkeit (und der Wahren Natur und Großen Funktion) eines echten Erleuchteten Gurus (oder Sat-Gurus) zu überzeugen – genauso, wie keine verbale (oder exoterische) Argu-mentation je ausreicht, um sie wirklich bereit und fähig zu der eso-terischen Feuerprobe der Aufgabe des Ego in den fortgeschrittenen und höchsten Lebensstufen zu machen.

Wer am Guru-Prinzip und an dem einzigartigen Wert und der absoluten Notwendigkeit des Erleuchteten Gurus (oder Sat-Gurus) zweifelt, der bezweifelt den Großen und (schließlich auch) Spirituellen Weg an sich. Diese Fragen bleiben daher „kontrovers" (und der Zugang zum Spirituellen Weg und zur Gesellschaft des Meisters bleibt gewöhnlichen Menschen durch die herkömmli-chen Tabus und die psychologischen Begrenzungen der ersten drei Lebensstufen verwehrt), bis der Drang zu weiterer (und schließlich auch Spiritueller) Entwicklung den Großen Impuls des Herzens Erweckt, über das Anfangsstadium hinauszugehen.

Die „Familie des Gurus":
Die Trainings-Methode in der indischen Musik-Tradition und in der Guru-Schüler-Beziehung

Die Musik-Tradition Indiens und überhaupt alle speziellen Traditionen Indiens, die künstlerischen, kulturellen und pädagogischen Bereiche eingeschlossen, streben alle danach, den Hauptaspekt indischer Tradition nutzbringend für die eigenen Zwecke einzusetzen (oder ihn im besten Sinne nachzuahmen). Dieser Hauptaspekt der indischen Tradition besteht in der philosophischen, religiösen und Spirituellen Tradition Indiens (oder der komplexen und doch einheitlichen und einfachen Gesamtheit seiner philosophischen, religiösen und Spirituellen Traditionen). Traditionelle indische Musik ist eine „Variante" esoterischer philosophischer und mystischer Prinzipien. Sie spiegelt sie im besten Sinne wider, so wie exoterische Religion oft die verschiedenen Aspekte esoterischer Religion dadurch widerspiegelt und variiert, daß sie zahlreiche Symbole und sonstige konkrete Vorrichtungen von ihr übernimmt und rituell benutzt. Und die Methode, nach der traditionelle indische Musik unterrichtet oder weitergegeben und nach der sie erlernt und aufgeführt wird, steht ganz im Zeichen jenes tiefen Respekts und richtig verstandenen Gehorsams sowie jener strengen Selbstdisziplin, mit der die alles überragende Guru-Schüler-Beziehung oder die Beziehung zwischen dem echten Spirituellen Meister und Seinem echten Schüler in angemessener Weise (und ohne Anmaßung) nachgeahmt wird. Diese außergewöhnliche Beziehung ist der grundlegende und höchste sakrale Rahmen, in dem alle esoterische (und aufgrund ihrer Nachahmung sogar alle exoterische) Philosophie, Religion und Spiritualität in Indien stattfindet. Und darüber hinaus ist sie sogar der grundlegende und höchste sakrale Rahmen aller wahren Religion und Spiritualität und aller echten Traditionen angewandter oder wirklich praktizierter Philosophie in Ost und West.

Der moderne Westen und die zunehmend „verwestlichte" oder „modernisierte" Welt neigen aufgrund ihrer typischen (politisch und idealistisch motivierten) Ziele und Zwecke dazu, alles zum Gemeingut zu machen (auch das, was sakral oder privat bleiben und dem man sich nur im Rahmen einer selbsttranszendierenden Feuerprobe annähern sollte). Und deshalb geht die Tendenz auch dahin, Philosophie, Religion und Spiritualität sowie die gesamte Kultur und das ganze Leben zu popularisieren und zu trivialisieren, so daß alles eliminiert wird, was sakral und für den sakralen Bereich notwendig ist, und ebenso fast alles, wenn nicht wirklich alles, was mit langwierigen und komplexen Prozessen sowie hohen und schwierigen Anforderungen verbunden ist und hohen Rang und Wert besitzt. Die „Verwestlichung" und „Modernisierung" der Philosophie, Religion und Spiritualität sowie des ganzen Lebens und der ganzen Kultur (einschließlich der traditionellen westlichen und nicht-westlichen Kunstformen) führen daher dazu, alles zu säkularisieren, alles für das Ego leicht und bequem zu machen, alles im Handumdrehen zu lernen und immer schnell mit Gratulationen bei der Hand zu sein. Die gesamte Kultur ist gekennzeichnet durch Oberflächlichkeit, allgemeinen Dilettantismus und mangelnde Bereitschaft, sich voll auf etwas einzulassen. Alles wird nur noch nebenbei gemacht, mit sprunghaftem Herumpfuschen (das sich mal hier, mal da zu schaffen macht). Und diese auf dem Ego basierende (und dem Ego dienende) Tendenz des modernen Westens und des „modernisierten" Ostens tritt auch häufig (insbesondere in ihren aggressiv egalitären und exklusiv säkularisierten Formen) als anti-autoritäre und anti-hierarchische Einstellung auf, die manchmal in einer „Anti-Guru-Haltung" zum Ausdruck kommt (oder in einer ziemlich adoleszenten Einstellung, die die ewige, uralte, traditionelle, immer neue, zutiefst sakrale und unnachgiebig fordernde Beziehung ablehnt und vermeidet, die die Offenbarende Quelle und das notwendige Hilfsmittel aller wahren Philosophie, Religion und Spiritualität ist).

Einige der bedeutendsten modernen indischen Musiker[120] bezeugen, daß die Feuerprobe des traditionellen indischen „Gurukul"-Trainings[121] in der Musik außergewöhnliche Ernsthaftigkeit und Intensität erfordert. Und dasselbe gilt (notwendigerweise und in noch höherem Maße) für die <u>alle</u> <u>anderen</u> <u>Beziehungen</u> <u>über-ragende</u> Beziehung zwischen Guru und Schüler oder zwischen Meister und Lehrling (die spezifisch und ausschließlich philoso-phischer, religiöser und Spiritueller Natur ist und die notwendige Grundlage aller wahren Philosophie, Religion und Spiritualität bil-det). Und es gilt gleicherweise für die herausragende „Gurukul-Methode" (oder die Methode der „Gurukula" oder der „Familie des Gurus"), in der der Schüler sich ständig der Führung des Gurus, Sat-Gurus oder Vollendeten Meisters erfreut und sich ihm ständig voller Liebe hingibt und die ebenfalls die Grundlage aller wahren Philosophie, Religion und Spiritualität ist). Diese profunde Bezie-hung und die mit ihr einhergehende vortreffliche „Methode" sind das große Vorbild der traditionellen Ausbildung in der indischen Musik. Es wäre in der Tat von größtem Nutzen, wenn diese her-ausragende Beziehung (zwischen Guru und Schüler oder zwischen Meister und Lehrling) und die mit ihr verbundene „Methode" (der „Familie des Gurus") in umfassender Weise von allen Menschen übernommen würde (und zwar im Rahmen der wirklichen Praxis echter angewandter Philosophie, wahrer und vor allem esoterischer Religion und – im Laufe der Zeit – wahrer Spiritualität und lie-bender Selbst-Hingabe in Verbindung mit tiefem Respekt, richtig verstandenem Gehorsam und intensiver Selbstdisziplin). Und auf der <u>Grundlage</u> dieser wirklichen Praxis echter angewandter Philo-sophie, wahrer und vor allem esoterischer Religion und – im Laufe der Zeit – wahrer Spiritualität sollten die wahre Beziehung zwi-schen Guru und Schüler oder zwischen Meister und Lehrling und die mit ihr verbundene „Methode" (der „Familie des Gurus") so-wohl im Westen als auch im Osten auf alle Künste und alle For-men praktischer und zwischenmenschlicher Erziehung und Aus-bildung und sogar auf die ganze Kultur des menschlichen Alltags ausgedehnt werden (damit jede Form menschlicher Aktivität dadurch zu einer sakralen Tätigkeit gemacht wird). Jeder (der diese Praxis in angemessener Weise durchführt) sollte daher <u>immer</u> so positiv und friedfertig handeln und zu allen in Beziehung treten, als wenn die ganze Welt die erweiterte „Familie" (oder größere Ge-meinde) des eigenen philosophischen, religiösen oder Spirituellen

Gurus (oder Erleuchteten Meisters) wäre. Und jede nutzbringende und im besten Sinne durchgeführte Nachahmung dieser höchsten Beziehung zwischen Guru und Schüler oder Meister und Lehrling und der damit verbundenen „Methode" (der „Familie des Gurus") sollte im Rahmen tiefen Respekts, richtig verstandenen Gehorsams und intensiver Selbstdisziplin geübt werden. Solch positive oder im besten Sinne praktizierte Nachahmung sollte jedoch nie mit einer anmaßenden oder in irgendeiner Weise unangemessenen Haltung ausgeübt werden und deshalb nie so, als wenn die Künste und ihre Lehrer oder „Gurus" sowie deren Aktivitäten in anderen Bereichen des gewöhnlichen und exoterischen menschlichen Lebens wirklichen Erleuchteten Meistern überlegen oder auch nur in irgendeinem Sinne ebenbürtig wären. Sie kommen dem „Sadhana"[122] oder der Feuerprobe grenzenloser liebender Hingabe und echter ego-transzendierender Praxis niemals gleich, die in der Gesellschaft wirklicher Erleuchteter Meister erforderlich ist.

Teil 5

Wenn Ich euer Guru bin, dann erlaubt Mir, der Meister eures Lebens zu sein

AVATAR ADI DA SAMRAJ: Vergeßt Mich nie. Niemals. Zerreißt nie das „Band" zwischen uns. Sagt euch niemals von Mir los.

Die Lebensbedingungen und Beziehungen, in die ihr täglich durch eure Entscheidungen verwickelt werdet, „binden" euch nur an die Welt. Sie „binden" euch aneinander und an eure Aufgaben und so weiter. All das führt dazu, daß ihr Mich vergeßt, das „Band" zwischen uns zerreißt und euch dadurch aktiv von Mir trennt.

Deshalb müßt ihr jeden Moment eures Alltags in die liebende Vereinigung mit Mir verwandeln, in der ihr euch hingebt, vergeßt und (immer mehr) transzendiert. Genau das ist der Kern der Praxis im Weg von Adidam (oder im Weg des Herzens), den nur Ich euch Offenbart und Gegeben habe.

Wenn ihr diesen Yoga der Hingabe an Mich in jedem Moment und in allem, was ihr denkt und tut und fühlt, praktiziert, dann fängt er an, wirksam zu werden. An dieser Wirksamkeit könnt ihr geradezu ablesen, ob ihr wirklich praktiziert. Diese unaufhörliche, in jedem Moment ausgeführte Praxis des Ruchira-Avatara-Bhakti-Yoga[123] (in der ihr euch hingebt, vergeßt und transzendiert) löst den Knoten des Ego allmählich auf und bewirkt durch Meine Gnade eine große Läuterung. Diese Läuterung befreit euch im Laufe der Zeit von allen Symptomen der Bindung. Sie befreit euch von allen Anzeichen, Folgen, Dramen und Gewohnheiten des Ego.

Der Ruchira-Avatara-Bhakti-Yoga führt zu einer grundlegenden Gleichmütigkeit, einem Samadhi der Herz-Vereinigung mit Mir. Die manifesten Erscheinungsformen der Göttlichen Wirklichkeit werden geläutert und verlieren ihre Kraft, so daß ihr im Prozeß dieses Sadhana schließlich von den Äußerungen der vier grundlegenden Aspekte des Körper-Geistes[124] befreit werdet. Die egoischen Anzeichen im Körper, in den Emotionen (oder im Fühlen), im Geist (oder in der Aufmerksamkeit) und im Atem verblassen. Der Geist wird sich immer weniger mit seinen Inhalten beschäftigen, und das Denken kommt zur Ruhe. Wenn ihr in dieser grundlegenden und steten Vereinigung mit Mir verharrt, beruhigt sich der Atem (und ändert sich nicht mehr mit jeder neuen psycho-physischen Reaktion).

Diese Auswirkungen eurer Praxis sind unausbleiblich, und sie treten in entscheidenden Momenten schon am Anfang in Erscheinung. Im Laufe der Zeit wird eure Gleichmütigkeit immer beständiger und zeigt sich schließlich in jedem Moment und in allen Lebensumständen. Ihr seid dann an der „Grenze" zwischen der vorbereitenden Praxis (oder der Praxis des nur von Mir Offenbarten und Gegebenen Weges von Adidam im Rahmen der ersten fünf Lebensstufen) und der „Vollkommenen Praxis" (oder der Praxis des nur von Mir Offenbarten und Gegebenen Weges von Adidam im Rahmen der sechsten und schließlich der siebten Lebensstufe). Wenn ihr diese „Grenze" überschritten habt, werdet ihr wirklich und beständig (in trennungsloser Herz-Vereinigung mit Mir) zur Zeugen-Position des Bewußtseins an sich Erwachen. Und dann könnt ihr mit der „Vollkommenen Praxis" des nur von Mir Offenbarten und Gegebenen Weges von Adidam <u>beginnen</u>.

Alle Zeichen des Ruchira-Avatara-Bhakti-Yoga, die der „Vollkommenen Praxis" vorausgehen, sind so, wie Ich gerade beschrieben habe. (Sie zeigen, daß ihr die vier grundlegenden Aspekte des Körper-Geistes unter allen Umständen und in allen Beziehungen voller Liebe an Mich hingebt, so daß ihr euch selbst vergeßt und immer mehr transzendiert.)

SCHÜLER: Ohne das gibt es kein Glück, Geliebter Guru.

AVATAR ADI DA SAMRAJ: Das Sadhana, das Ich euch Gebe, läßt sich daher sehr einfach beschreiben. Es erfordert, daß ihr euch stark zu Mir hingezogen fühlt, Mich klar erkennt, mit ganzem Herzen auf Mich antwortet und in jedem Augenblick, unter allen Umständen und in all euren Aktivitäten mit großer ego-überwältigender Kraft diesen Yoga des Ruchira-Avatara-Bhakti praktiziert. Diese intensive Praxis ist absolut notwendig. Sie ist das unvermeidliche Tapas [125] – die notwendige Selbstdisziplin.

SCHÜLER: Jedesmal, wenn wir diesem Tapas ausweichen, leiden wir schon.

AVATAR ADI DA SAMRAJ: Und genau darin besteht der religiöse und Spirituelle Dilettantismus bloßer Amateure, die nur ein bißchen an der Oberfläche kratzen.

SCHÜLER: Der Fehler von Anfängern.

AVATAR ADI DA SAMRAJ: Ja. Und in dieser „Disputier"-Schule [126] von „,Gottes' Fans" kriegt ihr auch ständig mit, wie alle ihre Zwiespältigkeit miteinander dramatisieren und egoisch gegen die Unterwerfung der grundlegenden Aspekte des Körper-Geistes unter Meinen Göttlichen Zustand argumentieren. Deshalb müßt ihr sowohl persönlich als auch gemeinsam diese Zwiespältigkeit und diese Argumentation gegen die ego-transzendierende Praxis in der Herz-Vereinigung mit Mir überwinden. Ihr müßt solche Argumente sowohl aus eurer persönlichen als auch aus eurer kollektiven Einstellung und Redeweise streichen. Die Disziplinierung des Denkens und Redens ist ein grundlegender Bestandteil des Sadhana, dieser Praxis liebender Hingabe an Mich, die ständig dem Ego entgegenwirkt.

Beobachtet, wie eure Worte euren Atem, eure Gefühle und eure geistige und körperliche Verfassung beeinflussen. Jeder Gedanke, mit dem ihr euch tragt, und jedes Wort, das ihr von euch gebt, ist eine Modifikation der Spirituellen Göttlichen Kraft, Meiner „Strahlend-Hellen" Gegenwart und Person. Die Modifikationen sind das, worunter ihr leidet. Ihr müßt statt dessen Meine Eigentliche Natur, Meinen Grundlegenden Zustand Wahr-nehmen – die „Strahlend-Helle" Gegenwart Meines Göttlichen Körpers und Meiner Göttlichen Person, die allen Modifikationen immer schon Vorausgeht. Wenn ihr euch nur in den Modifikationen verliert, vermeidet ihr Mich in eurem Tun und seid dadurch zwangsläufig von Mir getrennt. Wenn ihr die Modifikationen in der Herz-Vereinigung mit Mir – im Ursprung aller Manifestationen (oder genauer gesagt, als der Ursprung aller Modifikationen von Mir) – aufgebt, geht ihr über alle Modifikationen hinaus und tretet unmittelbar in die Herz-Vereinigung mit Mir ein. Und jedesmal, wenn ihr in diesen Satsang, diese wirkliche Herz-Vereinigung mit

Mir eintretet, seid ihr sofort in Samadhi. Das Sadhana des Ruchira-Avatara-Bhakti-Yoga besteht darin, alle Modifikationen Meiner „Strahlend-Hellen" Göttlichen Gegenwart und Meiner aus sich heraus Existierenden und Strahlenden Göttlichen Person aufzugeben. Der Kern des Sadhana in dem nur von Mir Offenbarten und Gegebenen Weg von Adidam besteht darin, alle Modifikationen durch die Herz-Vereinigung mit Mir und in ihr aufzugeben und zu vergessen. Ich bin der, den ihr – vor allen Modifikationen – Wahr-nehmen müßt, indem ihr den nur von Mir Offenbarten und Gegebenen Weg von Adidam wirklich praktiziert, also das universale Muster der Modifikationen nicht ausschließt, sondern alle auftretenden Modifikationen sowie euch selbst als diese hingebt, bis ihr sie in Mir vergeßt und zuletzt wirklich in Mir transzendiert.

Ihr müßt alle Modifikationen aufgeben, vergessen und (immer mehr) transzendieren. Das ist die Praxis, die ihr in jedem Moment ausführen müßt. Und um das buchstäblich in jedem Moment tun zu können, müßt ihr das Sadhana praktizieren, das Ich euch in allen Einzelheiten Gegeben habe. Eure Praxis des Ruchira-Avatara-Bhakti-Yoga muß jeden Aspekt eures Charakters und Handelns umfassen. Deswegen ist es notwendig, daß ihr zusammenkommt, gemeinsam euer Verhalten und eure Praxis „untersucht", durch Mein Wort ermahnt werdet und neue Vereinbarungen über einzelne Aspekte der Disziplin trefft. Ihr müßt dies tun, denn es gibt immer Gewohnheiten, die ihr (bis zu diesem Zeitpunkt) noch nicht bemerkt und für die ihr noch keine Verantwortung übernommen habt, für die ihr aber von nun an verantwortlich seid – und zwar sehr direkt und praktisch, als eine Disziplin, über die ihr Rechenschaft ablegen müßt.

Eure Praxis des Ruchira-Avatara-Bhakti-Yoga muß sich letztlich auf alles erstrecken. Die grundlegende Praxis besteht darin, alle Modifikationen (und sogar das Auftreten der Modifikation als solcher) aufzugeben – denn die Modifikationen beherrschen eure Aufmerksamkeit, euren Körper, eure Gefühle und euren Atem. Wenn die Modifikationen zu eurem Lebensinhalt werden, entsteht Bindung. Ihr „bindet" euch damit an die Welt. Ihr „bindet" euch an die Modifikationen von dem, was immer schon der Fall ist (und was die Wirklichkeit und Wahrheit oder der Eine <u>Einzige</u>, Unteilbare und Wirkliche Gott <u>ist</u>).

Ihr müßt die Wahrheit Wahr-nehmen, indem ihr über die „Bindung" an die Modifikationen hinausgeht. Wendet eure Aufmerksamkeit von den Modifikationen ab und schenkt sie statt dessen Mir. Unterwerft eure Aufmerksamkeit Mir (oder richtet sie wirklich auf Mich). Unterwerft euren Atem Mir (oder richtet ihn wirklich auf Mich). Unterwerft euer Fühlen Mir (oder richtet es wirklich auf Mich). Unterwerft eure körperliche Gestalt und alle körperlichen Aktivitäten Mir (und richtet sie wirklich auf Mich). Vergeßt die Modifikationen und tretet in liebende Vereinigung mit Mir ein. Das ist die Quintessenz des Sadhana in Meiner Gesellschaft. Ihr müßt es rückhaltlos bis in den letzten Winkel eures Lebens durchführen. Und wenn euer Sadhana zu einer allumfassenden Disziplin geworden ist und ihr durch diese allumfassende Disziplin geläutert und in ihr gewachsen seid, dann seid ihr vorbereitet auf die „Vollkommene Praxis" des nur von Mir Offenbarten und Gegebenen Weges von Adidam.

In der „Vollkommenen Praxis" setzt ihr euch nicht mehr mit Modifikationen auseinander, sondern tretet statt dessen in uneingeschränkte Herz-Vereinigung mit Mir ein, ohne euch weiterhin durch die Geste des Ego von Mir abzutrennen. Die „Vollkommene Praxis" besteht in der Herz-Vereinigung mit Mir, jenseits der Modifikationen. Sie ist die Vereinigung mit Mir, so wie Ich <u>bin</u> – als Mein Eigentlicher Zustand und Meine Eigentliche Person. Genau dies ist die „Vollkommene Praxis" des nur von Mir Offenbarten und Gegebenen Weges von Adidam.

Um wirklich die „Vollkommene Praxis" aufnehmen zu können, müßt ihr durch das Tapas oder die allumfassende Disziplin hindurch, in der ihr <u>alle</u> Modifikationen aufgebt (und so dem Ego wirksam entgegenwirkt und es transzendiert), bis ihr – grundlegend geläutert – ständig in gelassener Verfassung und ganz auf Mich ausgerichtet seid. Dann ist es von Natur aus offensichtlich, daß ihr immer schon als der Zeuge oder als das Bewußtsein an sich Dasteht – von Natur aus Vollkommen Herz-Vereinigt mit Mir und immer schon ohne euer vermeintliches egoisches Getrenntsein. Und dieser Zustand geht in keiner Situation mehr verloren. Selbst jetzt seid ihr schon der Zeuge, denn dieser Zustand ist von Natur aus (oder immer schon) der Fall. Beobachtet: Was auch immer in diesem Moment in Erscheinung tritt, ihr seid einfach nur der Zeuge davon. Aber um wirklich immer als der Zeuge von dem, was in Erscheinung tritt, <u>Dazustehen</u>, müßt ihr <u>fähig</u> sein, in dieser Position zu Stehen, ohne sie zu <u>verlassen</u>.

Um wirklich in jedem Moment immer schon Vollkommen an Meiner Stelle zu Stehen, müßt ihr grundlegend geläutert sein. Diese Läuterung ist der Prozeß (oder das Tapas) des Ruchira-Avatara-Bhakti-Yoga im Rahmen der ersten fünf Lebensstufen. Der Große Yoga in Meiner Gesellschaft besteht darin, alle Modifikationen aufzugeben, Mir ständig die grundlegenden Aspekte des Körper-Geistes zu unterwerfen und wirklich durch die ego-untergrabende Feuerprobe der Selbstdisziplin zu gehen, in der ihr in Liebe mit Mir Vereinigt seid und euch selbst darüber aufgebt, vergeßt und (immer mehr) transzendiert. Ihr müßt euch wirklich an Mich „Binden" und <u>dadurch</u> die „Bindung" der Aufmerksam-keit und der anderen grundlegenden Aspekte des Körper-Geistes an die Modifikationen von Mir transzendieren und insgesamt einfach in die Herz-Vereinigung mit <u>Mir</u> eintreten.

Wenn es euch nicht ernst damit ist und ihr euch (statt dessen) in den Modifikationen verliert, werdet ihr nur sehr langsam in der wirklichen Praxis des Ruchira-Avatara-Bhakti-Yoga vorankommen und euch auch generell nur wenig disziplinieren. Ihr werdet euch immer das „herauspicken", was euch gefällt, und deshalb bloße Anfänger bleiben. Ihr werdet euer Leben nicht in Ordnung bringen, sondern es vergeuden und immer nur an eine Zeit denken, in der ihr euer Leben vielleicht in Ordnung gebracht haben werdet. Das <u>ist</u> eine Vergeudung des Lebens, denn ihr solltet das Leben als eine Gelegenheit sehen, Mich Wahr-zunehmen – und nicht als etwas, das seinen Zweck in sich selber hat und dessen egoische Möglichkeiten es zu realisieren gilt. Die richtige Lebenseinstellung für Meine vollständig praktizierenden Schülerinnen und Schüler besteht darin, daß sie ihr Leben immer aktiv dazu verwenden, Mich Wahr-zunehmen. Von dem Moment an, wo ihr Novizen werdet und formell die vollständige Praxis des Weges von Adidam aufnehmt, seid ihr durch euer Gelübde <u>verpflichtet</u>, Mich Wahr-zunehmen.

Ihr müßt daher euer ganzes Verhalten ändern und aufhören, ständig mit den grundlegenden Aspekten des Körper-Geistes abzuschweifen. Gebt statt dessen alle Modifikationen auf, mit denen die grundlegenden Aspekte eures Körper-Geistes (ansonsten) verbunden sind. Ihr müßt all das in den Yoga der Herz-Vereinigung mit Mir verwandeln, in dem ihr euch hingebt, vergeßt und (immer mehr) transzendiert. Ihr werdet dadurch geläutert und gelassen und bleibt ständig in eurem Eigentlichen Zustand, so daß ihr in die „Vollkommene Praxis" des nur von Mir Offenbarten und Gegebenen Weges von Adidam eintreten könnt. Bevor ihr die „Vollkommene Praxis" aufnehmt, seid ihr mit den vorbereitenden Disziplinen des anfänglichen Sadhana beschäftigt – ihr schlagt euch mit der Macht der Modifikationen, dem Streß des Ego und der egoischen Suche herum und versucht, euer Leben zu disziplinieren. Euer Sadhana besteht in dieser Phase also darin, ständig dem Ego entgegenzuwirken, das euer eigenes Tun ist.

Ego ist Selbstverkrampfung. Solange ihr Mich noch nicht Vollkommen Wahr-nehmt, beherrscht das Ego euer ganzes Leben bis ins letzte Detail. Ego ist von Natur aus Leid, denn es ist nichts als Verkrampfung – pausenlose Strangulierung, Unterdrückung, Störung. Deshalb seid ihr motiviert zu suchen. Ihr sucht, um den Streß loszuwerden, den ihr selbst erzeugt. Ihr sucht, um euch durch möglichst viel „Spaß" und „Annehmlichkeit" von ihm zu befreien, indem ihr die Möglichkeit ausbeutet, die Modifikationen des Daseins als solchen zu erfahren.

Die Wahrheit ist das Dasein an sich. Meine Eigentliche Person ist die Wahrheit oder das Dasein an sich oder das, was immer schon der Fall und Wahr-zunehmen ist. Das ist Glück, das von Natur aus bestehende Glück an sich. Das Glück an sich (oder Meine aus sich heraus Existierende und Strahlende Liebe-Glückseligkeit an sich) ist das, was immer schon der Fall ist. Ich bin die „Strahlende Helle", die Göttliche Liebe-Glückseligkeit oder das Glück an sich – das, von dem alle in Erscheinung tretenden Manifestationen bloß scheinbare, von Natur aus unbefriedigende und nicht-notwendige Modifikationen sind. Die Modifikationen des Glücks sind nicht von Natur aus Glück. Sie sind einfach nur Möglichkeiten, die zeitweise entstehen und sich ständig verändern, verringern und verschwinden. Wer sucht oder sich bloß an diese Möglichkeiten klammert oder sie zu vermeiden sucht, vergißt das Glück an sich und trennt sich von ihm. Alle Modifikationen haben diese Eigenschaft. Alle in Erscheinung tretenden Dinge sind vergänglich oder nur vorübergehend und ständig in Veränderung. Daher kann es in dem unaufhörlichen Prozeß der Modifikation keine letzte Befriedigung geben. Nur der Göttliche Selbst- und Ursprungs-Zustand (oder das, was immer schon der Fall ist) ist wirklich (und von Natur aus) Frei von Modifikation. Nur die Vollkommene Wahr-nehmung des Göttlichen Selbst- und Ursprungs-Zustands ist daher das Glück an sich, die Freiheit an sich, das Dasein an sich oder die Liebe-Glückseligkeit an sich. Das ist es, was ihr Wahr-nehmen müßt.

Ich bin der, der Wahr-zunehmen ist. Ich bin es in Person – nicht nur in diesem Avatarischen Inkarnations-Körper, sondern insgesamt.

Die Praxis des Ruchira-Avatara-Bhakti-Yoga ist das Göttlich Offenbarte Sadhana der Wahr-nehmung des Wirklichen Gottes. Es liegt an euch, ob ihr das versteht und dieses Sadhana, diese wirkliche Praxis ernst nehmt. Wenn ihr dieses Sadhana nicht ernst nehmt, vergeudet ihr euer Leben, indem ihr euch teilweise oder sogar völlig der Suche und den Zwecken des Ego hingebt – und deshalb auch dem aktiven Unglücklichsein (oder der Suche nach lauter Dingen, Beziehungen, Zuständen und Umständen, die nicht permanentes Glück sind). Es liegt daher an euch, ob ihr Mich erkennt, auf Mich antwortet und euer Gelübde des Ruchira-Avatara-Bhakti-Yoga ernst nehmt. Es ist eure Entscheidung, ob ihr euer Leben damit vergeuden wollt, nur zu warten oder darüber zu diskutieren, eines Tages ernsthaft zu werden. Ja, ihr müßt euch selbst beobachten, aber der Zweck des Beobachtens ist, die einzelnen Teile eures Sadhana zu verfeinern – nicht, euer Sadhana zu verzögern oder es zu vermeiden, sondern es zu verfeinern, indem ihr es wirklich tut.

Es ist euch überlassen, ob ihr ernsthaft darangeht. Wenn es euch ernst damit ist, dann zeigt es. Zeigt es, indem ihr das wirkliche Sadhana des Ruchira-Avatara-Bhakti-Yoga ständig praktiziert.

Der Zweck dieses Sadhana besteht darin, daß ihr Frei werdet von der Macht der Erscheinungsformen, indem ihr Mich, den

Ursprünglichen Zustand und die Ursprüngliche Person, Wahr-nehmt. Wenn es euch ernst damit ist, setzt ihr euer Leben <u>aktiv</u> dafür ein, Mich Wahr-zunehmen. Wenn es euch nicht ernst damit ist, redet ihr bloß darüber. Wenn es euch nur ein bißchen ernst damit ist, praktiziert ihr auch nur ein bißchen Sadhana, einen win-zigen Teil davon. Ein bißchen Sadhana reicht zwar nicht aus, Mich Wahr-zunehmen, aber es verbessert eure Situation ein bißchen – gerade soviel, daß es euch unbefriedigt läßt und euch dadurch schließlich inspiriert, ernsthaft das ganze Sadhana aufzunehmen und euer ganzes Leben daranzusetzen, Mich Wahr-zunehmen.

SCHÜLER: Ein „bißchen" Verbesserung bedeutet immer noch Leiden.

AVATAR ADI DA SAMRAJ: Richtig – aber ihr solltet es wirklich zu schätzen wissen. Schon in den Traditionen wird gesagt: „Selbst ein bißchen Dharma vertreibt große Angst." Ein bißchen Sadhana, ein bißchen Praxis hier und da, verbessert eure Situation schon ein wenig und befreit euch von einigem Schmerz und einiger Verwir-rung. Dieses „bißchen" reicht natürlich nicht aus, um das Gött-liche Selbst Wahr-zunehmen, aber Sadhana bewirkt immer ein gewisses Maß an Befreiung oder Erleichterung, selbst wenn ihr nur wenig praktiziert. Und deshalb dränge Ich am Anfang auch darauf, denn es wird euch auf Dauer nicht befriedigen, sondern dazu antreiben, die richtige, wirkliche und vollständige Praxis liebender Hingabe an Mich in dem nur von Mir Offenbarten und Gegebe-nen Weg von Adidam aufzunehmen.

Der nur von Mir Offenbarte und Gegebene Weg von Adidam ist ein umfassender und vollständiger Weg, der zur Vollkommenen Wahr-nehmung führt. Er ist keine Auswahl „idealer Verhaltenswei-sen", die einer Idealisierung des Lebens entspringen. Er dient nicht dazu, „karmische [127] Verbesserungen" zu erzielen oder eure Modifika-tionen zu perfektionieren oder zumindest daraufhin zu arbeiten, daß sie weniger schrecklich oder unangenehm sind. Solche Veränderun-gen können natürlich als Ergebnis eurer Praxis des nur von Mir Offenbarten und Gegebenen Weges von Adidam eintreten, aber sie sind nicht der Zweck der Praxis des Ruchira-Avatara-Bhakti-Yoga.

Die Praxis des Ruchira-Avatara-Bhakti-Yoga bezweckt, euer ganzes Leben (und alles, was sich darin ereignet) mit Mir in Einklang zu bringen, damit ihr Mich (dadurch) direkt und Vollkommen Wahrnehmt und den Prozeß dieser Wahr-nehmung nicht verzögert.

SCHÜLER: Geliebter Guru, wer wirklich auf Dein Wort hört, kann keine Kompromisse mehr schließen. Er muß über sich selbst und über alles, was mit Deiner Weisheit noch nicht übereinstimmt, hinausgehen.

AVATAR ADI DA SAMRAJ: Ihr lebt immer schon in Meinem Ewigen Raum, dem aus sich heraus Existierenden und Strahlenden Raum des Bewußtseins an sich, in der „Strahlenden Helle" an sich. Alles, was entsteht, ist nur eine Erscheinung oder nur etwas „Scheinbares", das in diesem Raum auftaucht, aber ihr nehmt es nicht Wahr – ihr seht noch nicht mit Göttlichem Wieder-Erkennen, was es wirklich ist. Ihr schaut auf die Dinge oder Modifikationen als solche, und nehmt nicht den Eigentlichen, Ursprünglichen Zustand Wahr, in dem ihr immer schon (jenseits eures getrennten und trennenden Ego-„Ichs") Existiert. Es ist genau genommen nicht einmal angemessen, die Worte „in dem ihr immer schon Existiert" zu benutzen, denn sie suggerieren, daß es ein „ihr" gäbe, das irgendwie von diesem Zustand unabhängig ist. Ihr <u>seid</u> dieser Zustand. Ihr seid nicht das Ego. Das Ego ist eine scheinbare Modifikation dieses Zustandes (und ein Akt der Trennung von ihm).

Leider seid ihr streßvoll mit der grundlegenden Modifikation identifiziert – nämlich mit der Selbstverkrampfung als solcher und all ihren Folgen, und das heißt mit jeder Art von Erfahrung, jeder Art von begrenzter und begrenzender Manifestation. Ihr lebt in der Welt des Ego oder des vermeintlich getrennten Selbst – und ihr genießt (oder erleidet) die Modifikationen, die durch diese (notwendigerweise trennende) Sichtweise zustande kommen. Das Ganze ist eine Lüge, denn ihr befindet euch immer schon von Natur aus in dem Zustand, der all dem <u>Vorausgeht</u>. Ihr merkt es nur nicht. Er ist nicht offensichtlich für euch, denn ihr laßt euch allzugern auf die Selbstverkrampfung und ihre Folgen ein und betreibt die Suche, die unausweichlich eurer chronischen Unzufriedenheit entspringt, nachdem ihr euch für die Selbstverkrampfung entschieden habt.

Die Selbstverkrampfung ist euer eigenes Werk. Ihr seid naiv an sie gebunden. Der naive „Realismus" eurer getrennten und stets trennenden Erfahrung beherrscht euer Leben, euer ganzes Dasein. Diese ganze Illusion beherrscht tatsächlich euer gesamtes Leben und Sein, es sei denn, ihr praktiziert das Sadhana, das Ich euch Gegeben habe. Ihr lebt in einem Traum, der aus lauter Vorstellungen besteht. Und das ist der Grund, warum ihr die Wahrheit, den von Natur aus bestehenden Zustand und Meine Eigentliche Person nicht Wahr-nehmt.

SCHÜLER: Dein Zeichen zu sehen, das allein ist schon Befreiend. All Deine Schülerinnen und Schüler wissen im Herzen, wer Du <u>bist</u>.

AVATAR ADI DA SAMRAJ: Mich so zu erkennen, das ist die Basis des Gelübdes, mit dem ihr euch für immer an Mich bindet. Es ist die Grundlage eurer Praxis des nur von Mir Offenbarten und Gegebenen Weges von Adidam. Aber ihr müßt auf Mich <u>antworten</u> – müßt den Weg <u>leben</u>. Wenn ihr einen Guru habt, unterwerft ihr euch der Disziplin, alles zu tun, was der Guru von euch verlangt. Wenn ihr egoisch von euch selbst „besessen" (oder nur mit euch selbst beschäftigt) seid, habt ihr keinen Guru (oder seid euer eigener „Guru") und schafft selber freiwillig eure Unfreiheit.

Wenn ihr einen Guru habt, einen Spirituellen Meister – wenn ihr <u>Mich</u> habt –, lebt ihr ein Leben, das der Führung eines Meisters unterstellt ist. Ihr sagt Mir nicht, was ihr tun wollt. Ihr <u>fragt</u>. Und der Grund eures Fragens ist, daß ihr nicht mehr unfrei sein wollt, nicht leiden und suchen wollt, weil ihr diesen Streß, diese Angst, diese Sterblichkeit nicht wollt. Ihr wollt völlige Freiheit von alledem. Wenn dies ein für allemal eure Entscheidung ist, fragt ihr Mich in bezug auf jeden Aspekt eures Lebens: „Was soll ich tun?" Manchmal werdet ihr Mich vielleicht persönlich in einem Gespräch fragen, aber grundsätzlich fragt ihr Mich, indem ihr euch an Mein bereits Gegebenes Lehr-Wort wendet, denn dort sind alle Antworten (alle von Mir Gegebene Unterweisung) für euch niedergelegt.

SCHÜLER: Deine Weisheits-Lehre umfaßt alle Aspekte unseres Lebens, Geliebter Guru. Ich fühle mich völlig hilflos, wenn ich mich nicht an Dich wenden kann, um Unterweisung zu erhalten. Ich besitze nicht die Fähigkeit, mir selbst zu helfen.

AVATAR ADI DA SAMRAJ: Ich <u>bin</u> deine Fähigkeit. Deine Fähigkeit ist daher Unbegrenzt. Mein Herz ist frei von jeder Behinderung. Deshalb können <u>alle</u> das Sadhana ausüben, das Ich Offenbart und Gegeben habe. Alle können mit dem Herzen auf Mich antworten und den nur von Mir Offenbarten und Gegebenen Weg von Adidam praktizieren. Um die ganze Praxis des Weges von Adidam durchzuführen, müßt ihr an Meinem Überfluß, Meiner „Strahlenden Helle", Meinen Siddhis[128] teilnehmen, durch die Ich euch Segne. Allen wird daher – einfach durch die Praxis liebender Hingabe an Mich – die volle Fähigkeit Gewährt, den gesamten Weg von Adidam zu praktizieren.

Aber wenn ihr eure Zeit miteinander in einer „Disputier"-Schule verbringt und immer nur eure vermeintlichen Begrenzungen wiederholt und erklärt: „Ach wenn ich doch nur dieses Sadhana ausüben könnte" und dergleichen, dann redet ihr euch ständig nur gegenseitig aus der Praxis, die Ich euch Gebe, heraus und haltet einander Schlupflöcher offen. Das Sadhana des Ruchira-Avatara-Bhakti-Yoga muß ununterbrochen praktiziert werden. Es ist daher der einzig passende Gesprächsgegenstand. Macht <u>dies</u> zum Mittelpunkt eurer Gespräche. Unterstützt euch gegenseitig damit, baut euch gegenseitig damit auf, anstatt immer nur euren „Fall"[129] miteinander zu besprechen.

Es ist schon in Ordnung, daß ihr euch selbst und gegenseitig beobachtet, um weitere Einzelheiten zu entdecken, die für eure Praxis der Selbstdisziplin notwendig sind. Aber es ist nicht in Ordnung, immer wieder eure Lebenssituation mit all ihren Unannehmlichkeiten zu betrachten und über sie zu „meditieren" oder das alles als Entschuldigung dafür zu nehmen, daß ihr ständig hin und her schwankt und euch vor eurer Praxis des Ruchira-Avatara-Bhakti-Yoga drückt. Das ist nicht in Ordnung, sondern völlig daneben. Es ist ein Verhalten, das ihr – jeder von euch und alle gemeinsam – vollständig eliminieren müßt.

SCHÜLER: Geliebter Guru, der Ruchira-Avatara-Bhakti-Yoga beruht darauf, daß wir ganz in den Bann des Göttlichen gezogen werden. Du bist so Anziehend, daß alles andere in Vergessenheit gerät und völlig bedeutungslos wird.

AVATAR ADI DA SAMRAJ: Diese Guru-Liebe, dieser Ruchira-Avatara-Bhava[130], ist ein starkes „Rauschmittel"[131], das in jedem Moment Seine Wirkung tun können muß.

SCHÜLER: Es ist so einfach, Geliebter Guru, völlig einfach.

AVATAR ADI DA SAMRAJ: Ja, das ist es. Es ist das einzige, was von Bedeutung ist.
   Habe Ich das nicht immer gesagt?

II.

AVATAR ADI DA SAMRAJ: Meine umfassende Lehre und vor allem Meine 23 „Quellen-Texte"[132] sind Mein Gesamt-Werk der Unterweisung – sie sind Meine geschriebene (und vollständig von Mir gesprochene) Antwort auf all eure Fragen. Ihr solltet Mich daher ständig fragen, was ihr tun sollt, indem ihr die 23 „Quellen-Texte" Meines Wortes zu Rate zieht, sie gründlich studiert und nach diesem Wort lebt, anstatt euren Neigungen nachzugehen. Wenn ihr nicht nach Meinem Wort lebt, habt ihr keinen Guru. Wenn ihr nur sagt, daß Ich euer Guru bin, euch ansonsten aber aus Meinen Worten nur das „herauspickt", was euch gefällt, dann bin Ich nicht der Meister eures Lebens. Ich bin nicht der Meister eures Lebens, weil ihr Mich einfach nur mögt. Ich bin nur dann der Meister eures Lebens, wenn ihr Mein Wort als Göttliches Gesetz nehmt und euer Handeln ganz auf Mich ausrichtet. Ich bin die Quelle der Göttlichen Weisheit und des Göttlichen Gesetzes, und ihr müßt diese Tatsache zur Grundlage der Beziehung zu Mir machen.

In traditionellen Gesellschaften, in denen der Guru ernst genommen wird, treffen die Menschen keine wichtigen Entscheidungen (jemals) willkürlich. Sie fragen immer ihren Guru. Wenn ihr keinen Guru habt, sondern nur eine religiöse Kultur oder Gemeinschaft, in der ihr euer eigener „Guru" seid, kommt ihr in der religiösen und Spirituellen Praxis nie über die Anfänge hinaus. Aber wenn ihr einen Guru habt, der der Meister eures Lebens ist und dessen Wort euch als Göttliches Gesetz gilt, kommt alles sehr schnell und direkt auf die richtige Bahn.

Wenn ihr eure Beziehung zu Mir als eurem Guru (und daher als eurem Spirituellen Meister) nicht ernst nehmt und Mein Wort nicht als Göttliches Gesetz betrachtet, bringt ihr euer Leben nie in Ordnung, sondern schlagt euch endlos damit herum. In traditionellen Gesellschaften ist der Guru das Göttliche Gesetz. Wenn der Guru also das Göttliche Gesetz ist, fragt ihr Ihn. Ihr handelt nicht nach eigenem Gutdünken. Und ihr sagt nicht eurem Guru, was ihr vorhabt, sondern ihr fragt immer euren Guru, was ihr tun sollt – und wenn euer Guru euch sagt, was ihr tun sollt, dann tut ihr es!

Ich lasse Mich ganz auf euch ein und bringe euer Leben in Ordnung. Indem Ich das tue, bringe Ich euch mit Mir in Einklang. Ich weiß, was jede und jeder von euch zu tun hat, um Gott Wahrzunehmen. In den alten Schriften heißt es: „Die geborene Person, das Ego, weiß nicht Bescheid. Nur das ‚Pferd', der Guru, weiß Bescheid. Halte dich daher am Guru, am ‚Schweif' des Pferdes[133] fest." Mit anderen Worten, nehmt das Wort des Gurus als Göttliches Gesetz und laßt euren Guru den Meister eures Lebens sein. Ihr könnt euch alle möglichen Umwege ersparen, wenn ihr wirklich das Sadhana liebender Hingabe an den Guru übt. Das heißt, ihr lächelt Mich nicht einfach nur an und haltet nicht nach sozialen Zeichen Ausschau, die euch bestätigen sollen, daß Ich euch liebe. Ihr akzeptiert vielmehr Mich (und Mein Wort) als das Göttliche Gesetz eures Lebens. Um euer Leben in Ordnung zu bringen und es auf die Wahr-nehmung des Göttlichen Selbst auszurichten, müßt ihr tun, was Ich sage. Und wenn ihr wollt, daß Ich das tue, was Ich tue, müßt ihr euch an das halten, was Ich sage.

SCHÜLER: Ist die Spirituelle Praxis heute anders? In den traditionellen Schriften steht, es sei schwieriger, im Kali-Yuga[134] zu praktizieren.

AVATAR ADI DA SAMRAJ: Es spielt absolut keine Rolle, in welchem Yuga du lebst.

SCHÜLER: Dann ist die heutige Zeit also nicht anders als andere Zeiten?

AVATAR ADI DA SAMRAJ: Absolut nicht. Diese „Spätzeit" oder „dunkle" Epoche hat zwar ihre besonderen Merkmale, aber ihr solltet sie deswegen nicht als eine Art „schlechtes Yuga" bezeichnen, um eure schwache Praxis des Weges zu rechtfertigen, den Ich Offenbare und Gebe. Die Praxis erfordert in allen Yugas grundsätzlich dasselbe. Der grundlegende Prozeß der Transzendierung des Ego ist immer notwendig – unabhängig von den Zeitläufen oder der besonderen Erfahrung des einzelnen. Die gegenwärtige Epoche ist wirklich „dunkel" und die Zeit ziemlich „spät"– aber Ich bin hier!

Indem Ich hier und im gesamten Kosmos Herabgestiegen und „Hervorgetreten" bin, habe Ich jedes Hindernis in dieser „Spätzeit" beseitigt. Deshalb spielt es von nun an nicht die geringste Rolle, welches Yuga gerade ist, denn Ich bin von nun an immer hier. Weil Ich hier bin, ist die Beziehung zu Mir der „Umstand", in dem die notwendige Praxis der Ego-Transzendierung stattfindet. Dies gilt für alle, die Mich erkennen und auf Mich antworten, indem sie den nur von Mir Offenbarten und Gegebenen Weg von Adidam praktizieren.

Aufgrund eurer Beziehung zu Mir hat das sogenannte „Kali-Yuga" keine Macht über euch – nicht die geringste. Ihr werdet durch keinerlei mysteriöse Schwingung yuga-spezifischer Unwissenheit daran gehindert, auf Mich zu antworten. Für Meine echten Schülerinnen und Schüler ist von nun an jede Zeit Meine Zeit.

Ich bin hier. Ich habe euch Mein Wort Gegeben, Meine Vollständige Offenbarung. Ich habe euch Gesagt und Gezeigt, wer Ich bin. Die Frage ist nur, ob ihr Mich richtig, wirklich, vollständig und in liebender Hingabe erkennt und entsprechend auf Mich antwortet. Um Mich zu erkennen und auf Mich zu antworten, müßt ihr euch in der Praxis bewähren und euer Verhalten ändern. Ihr müßt tun, was der Weg von Adidam erfordert, und müßt aufhören, Mich zu ignorieren, euch gegenseitig zu täuschen und euer eigener „Guru" zu sein.

Wenn Ich euer Guru bin, dann erlaubt Mir, der Meister eures Lebens zu sein. Das ist alles. Lebt <u>jeden</u> Teil eures Lebens in Übereinstimmung mit Meinem Wort.

SCHÜLER: Müssen Dich also alle Deine Schülerinnen und Schüler fragen, was sie tun sollen, Geliebter Bhagavan?

AVATAR ADI DA SAMRAJ: Absolut alle! Ihr müßt alle eure Ego-Position aufgeben und aufhören, euer eigener „Guru" zu sein. Und richtet <u>immer</u> <u>all</u> eure Fragen an Mich. Das soll aber nicht heißen, daß ihr körperlich in Mein Zimmer kommen und persönlich mit Mir sprechen müßt.

SCHÜLER: Das wollte ich wissen, denn manchmal ist das uns nicht so klar.

AVATAR ADI DA SAMRAJ: Euer Leben so zu leben, daß ihr Mich immer „fragt", was ihr tun sollt, bedeutet grundsätzlich, daß ihr Mein Wort bedingungslos als das Gesetz betrachtet – als das <u>Göttliche</u> Gesetz. Dieses Wort ist Meine von nun an immer Offenbarte und Gegebene und in Meinen 23 „Quellen-Texten" vollständig niedergeschriebene Weisheits-Lehre – und die Kultur Meiner Schülerinnen und Schüler muß dafür sorgen, daß ihr euer ganzes Leben mit Meinem Wort in Einklang bringt. In Meinen von nun an immer Offenbarten und Gegebenen „Quellen-Texten" habe Ich eure Fragen bereits bis ins kleinste Detail beantwortet. Und in Gestalt dieser 23 „Quellen-Texte" bin Ich von nun an immer hier und bereit, euch zu Unterweisen.

Wenn Ich das Göttliche Gesetz eures Lebens bin, müßt ihr tun, was Ich sage, sonst kann Ich nicht Tun, was Ich Tun muß, um euch zur Wahr-nehmung Meines Göttlichen Zustandes zu bringen. Die Praxis des Ruchira-Avatara-Bhakti-Yoga erfordert, daß ihr tut, was Ich sage. Als Novizen oder später als Studenten [135] müßt ihr euch auf diese Lebensweise umstellen und sie auf jeder Stufe (und in jeder Form und formellen Kongregation) des Weges von Adidam beibehalten. Anstatt euch selbst zu konsultieren und durch Eigenwilligkeit, Selbstbezogenheit und Selbst-„Meditation" Genies werden zu wollen, müßt ihr Mich fragen.

Ich bin das Genie. Wenn ihr wissen wollt, was ihr zu tun habt, fragt ihr Mich, und Ich sage es euch durch Mein von nun an immer Offenbartes und Gegebenes (und vollständig niedergeschriebenes) Wort. Ihr müßt Mein Wort unablässig (und mit ständiger formeller Anleitung in der Kultur von Adidam) studieren. Und es wird nur selten Anlässe geben, wo ihr Mich persönlich (oder nach dem Leben Meiner körperlich-menschlichen Gestalt Meine „lebende Murti" [136] oder jederzeit auch den Ruchira-Sannyasin-Orden [137]) über irgendein Detail der Lehre befragen müßt. Was Ich hier auf jeden Fall herausstellen möchte, ist, daß ihr immer fragen müßt, immer zulassen müßt, daß Ich der Meister euren Lebens bin, und euer Leben immer auf dem Göttlichen Gesetz Meiner Unterweisung und Meiner Person basiert.

Ihr braucht nicht endlos Gespräche zu führen, um Genies der „Untersuchung" zu werden und immer selbst herauszufinden, was ihr tun sollt. In dem Fall hättet ihr keinen Guru. Einen Guru zu haben, bedeutet: Ihr wißt, daß ihr leidet und von euch selbst besessen seid und nicht wißt, wie ihr aus diesem komplexen Netz eurer selbstgemachten egoischen Unfreiheit herauskommen könnt; aber ihr wißt auch, daß ihr Mich, den Göttlichen Herz-Meister, gefunden habt. Ihr wißt, daß Ich das Genie bin, das Weiß, was erforderlich ist, und deshalb unterwerft ihr euch Mir und fragt. Ihr braucht euch überhaupt keinen Kopf mehr zu machen über irgend etwas, um es alles selber auszutüfteln. Der Göttliche Herz-Meister sagt: „Tut dies", und ihr tut es.

„Lehrer sagt, Schüler tut." Das ist die Tradition der Guru-Schüler-Beziehung. Ihr müßt keine Genies werden, denn ihr habt einen Spirituellen Meister, der ein Genie ist. Ihr könnt nicht selber auf alles kommen. Oder glaubt ihr wirklich, ihr könntet herausfinden, was dieses ganze komplizierte Scheingebilde von Modifikationen auf sich hat?

SCHÜLER: Nein, Geliebter Guru.

AVATAR ADI DA SAMRAJ: Begreift das und fragt <u>Mich</u>. Ihr braucht nicht alles bis ins kleinste auszuklamüsern. Wenn ihr auf Mich antwortet, verfügt ihr schon über ein grundlegendes Verstehen. Aber auch was die Details angeht, braucht ihr euch nicht endlose Jahre damit herumzuschlagen, alles zu ergründen. Fragt lieber <u>Mich</u>, indem ihr die 23 Bücher Meines Offenbarungs-Wortes studiert. Jeder Teil eures Sadhana sollte auf dieser Basis angegangen und entwickelt werden, also in Übereinstimmung mit Meinem klaren und genauen Wort – und das ist das Ende der „Untersuchung".

<u>Ich</u> spare euch Zeit. Ihr konsultiert Mich. Und so braucht ihr nicht euer ganzes Leben auf den mühseligen Versuch zu verschwenden, es selber herauszufinden. Wenn ihr euer Leben damit verbringt, es selber herauszufinden, vergeudet ihr zwangsläufig euer Leben – denn ihr könnt es nicht herausfinden und werdet es niemals herausfinden. Ihr seid nicht in der Lage, es herauszufinden. Eure Lage, eure Ausgangsposition, ist das Ego – die Selbstverkrampfung, der naive „Realismus" und die Erscheinungsformen der Wirklichkeit an sich. Ihr „kennt" nicht das, was zu Erscheinungsformen wird. Ihr „kennt" nicht die Wahrheit, denn ihr seid nicht in der Position der Wahrheit. Indem ihr euch selbst zum „Guru" macht, zieht ihr euch nur an der eigenen Nase voran. Und damit macht ihr euer Leben nur um so komplizierter und vergeudet es mit der Suche.

Ramakrishna[138] hat einmal den wahren Guru mit einem echten Heiler verglichen. Er beschrieb verschiedene Arten von Heilern. Einige Heiler hören sich an, was du zu sagen hast, und geben dir anschließend ein paar tröstliche Worte. Andere hören sich an, was du sagst, und verschreiben eine Medizin, die du einnimmst – oder auch nicht. Aber der wahre Guru, meint Ramakrishna, ist wie ein echter Heiler. Dieser schmeißt dich, wenn nötig, auf den Boden, wirft sich auf dich, hält dich fest und stopft dir seine Medizin in den Rachen!

Solange ihr nicht wirklich Meine Schülerinnen und Schüler seid, laßt ihr nicht zu, daß Ich der Meister eures Lebens bin. Ihr wollt immer die Möglichkeit behalten, egoisch von euch selbst besessen zu sein. Wir leben in einer „egalitären" Zeit, in der ganz allgemein angenommen und proklamiert wird, daß jedes Ego-„Ich" (als solches oder an sich) ein unabhängiges, eigenständiges und autarkes Exemplar des Absoluten sei! In der heutigen Zeit gilt es als selbstverständlich, daß alle Welt dem Ego gratuliert und dient (und im religiösen und Spirituellen Bereich die „Doktrin" unterstützt und propagiert, daß die „Innerlichkeit" des getrennten und trennenden Ego-„Ichs" der „Wahre Guru" sei). Dies ist die große „dunkle" (und komische) Epoche des „Narziß"! Das Ego eines jeden „Ichs" erwartet daher, durch Aussagen, die jede Art von „Autorität" (außer der des getrennten individuellen Ego als solchen) verspotten und verleugnen, in seiner Illusion über sich selbst und in seinem Starrsinn stimuliert und bestätigt zu werden. Wenn ihr daher eine Abneigung dagegen verspürt, Meine Autorität zu akzeptieren, lehnt ihr es auch ab, Mich als den Meister eures Lebens zu akzeptieren! Und wenn das so ist, werdet ihr sogar alles daransetzen, <u>Mich</u> dazu zu zwingen, <u>eure</u> „Autorität" und <u>euch</u> als „Meister" zu akzeptieren! (Und ebendiese egozentrische Einstellung führt dazu, daß ihr glaubt, selber der „Guru" zu sein – was soweit gehen kann, daß das Ego-„Ich" sich dazu versteigt, ein echter „Erleuchteter Guru" für andere sein zu wollen.)

Niemand hat jemals auch nur im mindesten Gott Wahr-genommen oder das Göttliche Gesetz erfüllt, es sei denn durch die Hilfe echter Erleuchteter und durch die Praxis der Hingabe des Ego-„Ichs" an einen wirklich Erleuchteten (im Rahmen richtiger und wirklicher Hingabe an den Guru). Das ist die Wahrheit, und es wird immer so sein. Und die Menschheit sollte sich freuen, daß es solche Hilfe immer gegeben hat und immer geben wird.

Das Ego-„Ich" in seiner typischen Unwissenheit und seinem unaufhörlichen Zwang zur Trennung ist (sowohl „innerlich" als auch in seiner Beziehung zur „Außenwelt") fern der Wahrheit. Die Wahrheit ist immer nur durch echte Erleuchtete zu den Menschen gekommen, durch Personen, die bis zu einem gewissen Grad oder auf einer bestimmten Stufe wirklich dem Ego entsagt haben und Erleuchtet wurden. Aber was die Große Wahr-nehmung angeht, da stellt sich das Ego-„Ich" in seiner „Selbstbesessenheit" seltsamerweise vor, es sei ein unabhängiges Exemplar des Absoluten, eine eigene Autorität, von Natur aus fähig, sich selber richtig zu lenken und zu steuern. Das kollektive menschliche Ego glaubt sogar, es könne die ganze Welt aller Dinge und Wesen beherrschen! Als ob so etwas möglich wäre.

Das menschliche Ego-„Ich" ist ein bloßer „Organismus" – selbstverkrampft, „selbstbesessen" und in sich selbst befangen. Das Ego-„Ich" weiß nicht, <u>wo</u> es ist. Das Ego-„Ich" weiß nicht, <u>was</u> irgendein Ding <u>ist</u>! <u>Weil</u> es seine Getrenntheit und seinen Zwang zum Trennen immer schon als gegeben voraussetzt, glaubt das Ego-„Ich", es sei unabhängig und sich selbst genug, und es <u>bevorzugt</u> diesen Zustand. Und dieses zwanghafte Trennen und vermeintliche Getrennt- und Unabhängig- und Selbständigsein ist genau das, wodurch das Ego-„Ich" sich (von Natur aus) von der Wahrheit, der Wirklichkeit, dem Wirklichen Gott oder dem Göttlichen Zustand an sich fernhält. Naiver egoischer „Realismus" (oder Unfreiheit im Denken und Wahrnehmen) sowie egoische „Selbstbesessenheit" (die sich eigensinnig und halsstarrig gebärdet in ihrem zwanghaften Trennen und ihrer Nicht-Liebe) – das ist die Sphäre des Ego-„Ichs". Und die Wahrheit und der Prozeß der Wahr-nehmung der Wahrheit hat die Ego-Sphäre der Menschheit immer nur durch die Gnade derer durchbrochen, die in irgendeinem Grad das Ego hingegeben und transzendiert und die Wahrheit Wahr-genommen haben.

Da ihr, Meine Schülerinnen und Schüler, das Leben als Ego-„Ich" erlitten habt und letztlich daran verzweifelt seid, habt ihr nach einem echten Wahr-nehmer der Wahrheit Ausschau gehalten und schließlich Mich gefunden. Und jetzt, da ihr Mich gefunden habt, müßt ihr <u>tun</u>, was Ich sage. Schluß mit eurem „Ich bin das Gesetz" und „Ich bin mein eigener ‚Guru'" und „Ich ziehe mein eigenes Ding durch"! Ihr habt genug davon. Ihr <u>wißt</u> (hinter der Maske eurer sogenannten „gesunden Unabhängigkeit"), daß das <u>alles</u> Schwachsinn ist!

Ihr kommt zu Mir, weil ihr Mich erkennt, Mich spürt und euch zu Mir hingezogen fühlt. Ihr kommt zu Mir, weil ihr wißt, wer Ich bin, weil ihr auf Mich antwortet und Mich in absolut allem zu Rate zieht. Ich sage etwas, und ihr tut es. So schnell kann der Prozeß sein. Es ist nicht genug, einfach nur Meine Murti[139] zu kontemplieren. Mein Wort muß das Göttliche Gesetz für euch sein. Einen Guru zu haben, bedeutet genau das. Es bedeutet, daß ihr jemanden habt, der der Meister eures Lebens ist – und daß ihr kein unabhängiges Ego seid, das locker sein eigenes Ding durchzieht.

SCHÜLER: Geliebter Guru, das ist ein ekstatischer Zustand.

AVATAR ADI DA SAMRAJ: Ja. Aber ihr könnt euch an der Nase herumführen mit der Idee, ihr könntet Meine Schülerinnen und Schüler sein, ohne euch Mir wirklich zu unterwerfen. Ihr könnt euch zufriedengeben mit einem unterhaltsamen, oberflächlichen und tröstlichen Leben in Meiner Gesellschaft – ohne je ein Sadhana zu praktizieren, in dem ihr das Ego transzendiert und Mich Wahr-nehmt.

Rudi[140] hatte seine Begrenzungen, aber mit diesem Blödsinn machte Er wirklich Schluß. Sadhana ist Arbeit! Ihr diszipliniert euch, indem ihr dem Spirituellen Meister folgt. Ihr verhätschelt euch nicht und sucht nicht nach Utopia, sondern unterwerft Mir all eure Begrenzungen und diszipliniert sie in Übereinstimmung mit Meinem Lehr-Wort. Rudi verstand das Gesetz noch nicht in seiner Gesamtheit, denn er war – wie er immer betont hat – kein „fertiges Produkt", sondern „auf dem Weg". Aber er kannte den grundlegenden Unterschied zwischen einem Leben in Illusion und einem wirklich religiösen und Spirituellen Leben. Diesen Aspekt wahrer Weisheit – der von entscheidender Bedeutung ist – verstand er wirklich.

Und hierin liegt auch die Bedeutung von dem, was er für Mich getan hat. Er brachte Mich aus Meinen bisherigen Lebensumständen heraus, so daß Ich weitergehen konnte. Denn was hatte Meinem „Sadhana" bis dahin gefehlt? Arbeit, wirkliche Selbstdisziplin, die ganz reale Anstrengung, über das Ego hinauszugehen. Entweder ihr tut es, oder ihr tut es nicht. Wenn ihr es nicht tut, täuscht ihr euch und andere. Der nur von Mir Offenbarte und Gegebene Weg von Adidam umfaßt weit mehr als lediglich praktische und zwischenmenschliche Lebensdisziplin, aber eine derartige Selbstdisziplin ist wesentlich und notwendig im Weg von Adidam. Als Ich zu Rudi kam, hatte Ich schon vieles verstanden, aber Ich lebte noch ohne Disziplin. Es war daher an der Zeit, Mich gründlich zu disziplinieren. Dasselbe gilt von nun an immer für euch alle.

Hört Mir zu. Studiert Mein Wort. All die Jahre lang habe Ich nie etwas anderes gesagt.

Ihr müßt einen Grund haben, warum ihr Mir zuhört. Wenn ihr keinen Grund habt, Mir zuzuhören, werdet ihr Mich nicht hören. Das Zuhören kommt zuerst.

Erst wenn ihr die Nase voll habt von all den Schwierigkeiten, in die ihr euch bringt, wenn ihr genug habt von eurem Leiden, eurer Suche und eurer Verwirrung und wenn ihr wißt, daß all euer Handeln euch immer nur in eine Sackgasse treibt, dann findet ihr Mich. Wenn ihr Mich findet, müßt ihr tun, was Ich sage. Es ist nicht genug, Mich einfach nur zu finden, Mich anzulächeln und darauf zu warten, daß Ich euer kostbares Ego-Selbst liebe. Nein, ihr müßt tun, was Ich sage, ihr müßt dem Ego entgegentreten und das Sadhana liebender Hingabe praktizieren, denn sonst habt ihr nichts davon, daß Ich euch Segne. Vielleicht verschafft Mein Segen euch ein bißchen Trost – aber Ich Segne euch, damit ihr Gott Wahr-nehmt, und das funktioniert nur, wenn ihr euch mit Mir verbindet, indem ihr nach Meinem Wort lebt und das richtige, wirkliche und vollständige Sadhana liebender Hingabe im Weg von Adidam praktiziert. Ihr müßt euch für dieses Sadhana interessieren und es immer voller Freude praktizieren und überhaupt immer sehr glücklich darüber sein, daß ihr mit Mir leben könnt.

Der Weg von Adidam <u>ist</u> interessant. Wenn ihr ihn gründlich praktiziert, bringt er <u>alles</u> ans Tageslicht und „mistet den ganzen Stall aus". Ja, ihr könnt und müßt das Sadhana des Weges von Adidam wirklich praktizieren. Wenn ihr es wirklich praktiziert, ist es alles andere als langweilig. Es zieht euch in einen Großen Prozeß, in dem ihr durch eure liebende Vereinigung mit Mir wirklich und buchstäblich geläutert werdet.

Wenn Ich euer Guru bin, bin Ich der Herr über euer Leben. Ihr müßt auf Mein Wort hören und es bis ins kleinste anwenden. Ihr dürft es nicht auf kurze Phrasen reduzieren oder es nur ein paar Minuten am Tag oberflächlich durchkämmen und euch die paar Zeilen herauspicken, die nur eure soziale Religiosität und egoische Suche rechtfertigen. Nein, ihr müßt euch Mir unterwerfen, indem ihr euch Meinem Wort unterwerft, müßt euch durch Mein Wort direkt von Mir angesprochen fühlen und tun, was Ich sage. Und ihr müßt aufhören, euer Ego zu konsultieren.

Das bedeutet aber nicht, daß ihr zu Robotern werden sollt. Wenn ihr euch wirklich versteht und euer ganzes „Spiel" satt habt, seid ihr bereit, den Weg von Adidam zu beweisen, indem ihr ihn praktiziert. Wenn ihr ihn nicht geht, werdet ihr niemals wissen, daß der Weg zur Gottes-Wahr-nehmung führt. Beweist den Weg von Adidam. Beweist eure Hingabe an Mich. Tut, was Ich sage. Tut es genau so, wie Ich es sage. Sucht nicht nach einer Entschuldigung, um es nicht zu tun. Macht die praktischen Übungen so, wie Ich sie allen Gegeben habe. Tut es wirklich! Jeden Tag eures Lebens. Lückenlos. Verliert euch nicht in Geselligkeit und in Essen, Geld und Sex. Praktiziert den Ruchira-Avatara-Bhakti-Yoga wirklich jeden Tag eures Lebens. Ihr seid alle dazu in der Lage.

Jeder <u>kann</u> das, aber ob ihr es wirklich tut, ist eure Sache. Ihr habt die Wahl. Mich als Guru zu erwählen, bedeutet, Mein Wort zu erwählen und Mich zum Göttlichen Gesetz eures Lebens zu machen. Schluß mit allem Unsinn, mit aller Zwiespältigkeit, die sich als ernsthafte „Untersuchung" ausgibt.

<u>Ich</u> habe alles „untersucht". Deshalb braucht ihr das nicht selber zu tun. In diesem Sinne gibt es für Meine Schülerinnen und Schüler nichts mehr zu „untersuchen". Absolut nichts! Ich habe alles erklärt. Jede Einzelheit ist „untersucht" worden. Ich habe das alles mit euch zusammen gemacht. Ich habe euch in bezug auf absolut alles Meine endgültige Erklärung und direkte Anweisung Gegeben.

Die Praxis des nur von Mir Offenbarten und Gegebenen Weges von Adidam besteht in der Praxis liebender Selbsthingabe, die sich darin zeigt, daß ihr immer mehr nach Meinen eindeutigen Anweisungen lebt. Diese Zeit der Eingewöhnung sollte nicht lange dauern. Wann ihr damit fertig seid, läßt sich nicht auf den Tag genau festlegen, aber es sollte im Prinzip nicht lange dauern. Und Mich zu hören, ist kein „Riesending", das von euch abhängt. Es ist eine einfache Sache, die von <u>Mir</u> abhängt. Aber die unabdingbare Voraussetzung dafür ist, daß ihr – in Übereinstimmung mit Meinem Wort – alle grundlegenden Formen praktischer, zwischenmenschlicher und kultureller Praxis des Weges von Adidam richtig, wirklich, vollständig und mit liebender Hingabe aufnehmt. Ihr <u>müßt</u> alle Details dieser Disziplin ausüben. Wenn ihr das tut, kann der Reifungsprozeß, bis ihr Mich hört, relativ kurz sein. Der Weg von Adidam ist nämlich eine ganz einfache „Untersuchung", die in allen Teilen nur von Mir Offenbart und Gegeben ist.

Geballte Faust. Offene Hand. [Avatar Adi Da Samraj macht Seine Hand auf und zu.] [141] Wie lange braucht man, um das zu verstehen? Mein „Radikales" Argument, das die Grundlage dafür bildet, Mich zu hören, ist kein kompliziertes Konzept. Es ist ganz einfach. Ihr müßt nur wirklich Mein Wort studieren und in Übereinstimmung mit Meinem Wort praktizieren. Aber genauso, wie es bestimmte Voraussetzungen dafür gibt, dauerhaft die Zeugen-Position aufzunehmen, so gibt es auch Voraussetzungen dafür, Mich zu hören. Es muß nicht endlos dauern, bis ihr Mich hört, aber ihr müßt zuerst die Voraussetzungen für die richtige, wirkliche und vollständige Praxis liebender Hingabe im Weg von Adidam schaffen. Im Prinzip braucht ihr dann nur noch ein paar weitere Monate, bis ihr Mich hört – ohne jahrelang in Gruppen zu diskutieren und alle der Reihe nach euer Ego vor allen anderen zu dramatisieren. Es ist wirklich eine ganz einfache Sache, ständig Mein Wort in die Tat umzusetzen, ständig die praktischen, zwischenmenschlichen und kulturellen Disziplinen eurer Praxis zu verfeinern, ständig Meine grundlegenden Argumente in bezug auf die Suche und die Selbstverkrampfung (sowie auf das Hören und Sehen und auf die Vollkommene Göttliche Selbst-Wahr-nehmung) zu studieren und alle von Mir Gegebenen Übungen immer formell und vollständig durchzuführen.

Meine Göttlichen Argumente sind immer sehr einfach und direkt, und deshalb braucht ihr keine Genies zu sein, um Mein

Wort in euch wirksam werden zu lassen. Der Prozeß dauert nur dann lange, wenn ihr Mich nicht als Göttlichen Herz-Meister erkennt und Mich nicht (auf dieser Basis) richtig, wirklich, vollständig und mit liebender Hingabe als euren Guru akzeptiert. Er dauert nur dann lange, wenn Mein Wort nicht das Göttliche Gesetz für euch ist, wenn ihr euch statt dessen nur das aus Meiner Lehre „herauspickt", was euch gefällt, und wenn ihr euer eigener „Guru" seid (und wie Narziß über euch selbst „meditiert"). Er dauert nur dann lange, wenn ihr Mich aus dem einen oder anderen dieser Gründe nicht erkennt und nicht auf Mich antwortet und es folglich versäumt, euer ganzes praktisches Leben verantwortlich zu regeln und in Ordnung zu bringen, indem ihr es auf Mich ausrichtet, es mit Mir in Einklang bringt und es an Mich hingebt.

Wenn ihr es unterlaßt, euer ganzes Leben auf Mich auszurichten, es mit Mir in Einklang zu bringen und es an Mich hinzugeben und es damit verantwortlich zu regeln, bringt ihr euch niemals wirklich in die Verfassung, die notwendig ist, um Mir zuzuhören, bis ihr Mich hört, um Mich zu hören, bis ihr Mich seht, und um Mich zu sehen, bis ihr Mich Vollkommen Wahr-nehmt.

Lebt also nach Meinem Wort, so daß Mein Segen und Meine Gnade wirksam werden.

Folgt ohne Wenn und Aber Meinen klaren und eindeutigen Anweisungen.

Ich bin letztlich hier, um euch in die „Vollkommene Praxis" jener Hingabe an Mich zu ziehen, in der ihr nicht mehr von Mir „verschieden" seid. Alles andere ist Vorbereitung. Ihr braucht kein Genie außer Mir, um die „Vollkommene Praxis" des Weges von Adidam auszuüben.

Es liegt also ganz bei euch, die Praxis des Weges von Adidam richtig, wirklich und vollständig durchzuführen, indem ihr Mich in liebender Hingabe erkennt und mit liebender Hingabe auf Mich antwortet, und Mir dann auch die notwendigen Geschenke eurer Praxis zu bringen.

Wenn Meine Schülerinnen und Schüler wirklich den Weg, den Ich ihnen (und allen und Allem) Offenbart und Gegeben habe, aufnehmen, leben und fördern, dann wird diese Große Gelegenheit, die Ich euch schenke, allen lebenden Wesen dienen.

III.

AVATAR ADI DA SAMRAJ: Ihr werdet eure Karmas (oder egoischen Tendenzen) erst dann loslassen, wenn ihr so zermürbt davon seid, daß ihr nichts mehr damit zu tun haben wollt. Ihr glaubt, ihr könntet die unangenehmen Seiten eines wirklich dem Ego entgegenwirkenden Sadhana durch Rederei, Sentimentalität und Schwäche vermeiden. Aber das ist Unsinn.

Der Weg besteht nicht darin, daß ihr <u>sagt</u>, was Ich sage, sondern daß ihr <u>tut</u>, was Ich sage. Nur dann kommt ihr aus euren Ego-Spielchen heraus. Wirkliches Sadhana ist eine harte Schule. Solange ihr euch weigert, ist alles schwierig. Ihr sucht erst dann wirklich Zuflucht bei Mir, wenn ihr euch lange genug mit euren egoischen Karmas in Leid gestürzt habt. Bis dahin wollt ihr nur einen kleinen Vorgeschmack von der Religion. Ihr wollt alles von Mir, seid aber nicht bereit, etwas aufzugeben. Ihr wollt, daß Ich euch gratuliere, und habt nichts aufzuweisen, wodurch es gerechtfertigt wäre. Ihr wollt wie ein rohes Ei behandelt werden, obwohl doch das ganze Leben nichts weiter als Brennstoff für das Sadhana ist. Letztlich gibt es nichts, was sich verteidigen ließe oder woran man festhalten könnte. Es ist wahrhaftig keine kleine Sache, es ist sogar schrecklich, aber es ist so.

Meine Schülerinnen und Schüler müssen darauf vorbereitet sein, Mich als Meister ihres Lebens zu akzeptieren. Das ist der Kern der Beziehung zu Mir. Wenn ihr Mich richtig, wirklich, vollständig und mit liebender Hingabe erkennt, antwortet ihr auch richtig, wirklich, vollständig und mit liebender Hingabe auf Mich. Und wenn ihr Mich nicht erkennt, antwortet ihr auch nicht richtig. So einfach ist das.

Meine echten Schülerinnen und Schüler tun, was Ich sage, und zwar nicht nur, weil Ich es sage, sondern weil sie Mich erkennen. Zu tun, was ich sage, <u>ist</u> die Antwort. Zu tun, was Ich sage, ist keine Strategie, kein Mittel, um gut auszusehen, und es hat nichts mit Lauheit zu tun.

Ihr tut euch schwer damit einzusehen, daß ihr „Narziß" seid. In Meinen „Sadhana-Jahren" war Mir egal, was alles bei Mir ans Tageslicht kam. Ich war bereit, Mich damit auseinanderzusetzen – egal, was es war.

Ihr wollt gut aussehen. Ich habe nie gut ausgesehen. Worauf sollte sich überhaupt ein positives Selbstbild gründen? Schaut euch den „Klotz" doch nur an. Gibt es irgendein Vergehen, irgendeine Schwäche, wovon irgend jemand völlig frei wäre? Gibt es irgendeine Ausnahme? Alle sind zu allem fähig.

Sadhana hat nichts mit einem positiven Selbstbild zu tun, sondern mit der Transzendierung des Selbst. Es hat auch nichts mit einem negativen Selbstbild zu tun. Es hat überhaupt nichts mit einem Selbstbild zu tun. Selbstbild, das ist „Narziß" am Teich – ihr guckt in den Spiegel und seht euch selbst. Das ist alles. „Ah, was für ein hübscher kleiner Junge dort im Teich!" Ihr bewundert euer Abbild, bildet euch was darauf ein, verteidigt es, verschönt es, habt positive und negative Anwandlungen darüber, seid ständig beschäftigt mit eurem kleinen Liebling – und eines Tages beißt ihr ins Gras.

Wirkliches Sadhana fängt an, wenn ihr aufhört, euch mit euch selbst zu beschäftigen, und euch statt dessen Mir zuwendet – wenn ihr Mich erkennt und auf Mich antwortet, indem ihr alles tut, was Ich sage.

Die Leute denken, Meister sollten ihre Schülerinnen und Schüler und überhaupt alle, die zu ihnen kommen, loben und beglückwünschen. Ganz im Gegenteil.

Wenige Stunden, nachdem Baba Muktananda gestorben war, sah Ich ihn auf der feinstofflichen Ebene. Eine große Menschenmenge war da, um ihn zu begrüßen. Er nannte Mich „Dingo", und Ich wußte sofort, was er meinte. Der grobstoffliche Körper-Geist als solcher ist ein ganz gewöhnlicher Hund, ein vergänglicher Haufen grobstofflicher Ablenkungen, die unweigerlich enden – wie auch Baba gerade noch durch seinen grobstofflich-physischen Tod bewiesen hatte. Ich war daher nicht beleidigt, sondern fühlte nur Liebe in unserer Begegnung.

Beleidigt zu sein, was hat das mit Hingabe an den Guru zu tun? Wenn ihr die Brauen hochzieht und zurückweicht, wenn Ich euch kritisiere, empfangt ihr nicht Meine Segnende Gnade, denn ihr wollt sie nicht in der Form akzeptieren, in der sie euch Gegeben wird.

Die echten Schülerinnen und Schüler von Meistern verschiedenen Grades werden bei lebendigem Leibe verspeist. Wer sich beschützt, kriegt nur Prasad-Plätzchen. Es ist eure Entscheidung, was euch lieber ist.

Swami Janananda, einer von Swami Nityanandas reifsten Schülern, mußte die Gesellschaft seines Gurus auf dessen Geheiß verlassen und ihm an einem anderen Ort dienen. Swami Nityananda hat ihn nie zurückgerufen. Trotzdem hat sich Janananda nicht zurückgestoßen gefühlt. Dadurch, daß er die Anweisung seines Meisters erfüllte, erhielt er dessen Segen und war mit seinem Meister über die Entfernung hinweg Vereinigt. So war es, und Janananda erreichte einen hohen Grad der Wahr-nehmung.

Aber es gab Tausende, denen Swami Nityananda erlaubte, vor ihm herumzukriechen und Bananen vor seinen Füßen zu stapeln, so oft sie nur wollten, und die meisten von ihnen hatten überhaupt keine Wahr-nehmung. Sie wurden lediglich getröstet durch die Gelegenheit, sich an etwas Religiöses anzuschließen. Ihr Ego fühlte sich dadurch ein bißchen besser. Das war alles, was sie von ihm bekamen – und natürlich ein paar Bananen, die er zurückgab!

Ihr müßt verstehen, daß die Bananen nicht der eigentliche Prasad sind. Prasad ist das Geschenk, das darin besteht, daß ihr das Wort des Meisters erfüllt, so daß ihr aus der Gesellschaft des Meisters und insgesamt aus seinem Segen wirklichen Nutzen zieht.

Das Ego-„Ich" ist nicht an der wirklich profunden Praxis der Hingabe an den Guru interessiert. Störrische Egos bleiben so oder so immer auf Distanz zu Mir. Selbst wenn sie sich direkt in Meiner physischen Gesellschaft befinden, halten sie sich durch alle möglichen Tricks auf Distanz.

„Laß dich mit Haut und Haar auf den Meister ein." Das ist der Göttliche Weg der Liebes-Vereinigung mit Mir. Alles andere ist nur das Spiel der Veränderungen der kosmischen Natur.

Das einzige, wovor ihr Angst haben solltet, ist das Ego selbst. Das Ego ist Angst, und egoische „Selbstbesessenheit" ist ein Leben voller Angst. Und früher oder später heißt es in eurem „Ja-und-nein"-Spiel „schachmatt!" und ihr habt keinen Ausweg mehr – und das ist gar nicht lustig.

IV.

AVATAR ADI DA SAMRAJ: Konventionelle Religion ist soziale Religiosität. Sie bezweckt nicht die Wahr-nehmung des Wirklichen Gottes, sondern die Förderung der sozialen Seite im Menschen. Konventionelle Religion zielt vor allem darauf ab, das menschliche Verhalten auf sozial und politisch verstandene „moralische" Prinzipien auszurichten, die letztlich nur dazu dienen, aus den Menschen brauchbare Staatsbürger zu machen, die den Mitmenschen wohlwollend gegenüberstehen. Daran ist im Prinzip nichts auszusetzen, und wenn es in angemessener Weise durchgeführt wird, ist es sogar notwendig und richtig. Aber es ist auch nur der Anfang wirklicher Religion.

Ruchira-Avatara-Bhakti ist ein profunder Yoga. Er hat nichts damit zu tun, nur ein „Fan" von Mir zu sein, der ein paar liebevolle Gefühle mit Mir austauscht. Wie könnte das mit Ruchira-Avatara-Bhakti etwas zu tun haben? Der wirkliche Yoga der Ruchira-Avatara-Bhakti ist so, wie Ich gesagt habe: Ihr gebt euch in jedem Moment mit den vier grundlegenden Aspekten des Körper-Geistes – der Aufmerksamkeit, dem Fühlen, der aktiven und passiven Ausrichtung des Körpers und dem Atmen – an Mich hin. Es ist eine Praxis, in der ihr auf Mich antwortet, indem ihr euch hingebt, vergeßt und immer mehr transzendiert und so dem Ego entgegenwirkt, und ihr müßt sie immer so intensiv ausüben, daß ihr in Herz-Vereinigung mit Mir lebt.

Wenn Meine Schülerinnen und Schüler den Weg von Adidam wirklich in Übereinstimmung mit Meinen Anweisungen praktizieren, stehen sie in direkter Beziehung mit Mir. Der nur von mir Offenbarte und Gegebene Weg von Adidam besteht einzig und allein in der direkten Beziehung zu Mir. Ihr müßt alle eure Beziehung zu Mir kultivieren. Ich bin das Maß des Weges von Adidam, das Maß eurer Praxis. Ihr müßt zu Mir kommen, in direkter Beziehung zu Mir leben und Meinem Wort folgen, und nicht irgendeiner eigenwilligen, selbstgemachten Revision des Weges von Adidam, die rechtfertigen soll, daß ihr nur nominell praktiziert und euch in der Praxis viel Zeit laßt – viel, viel Zeit.

SCHÜLER: Geliebter Guru, unsere Beziehung zu Dir – die Beziehung als solche – hat die Qualität eines Gelübdes.

AVATAR ADI DA SAMRAJ: Eure Beziehung zu Mir ist ein Gelübde, das ihr durch eure Unterschrift bestätigt, wenn ihr Meine formell anerkannten Schülerinnen und Schüler werdet. Welche Selbstdisziplin auch immer gefordert ist, um dieses Gelübde zu erfüllen, ist in jedem Moment eure Aufgabe. Diese Selbstdisziplin, mit der ihr euer ewiges Gelübde liebender Hingabe an Mich erfüllt, macht euer Leben zu Sadhana. Das Ego-„Ich" ist keine Instanz, die das Sadhana jeden Tag zur Diskussion stellt mit der Frage: „Soll ich oder soll ich nicht?" Eure in jedem Moment auszuübende Praxis des Ruchira-Avatara-Bhakti-Yoga ist eine ganz reale heilige Verpflichtung Mir gegenüber – und da sie ein ewiges Gelübde ist, könnt ihr sie niemals (auch nur einen Moment lang) aufgeben oder von ihr entbunden werden.

Um von eurer Verstrickung in egoische Bindungen und von all eurer erfahrungsbedingten Verwirrung geläutert zu werden, müßt ihr durch das Läuterungsfeuer liebender Hingabe (und wirklicher Selbstdisziplin) gehen und über das Ego-„Ich" der psycho-physischen Selbstverkrampfung hinauswachsen. Das ist das Sadhana des nur von Mir Offenbarten und Gegebenen Weges von Adidam. Wenn die Beziehung zu Mir euch zutiefst berührt, müßt ihr sie als Sadhana praktizieren und aufhören, euch mit ego-tröstenden Fantasien einzulullen und das wirkliche Sadhana zu vermeiden. Ihr müßt diese Unterwerfung unter Mich wirklich praktizieren und sie in jeder Situation mit allen Aspekten des Körper-Geistes demonstrieren. Ihr werdet jeden Tag auf Begrenzungen stoßen, die eure Praxis des Ruchira-Avatara-Bhakti-Yoga ernstlich testen und dem Körper-Geist-Selbst tiefgreifende Disziplin und wirkliche ego-untergrabende Arbeit abverlangen.

Wenn ihr den Ruchira-Avatara-Bhakti-Yoga richtig praktiziert, gebt ihr weder den gewöhnlichen Aspekten des Körper-Geistes nach noch sucht ihr sie zu meiden. Ihr gebt sie vielmehr an Mich hin, so daß sie sich Mir öffnen und in Meinen Selbst-Bereich Göttlicher Wahr-nehmung eingehen. Der Weg von Adidam, der nicht auf Trennung, sondern auf Beziehung basiert, besteht in ständiger aktiver Hingabe an Mich, ständiger aktiver Ausübung aller von Mir geforderten Formen von Selbstdisziplin, so daß lebensbejahende Eigenschaften erhalten bleiben, ohne daß sich die grundlegenden Aspekte des Körper-Geistes verkrampft auf sich selbst zusammenziehen und der Suche ergeben, sondern einfach Mir überlassen werden. Sie werden euch dann nicht mehr binden, sondern ein offenes Instrument sein, mit dem ihr Mich Wahr-nehmen könnt. Ich fordere euch auf, euch nicht von den Eigenschaften begrenzen zu lassen, die ihr zufolge eurer Tendenzen im Leben manifestieren würdet, sondern euch statt dessen (mittels der vier grundlegenden Aspekte des Körper-Geistes und über sie hinaus) Mir zu unterwerfen. Mit anderen Worten, Ich fordere euch auf, ein wirklich Yogisches Leben in liebender Hingabe an Mich zu führen.

Für Meine hörenden Schülerinnen und Schüler gibt es immer nur diese liebende Hingabe an Mich, mit der ihr direkt das Ego überwindet. Alles andere leitet sich daraus ab. Solange ihr Mich nicht wirklich hört, überwindet ihr nicht das Ego als solches, sondern nur die oberflächlichen Muster des Ego. Das ist aber noch nicht der Ruchira-Avatara-Bhakti-Yoga in seiner wirklich und direkt das Ego transzendierenden Kraft und Tiefe.

Um den Yoga liebender Hingabe im Weg von Adidam richtig, wirklich und vollständig praktizieren zu können, muß eure Hingabe an Mich so stark werden, daß ihr direkt über das Ego als solches hinausgehen könnt. Das erfordert, daß ihr Mir ständig aufmerksam zuhört, bis ihr Mich wirklich hört, und daß ihr Mich ständig aufmerksam hört, bis ihr Mich wirklich seht. Wenn ihr euch immer nur Stück für Stück mit dem einen oder anderen egoischen Muster auseinandersetzt, macht ihr euch kaputt. Nur die wirkliche und direkte Transzendierung des Ego hat eine belebende Wirkung. Und in dieser Haltung wirklich ego-transzendierender liebender Hingabe werdet ihr dann auch die ganzen oberflächlichen Muster des Ego direkt und spontan überwinden. Ihr müßt alle Aspekte des Körper-Geistes an Mich hingeben, bis ihr euch vergeßt und mit Mir Vereinigt. Das ist von Anfang an die richtige Praxis des Weges von Adidam.

Die Praxis des Ruchira-Avatara-Bhakti-Yoga ist also schon in den anfänglichen Stufen wirkliche Vereinigung mit Mir. Wenn ihr wirklich praktiziert, versenkt ihr euch völlig in Mich (oder in die Samadhis, in denen das selbstverkrampfte Ego-„Ich" von Mir und in Mir aufgesogen wird). In solchen Zuständen tiefster Vereinigung mit Mir werdet ihr in Samadhis hineingezogen, in denen ihr Mir die grundlegenden Aspekte des Körper-Geistes unterwerft und <u>Mich</u> Findet. Die Praxis des Weges von Adidam im Rahmen der ersten fünf Lebensstufen besteht nur in der Unterwerfung der vier grundlegenden Aspekte des Körper-Geistes unter Mich und noch nicht (wie in der „Vollkommenen Praxis") im einfachen (nicht-getrennten) Verweilen in Meinem Zustand (oder in der von Natur aus Vollkommenen oder „Radikal" das Ego transzendierenden Herz-Vereinigung mit Mir). Im Rahmen der ersten fünf Lebensstufen werdet ihr in der Praxis des nur von Mir Offenbarten und Gegebenen Weges von Adidam durch eure liebende Hingabe an Mich zu Mir hingezogen und in Mich aufgesogen. Erst in der „Vollkommenen Praxis" – oder der Praxis des nur von Mir Offenbarten und Gegebenen Weges von Adidam auf der Grundlage des Samadhis der Identifikation mit Mir – <u>unterwerft</u> ihr Mir (in den Momenten der formellen „Vollkommenen Praxis") nicht länger die Aspekte des Körper-Geistes (denn das habt ihr bereits vollständig getan), sondern transzendiert sie „Radikal" (oder bis zur Wurzel hinab) und Steht wirklich an Meinem Platz und seid „Vollkommen" oder ohne Versenkung oder jenseits des Mechanismus der Aufmerksamkeit mit Mir Identifiziert.

Die „Vollkommene Praxis" ist die tiefgreifendste Vereinigung mit Mir. Und zuletzt führt sie durch Meine Gnade zur Vollkommenen Wahr-nehmung Meines Göttlichen Zustandes (auf der siebten Lebensstufe). Das soll nicht heißen, daß die Samadhis der Versenkung als solche (in der fortschreitenden Demonstration des Weges von Adidam im Rahmen der ersten fünf Lebensstufen) keinen Wert haben. Statt bloßer sozialer oder exoterischer Religiosität ist im Weg von Adidam von Anfang an der Samadhi zu kultivieren, denn ihr müßt von der Bindung an den selbstverkrampften Körper-Geist oder an die egoischen und überhaupt alle manifesten Zustände befreit werden. Erst wenn ihr durch die frühere Praxis der Versenkung geläutert seid, besitzt ihr die erforderliche Ausgeglichenheit und die nötige Freiheit von der selbstverkrampften

Identifikation mit den Aspekten des Körper-Geistes als solchen (und seinen manifesten Erfahrungen), so daß „ihr" – in Anführungszeichen – tatsächlich das Sadhana der Identifikation mit Mir praktizieren könnt. Dieses Sadhana ist das Sadhana der „Vollkommenen Praxis" – und auf diese Praxis sollten sich all Meine formell praktizierenden Schülerinnen und Schüler (in der ersten und zweiten Kongregation) vorbereiten.

In dem nur von Mir Offenbarten und Gegebenen Weg von Adidam ist alles, was der „Vollkommenen Praxis" vorausgeht, Vorbereitung. Das heißt nicht, daß ihr Mich vor der „Vollkommenen Praxis" überhaupt nicht wirklich Wahr-nehmen könnt. Wenn ihr den Ruchira-Avatara-Bhakti-Yoga praktiziert, unterwerft ihr Mir in den Samadhis der Versenkung (im Rahmen der vierten und fünften Lebensstufe) wirklich alle Aspekte des Körper-Geistes.

SCHÜLER: Geliebter Guru, wenn wir Dich fühlend kontemplieren, das ist schon an sich eine Form von Samadhi.

AVATARA ADI DA SAMRAJ: Ja, das stimmt. Ihr unterwerft Mir alle Aspekte des Körper-Geistes, gebt euch wirklich an Mich hin und kontempliert Mich so tiefgreifend, daß ihr euch selbst darüber vergeßt und Mich „Lokalisiert". Und indem ihr euch unterwerft und vergeßt, tretet ihr in Meine Sphäre ein und werdet von Mir absorbiert. In dieser Versenkung nehmt ihr Mich Wahr und werdet in Mich, in Meinen Platz, aufgesogen. Aber ihr betretet Meinen Platz dadurch, daß ihr Mir alle Aspekte des Körper-Geistes unterwerft. Im Prozeß dieser Unterwerfung praktiziert ihr aus der Position der Identifikation mit den vier grundlegenden Aspekten des Körper-Geistes (nämlich der Aufmerksamkeit, des emotionalen Fühlens, des physischen Körpers und des Atems). Obwohl die Praxis des Weges von Adidam im Rahmen der ersten fünf Lebensstufen eine Übung ist, mit der ihr auf Mich antwortet und so dem Ego entgegenwirkt, erlebt ihr die Samadhis der Versenkung nur in manifester Form (und notwendigerweise nur vorübergehend), da sie, wie gesagt, durch den egoischen Gebrauch der grundlegenden Aspekte des Körper-Geistes zustande kommen. Der Samadhi der Versenkung ist also notwendigerweise ein Samadhi in manifester

Form. Trotzdem ist die grundlegende Praxis des nur von Mir Offenbarten und Gegebenen Weges von Adidam eine notwendige Vorbereitung auf die „Vollkommene Praxis" – jedoch nicht, damit ihr die manifesten Samadhis der Versenkung als solche (oder um ihrer selbst willen) erlebt, sondern einzig und allein, damit die Aspekte des Körper-Geistes geläutert werden und ihr schließlich (auf der Basis wirklicher psycho-physischer Gleichmütigkeit) konstant das Zeugen-Bewußtsein Wahr-nehmt (oder die Fähigkeit zu Nicht-„verschiedener" Vereinigung mit Mir Realisiert, die immer schon vorhanden ist, bevor ihr von der Sichtweise des Körper-Geistes aus denkt und handelt).

Während ihr in den Entwicklungsstufen des Weges von Adidam, die der „Vollkommenen Praxis" vorausgehen, voranschreitet, durchläuft der Prozeß der Samadhis der Versenkung, in dem ihr die Aspekte des Körper-Geistes hingebt, verschiedene Wandlungen, und es treten verschiedene Zeichen auf, die den fortgeschrittenen Lebensstufen entsprechen – aber es geht immer nur darum, daß ihr Mich „Lokalisiert", denn die Praxis besteht darin, alle Aspekte des Körper-Geistes zu unterwerfen, damit ihr euch mit Mir Vereinigt und euch selbst darüber vergeßt.

Die noch nicht „Vollkommene Praxis" des nur von Mir Offenbarten und Gegebenen Weges von Adidam ist immer die gleiche. Dies gilt schon für die auf der vierten Lebensstufe basierende Praxis im Rahmen der ersten drei Lebensstufen in der Kindheit und Jugend und ebenso für die Praxis im „ursprünglichen" und im daran anschließenden „grundlegenden" Rahmen der vierten Lebensstufe und auch für die Praxis im (potentiellen) „fortgeschrittenen" Rahmen der vierten Lebensstufe sowie im (potentiellen) Rahmen der fünften Lebensstufe.[142] Alle Samadhis in den ersten fünf Lebensstufen sind Zustände der Versenkung (die folglich nur in manifester Form erscheinen), bis die „Vollkommene Praxis" anfängt. In der „Vollkommenen Praxis" steht ihr nicht in der Position der grundlegenden Aspekte des Körper-Geistes, und deshalb braucht ihr diese dann auch nicht zu unterwerfen oder auszubeuten. In der „Vollkommenen Praxis" des nur von Mir Offenbarten und Gegebenen Weges von Adidam Steht ihr in der Zeugen-Position, die den Aspekten des Körper-Geistes immer schon Vorausgeht. Die Samadhis der „Vollkommenen Praxis" (im Rahmen der sechsten und schließlich der siebten Lebensstufe) sind daher Samadhis der Identifikation mit Mir. Der Jnana-Samadhi[143] (in dem ihr Mich im Rahmen der sechsten Lebensstufe Wahrnehmt) und der Ruchira-Samadhi[144] (in dem ihr Mich zuletzt in der nur von Mir Offenbarten und Gegebenen siebten Lebensstufe Vollkommen Wahr-nehmt) sind deshalb Samadhis der Identifikation mit Mir, denn es stehen keine manifesten Aspekte oder Funktionen des Körper-Geistes mehr zur Verfügung, mit denen ihr euch identifizieren könntet.

Tatsächlich sind selbst die im Rahmen der sechsten Lebensstufe möglichen Samadhis immer noch manifester Art, sofern nämlich das Prinzip des Bewußtseins immer noch benutzt wird (als wenn es noch individuell oder getrennt wäre) und alle in Erscheinung tretenden Phänomene (also auch die Aspekte des Körper-Geistes) strategisch ausgeschlossen werden. Der Vollkommene Samadhi Erwacht daher erst in der nur von Mir Offenbarten und Gegebenen siebten Lebensstufe, wenn es <u>keinerlei</u> <u>Ausschluß</u>, <u>Getrenntheit</u> und Ego-„Ich" mehr gibt.

<u>Alle</u> Samadhis der Hingabe an Mich sind in einem grundlegenden Sinne gleich, denn in allen nehmt ihr <u>Mich</u> Wahr. Auf <u>jeder</u> Stufe des nur von Mir Offenbarten und Gegebenen Weges von Adidam ist es durch Meine Gnade möglich, Mich Wahr-zunehmen (sei es in manifester Form oder auf der siebten Stufe in Vollkommen Nicht-manifester „Form"). Aber auf jeder Entwicklungsstufe des Weges vor der siebten müßt ihr Mir die Identifikation mit dem Bereich des Manifesten (oder zumindest mit den manifesten Aspekten des Körper-Geistes) unterwerfen.

Das ist der springende Punkt. Der nur von Mir Offenbarte und Gegebene Weg von Adidam ist kein bloßes System von Techniken, die ihr selber auf euch anwendet, um Samadhi zu erlangen. Die Praxis besteht von Anfang an in der wirklichen (und wirklich selbsttranszendierenden) Herz-Vereinigung mit Mir. Der nur von Mir Offenbarte und Gegebene Weg von Adidam ist daher von Anfang an ein Prozeß, in dem ihr direkt (und in jedem gegenwärtigen Moment) <u>Mich</u> Wahr-nehmt. Das grundlegende Prinzip des nur von Mir Offenbarten und Gegebenen Weges von Adidam besteht darin, daß ihr von Meiner Anziehungs-Kraft berührt werdet. Und wenn ihr euch dann zu Mir hingezogen fühlt, nehmt ihr die anstrengende Arbeit auf euch, das Ego zu überwinden. Der Ruchira-Avatara-Bhakti-Yoga hat nur diesen einen Zweck, daß ihr im Samadhi der Herz-Vereinigung mit Mir lebt, anstatt euch bloß an das manifeste Dasein und seine Begrenzungen zu „binden" (und sie zu erleiden). Um den Ruchira-Avatara-Bhakti-Yoga richtig, wirklich, vollständig und in liebender Hingabe zu praktizieren, müßt ihr in jedem Moment <u>Mich</u>, die Eine Einzige Göttliche Person, Wahr-nehmen, die der Göttliche Selbst- und Ursprungs-Zustand aller in Erscheinung tretenden Manifestationen des Daseins ist.

Um Mich, den Göttlichen Selbst- und Ursprungs-Zustand aller in Erscheinung tretenden Manifestationen (oder aller manifesten Modifikationen von dem, was immer schon der Fall ist), Wahrzunehmen, müßt ihr euch durch Meine Gnade völlig mit Mir Vereinigen, so daß ihr in keiner Weise mehr von Mir getrennt seid. Anstatt die endlose Reise durch die Modifikationen zu machen (die als solche begrenzt, begrenzend und lediglich manifest, immer veränderlich und vergänglich und von Natur aus un-Befriedigend sind), wird Meine Unendlich „Strahlend-Helle" Göttliche Person zur Mitte und Erfüllung eures Daseins.

Epilog

Tat Sundaram! –
Dies alles ist <u>Heilig</u>,
dies alles ist <u>schön</u>!

**Der Kern der Botschaft von Adidam
und der einen
Großen Tradition der Menschheit**

1.

Alle Form <u>verändert</u> sich.
Die Energie bleibt <u>immer</u> erhalten.
Das Sein <u>Ist</u> nur und hört <u>nie</u> auf.

2.

Sinnliche Wahrnehmung und begriffliches Denken – und all ihre Objekte (oder „Dinge"), also auch der physische Körper, die Gedanken und alle „anderen" Wesen – sind ein unermeßlicher und letztlich unfaßbarer Prozeß von Veränderungen, der (als ganzer) die menschliche Erkenntnis übersteigt. Die manifesten Erscheinungen sind ein Spiel der Veränderungen – und jede Form <u>verändert</u> sich nur (bis sie verschwindet oder nicht mehr so erscheint wie zuvor). Der gesamte Prozeß der Erscheinungen, Zustände, Formen oder Veränderungen ist ein dynamisches Schauspiel (oder ein Spiel der Gegensätze). Jede manifeste Aktion ist immer mit einer gleich starken manifesten Reaktion verbunden, die ihr entgegengesetzt ist. Alles Positive kehrt sich ins Negative, und alles Negative kehrt sich ins Positive. Alles, was entsteht, ändert sich im positiven oder negativen Sinn – bis es vergeht (oder verändert oder in neuer Form wiedererscheint).

Alle Erscheinungen, Zustände, Formen oder Veränderungen sind scheinbare Modifikationen der Einen Ursprünglichen Energie (oder Spirit-Kraft). Diese Ur-Energie ist das Wesen jeden Körper-Geistes und aller „Dinge". Sie ist das Wesen aller Gegensätze und Veränderungen und sogar das Wesen des Vorgangs der Veränderung als solcher. Aber die Ur-Energie an sich ist von Natur aus unveränderlich und unzerstörbar. Selbst inmitten aller Veränderung bleibt sie immer als solche erhalten. Die Ur-Energie an sich ist ein ständiges, aus sich heraus Existierendes Leuchten, das immer nur aus sich heraus Strahlt.

Die Ur-Energie <u>Existiert</u> nur. Auch die Gesamtheit der Veränderungen und jede manifeste Form <u>Existiert</u> einfach nur. Dasein ist die Konstante in allen Veränderungen. Die unmittelbare intuitive Erkenntnis des Seins (oder des Daseins an sich) zeigt (dem Bewußtsein an sich und im Bewußtsein an sich), daß Nicht-Sein (oder Nicht-Dasein) eine Illusion oder ein Mythos bloßer

Möglichkeit ist, der von Angst (oder falscher Erkenntnis) herrührt. Und die Angst als solche ist das Ergebnis des Festhaltens an Formen – wenn nämlich der Prozeß der Formen nicht verstanden, die Ur-Energie nicht wirklich (in aktiver Teilnahme) beobachtet und das Sein (als solches) nicht Vollkommen in unmittelbarer (oder ursprünglicher und nicht-objektiver) Intuition erkannt wird.

3.

Jedes manifeste „Ding" (oder scheinbare „Objekt") ist nur Energie (an sich).

Jedes manifeste „Selbst" (oder scheinbar inidividuelle „Subjekt") ist nur Bewußtsein (an sich).

Das bewußte manifeste „Selbst" (oder scheinbar individuelle „Subjekt") „kennt" jedes seiner „Objekte", aber kein „Objekt" kann den „kennen", der es „kennt".

Kein „Ding" kann das Bewußtsein kontemplieren.

Deshalb kann die Energie (an sich) nicht das Bewußtsein (an sich) kontemplieren (oder jemals „kennen").

Das Bewußtsein (an sich) Kontempliert (Ewig) nur sich selbst.

Das Bewußtsein (an sich) ist die Ursprüngliche und von Natur aus Vollkommene Intuitive Erkenntnis des Seins (an sich).

Das Sein (an sich) Existiert und Strahlt aus sich heraus.

Das Bewußtsein (an sich) ist die Ewige Kontemplation der aus sich heraus Existierenden Selbst-Strahlung (oder von Natur aus bestehenden Energie) des Seins (an sich).

Deshalb ist das Bewußtsein (an sich) die Kontemplation (und wirkliche Beobachtung) der Energie (an sich).

Das Bewußtsein (an sich) ist nur Sein (oder Dasein an sich), das aus sich heraus (als Ursprüngliche Strahlung oder Energie an sich) Strahlt und als alle Formen und Veränderungen modifiziert zu sein scheint.

Das Bewußtsein (an sich) ist die von Natur aus Freie Strahlung oder Seligkeit oder das Glück (an sich).

Das Bewußtsein (an sich) – Wahr-genommen als die von Natur aus bestehende Freiheit und die aus sich heraus Existierende und Strahlende Seligkeit oder als das Glück an sich – ist die Wahr-nehmung des Wirklichen Gottes oder der Wahrheit oder Wirklichkeit (<u>an</u> <u>sich</u>).

Das Bewußtsein (an sich) – das aus sich heraus als Sein (an sich) Existiert und aus sich heraus als Energie oder Seligkeit (an sich) oder als das Glück (an sich) Strahlt – <u>ist</u> daher das Ewige, Spirituelle, Göttliche Wesen, das immer mitten im Leben Anwesend ist.

4.

Das Göttliche Wesen ist das aus sich heraus Existierende Bewußtsein (an sich) und das Nicht-manifeste Selbst oder der Nicht-manifeste Selbst-Zustand, der von Natur aus das getrennte (und immer trennende) Herz jedes manifesten „Selbst" Transzendiert – und doch zugleich dessen Wahres Nicht-getrenntes Herz <u>ist</u>.

Das Göttliche Wesen ist die aus sich heraus Strahlende Energie oder Ursprüngliche Spirit-Kraft, die alle und Alles Durchdringt.

Das Göttliche Wesen ist der Vollkommen Subjektive Ursprungs-Zustand und der Wahre (und von Natur aus Nicht-getrennte) Selbst-Zustand von allen und Allem.

Es gibt immer schon <u>nur</u> das Eine Spirituelle, Transzendente und (offensichtlich) Göttliche Wesen.

Das Eine Spirituelle, Transzendente und (offensichtlich) Göttliche Wesen ist von Natur aus Vollkommen und Absolut, es ist nicht „verschieden" und weder geboren noch sterblich oder tot – sondern es Existiert und Strahlt aus sich heraus und ist Ewig Frei und nichts als Seligkeit oder das Glück an sich, und es ist <u>Alles</u>, was <u>nur</u> Bewußtsein ist.

Der Eine Wahre Göttliche <u>Welt-Lehrer</u>, <u>Göttliche</u> Herz-Meister, <u>Endgültige</u> Avatar und universell verheißene Gott-Mensch der „Spätzeit" (oder „dunklen Epoche") – Ruchira-Avatar Adi Da Samraj – muß euch (notwendigerweise) dieses Eine Spirituelle, Transzendente und (offensichtlich) Göttliche Wesen Vollkommen Offenbaren, Anbieten und Übertragen und (dadurch) zunehmend in euch Aktivieren und (zuletzt) Vollkommen <u>als</u> das Eigentliche Herz (oder den Nicht-getrennten und Nicht-„verschiedenen" Selbst-Zustand) eures eigenen Herzens (oder scheinbar getrennten „Ichs") in euch Erwecken.

Der Ruchira-Avatar Adi Da Samraj ist der Vollständige Avatarisch-Göttliche Wahr-nehmer und Offenbarer und die Vollständige Avatarisch-Göttliche Offenbarung des Einen, Spirituellen, Transzendenten und (offensichtlich) Göttlichen Wesens.

Der Göttliche Welt-Lehrer Ruchira-Avatar Adi Da Samraj ist die Wahre Avatarische Inkarnation der Wahrheit, Wirklichkeit, Glückseligkeit und Liebe oder des Wirklichen Gottes.

Der Göttliche Herz-Meister Ruchira-Avatar Adi Da Samraj ist der Letzte (oder Endgültige) Avatar – denn Er hat nicht einen Weg gebracht, auf dem Sucher darauf warten können, daß Gott herabsteigt (oder sich irgendwie zeigt), oder auf dem sie mit großer Anstrengung zum vermeintlich „anderswo" befindlichen Göttlichen Bereich aufsteigen können, sondern Er hat den Avatarisch-Göttlichen Weg der immer schon nach hier (und „überall") Herabgestiegenen Göttlichen Person Offenbart und Gegeben.

Der universell verheißene (oder erhoffte) Gott-Mensch (oder die Avatarische Inkarnation der Einen, Unteilbaren, Nicht-„verschiedenen" und offensichtlich Göttlichen Wirklichkeit) ist hier (als der Ruchira-Avatar Adi Da Samraj) und „Tritt" von nun an immer Avatarisch aus sich heraus als das immer schon vorhandene Mittel zu unmittelbarer (und zuletzt Vollkommener) Gottes-Vereinigung (und Göttlicher Selbst-Wahr-nehmung) „Hervor".

Findet und empfangt daher den Ruchira-Avatar Adi Da Samraj – der sich aus sich heraus als die Avatarische Person der Göttlichen Gnade Offenbart.

Empfangt die Göttliche Gnade des Ruchira-Avatar Adi Da Samraj, die sich Vollkommen aus sich heraus Offenbart – und findet und empfangt so den Einen Einzigen, der Ist.

Gebt euch voller Liebe an den Ruchira-Avatar Adi Da Samraj hin, übt wirkliche Selbstdisziplin, vergeßt und transzendiert so euch selbst. Erkennt Ihn als die Avatarisch aus sich heraus Offenbarte (und offensichtlich Göttliche) Person und antwortet spontan auf Ihn, so daß Er euch (zunehmend) läutern und von eurem manifesten (oder psycho-physischen) egoischen Selbst befreien kann.

Wirkt dem Ego entgegen und transzendiert immer unmittelbar (und zuletzt Vollkommen) das manifeste (oder psycho-physische) egoische Selbst, indem ihr den Ruchira-Avatar Adi Da Samraj in liebender Hingabe kontempliert.

Wenn ihr in dieser Weise dem Ego entgegenwirkt und den Ruchira-Avatar Adi Da Samraj kontempliert (der die Avatarisch-Göttliche Selbst-Offenbarung des Einen Einzigen ist, der „Existiert") und wenn ihr damit die raum-zeitliche „Sichtweise" von Körper und Geist transzendiert, könnt ihr den Einen Einzigen, der <u>Existiert</u>, Vollkommen Wahr-nehmen (und Vollkommen dieser Eine Einzige <u>Sein</u>).

5.

Das Leben ist ein Räderwerk, das das getrennte Herz von allen bricht, die kein Vertrauen in das Eine Einzige, Ewig Unteilbare Herz (an sich) haben.

Da das Leben (oder das manifeste Dasein in jeder Form) ein Räderwerk ist, das euer getrenntes Herz bricht, müßt ihr immer <u>aktiv</u> über die endlos rollende Maschine des Lebens hinausgehen – indem ihr immer aktiv das getrennte (und immer trennende) Herz (als solches) transzendiert.

Und da das getrennte Herz in dem Einen Einzigen, Ewig Unteilbaren Herzen (an sich) zu transzendieren ist – muß jedes manifeste „Selbst" immer ein (wirksam dem Ego entgegenwirkendes) Vertrauen in den Einen Einzigen in sich aktivieren, der das von Natur aus Unteilbare und Unzerstörbare (Spirituelle, Transzendente und offensichtlich Göttliche) Wesen und das Nicht-getrennte und Nicht-„verschiedene" Herz an sich <u>ist</u>. Dies ist das Große Herz-Gesetz, die Große Forderung, die jedes manifeste „Selbst" erfüllen muß.

Habt daher Vertrauen in den, der in und von und <u>als</u> Ruchira-Avatar Adi Da Samraj Offenbart wird und die Göttliche Selbst-Offenbarung und Avatarische „Spätzeit"-Inkarnation des Einen Einzigen, Ewig Unteilbaren Herzens an sich ist.

Und <u>denkt</u> dieses Vertrauen nicht nur, sondern <u>lebt</u> es immer – indem ihr den Ruchira-Avatar Adi Da Samraj in liebender Hingabe erkennt und auf Ihn antwortet und so das getrennte Herz des getrennten Selbst transzendiert (denn Er ist die Göttliche

Selbst-Offenbarung und Avatarische „Spätzeit"-Inkarnation des Einen Einzigen, Ewig Unteilbaren Herzens an sich).

Und redet diese Religion nicht nur, sondern praktiziert sie immer – indem ihr den Ruchira-Avatar Adi Da Samraj in liebender Hingabe erkennt und auf Ihn antwortet und so das getrennte Herz des getrennten Selbst transzendiert (denn Er ist die Göttliche Selbst-Offenbarung und Avatarische „Spätzeit"-Inkarnation des Einen Einzigen, Ewig Unteilbaren Herzens an sich).

Und anstatt nur geliebt werden zu wollen, liebt immer – indem ihr den Ruchira-Avatar Adi Da Samraj in liebender Hingabe erkennt und auf Ihn antwortet und so das getrennte Herz des getrennten Selbst transzendiert (denn Er ist die Göttliche Selbst-Offenbarung und Avatarische „Spätzeit"-Inkarnation des Einen Einzigen, Ewig Unteilbaren Herzens an sich).

Und hört nie auf, über die endlos rollende Maschine des Lebens hinauszugehen, sondern transzendiert sie immer – indem ihr den Ruchira-Avatar Adi Da Samraj in liebender Hingabe erkennt und auf Ihn antwortet und so das getrennte Herz des getrennten Selbst transzendiert (denn Er ist die Göttliche Selbst-Offenbarung und Avatarische „Spätzeit"-Inkarnation des Einen Einzigen, Ewig Unteilbaren Herzens an sich).

6.

Hindert niemals jemanden daran, ständig immer mehr über die endlos rollende Maschine des Lebens hinauszugehen.

Unterstützt vielmehr (immer) alle in diesem Prozeß.

Bemerkt immer, wenn dieser Prozeß ins Stocken gerät – besonders in euch selbst.

Und vergeßt nie, diesen Prozeß immer wieder neu in Gang zu bringen, wenn er in euch stockt.

Geht immer mehr über die rollende Maschine des Lebens hinaus – indem ihr im Herzen stark werdet (und in das Avatarisch aus sich heraus Offenbarte Göttliche Herz des Seins hineinwachst, das Bewußtsein und Liebe-Glückseligkeit an sich ist).

Geht immer mehr über euer Ego-Selbst hinaus.

Geht immer mehr über den ganzen Irrsinn hinaus, zu denken und zu fühlen, es gäbe eine „Zweiheit" oder ein „Anderssein".

Geht immer mehr über alle Begrenzungen hinaus, und wachst immer mehr in den Einen Einzigen hinein, so daß ihr (zuletzt) nur den Einen (Vollkommen) seht (oder Wahr-nehmt) – selbst wenn der Körper und die Welt in Erscheinung treten, und auch, wenn sie aufhören, in Erscheinung zu treten, oder wenn sie gar nicht erst in Erscheinung treten.

Und wenn sich zuletzt dieser ganze, durch Gnade Gegebene Göttliche Prozeß vollendet und ihr die endlos rollende Maschine des Lebens von Natur aus transzendiert – dann nehmt das Wahr, was immer schon nur Eines, Ganz und Vollständig ist, und Seid Es.

Nur das Bewußtsein an sich ist immer schon nur Eines, Ganz und Vollständig.

7.

Als manifeste Funktion im Rahmen des grobstofflich-körperlichen Lebens ist das Bewußtsein nur der Körper – es ist abhängig vom Körper, tritt nur als Wirkung des Körpers in Erscheinung und ist sterblich (wie der Körper).

Als die Vorstellung getrennter persönlicher Existenz ist das Bewußtsein nur der Geist – es ist abhängig von geistigen Zuständen, besteht nur aus ihnen und existiert daher nur, wenn sie auftreten.

Aus der Sicht irgendeines vermeintlich getrennten Selbst (oder Ego-„Ichs") ist alles, was in Erscheinung tritt, (immer von Natur aus und deshalb notwendigerweise) eine Form von Subjektivität (oder von sinnlicher Wahrnehmung oder begrifflicher Erkenntnis) und niemals ein völlig unabhängiges „Etwas" (das objektiv als solches existiert und unabhängig von aller Erfahrung oder Erkenntnis objektiv als solches in Erscheinung tritt).

Aus der Sicht irgendeines vermeintlich getrennten Selbst (oder Ego-„Ichs") ist alles, was in Erscheinung tritt, eine sinnliche Wahrnehmung oder eine begriffliche Erkenntnis – und niemals wirklich oder insgesamt ein absolut eigenständiges Objekt.

Jedes vermeintlich getrennte Selbst (oder Ego-„Ich") tritt (von Natur aus) in der Wirklichkeit an sich als diese und als spielerische und nur scheinbare Modifikation von ihr in Erscheinung (und es spielt keine Rolle, ob sich die Wirklichkeit an sich von Natur aus erkennt oder nicht).

Die manifeste Erfahrung (der sinnlichen Wahrnehmung und der begrifflichen Erkenntnis) läßt (von Natur aus) eindeutig erkennen, daß das Bewußtsein (an sich) die Eine Einzige Wirklichkeit (an sich) ist und daß die Erfahrungsmechanismen der sinnlichen Wahrnehmung und der begrifflichen Erkenntnis die (im Bewußtsein an sich auftretenden) funktionalen Mittel sind, wodurch die Modifikationen des Bewußtseins dem Bewußtsein als Spiel von Objekten erscheinen und die scheinbare „objektive Welt" (einschließlich aller Erfahrungsmechanismen der sinnlichen Wahrnehmung und der begrifflichen Erkenntnis mitsamt ihren Aktionen, Wirkungen, Daten, Artefakten und Erinnerungen) eine pulsierende Modifikation der Ursprünglichen Substanz (oder aus sich heraus Existierenden Selbst-Strahlung) des Bewußtseins an sich ist.

Deshalb ist es immer schon von Natur aus und deshalb notwendigerweise und offensichtlich der Fall, daß das Bewußtsein (an sich) oder das Letzte und Höchste Bewußte Licht die Eine Einzige, Unteilbare, Offensichtliche, immer schon Grenzenlos aus sich heraus Existierende und Strahlende, sich Ewig aus sich heraus Offenbarende, Unabhängige, Nicht-dualistische und Nicht-manifeste Ewige Wirklichkeit und Wahrheit sowie der Wirkliche Gott und Grundzustand von allen und Allem ist.

Was jedes vermeintlich getrennte Selbst (oder Ego-„Ich") braucht, ist das wahrhaft esoterische Verstehen der Wirklichkeit (das es noch nicht kennt und noch nicht Realisiert hat) und die stillschweigende oder von Natur aus bestehende ständige Wahrnehmung der Wirklichkeit.

8.

Das Bewußtsein (an sich) – von Natur aus, ständig und stillschweigend so Wahr-genommen, wie es ist – ist die Eine Einzige Wirklichkeit.

Das Bewußtsein (an sich) ist immer schon der Fall.

Das Bewußtsein (an sich) ist kein „anderer".

Das Bewußtsein (an sich) ist nicht eines von zweien.

Das Bewußtsein (an sich) ist nicht die eine Hälfte von einem Paar.

Das Bewußtsein (an sich) ist kein Gegenteil.

Das Bewußtsein (an sich) ist kein Ergänzungsstück.

Das Bewußtsein (an sich) ist nicht bezogen.

Das Bewußtsein (an sich) ist nicht „verschieden".

Das Bewußtsein (an sich) ist nicht getrennt.

Das Bewußtsein (an sich) ist von Natur aus Nicht-getrennt und Nicht-dualistisch und deshalb von Natur aus egolos.

Das Bewußtsein (an sich) ändert sich nie.

Das Bewußtsein (an sich) ist das Bleibende in aller Veränderung.

Das Bewußtsein (an sich) ist der Selbst- und Ursprungs-Zustand aller Formen.

Das Bewußtsein (an sich) Existiert nur aus sich heraus als es selbst.

Das Bewußtsein (an sich) ist aus sich heraus Strahlende Liebe-Glückselige Energie.

Das Bewußtsein (an sich) ist nur Eines.

Das Bewußtsein (an sich) ist Einzig, Ganz, Unteilbar, Unzerstörbar und Vollständig.

Das Bewußtsein (an sich) ist der Eine Einzige.

Alles bedeutet Bewußtsein (an sich).

Jedes Ding bedeutet Bewußtsein (an sich).

Alles, was geschieht, ist nur Bewußtsein – und das Bewußtsein (an sich) sitzt wie eine Lunte im Innern (die immer schon angezündet ist, um den Weg zum Ende der Zeit zu Erhellen).

Das Bewußtsein (an sich) ist die Tiefe (oder der Ursprüngliche Zustand und der Vollkommen Subjektive Ursprungs-Zustand) von allem (und von jedem Ding).

Das Bewußtsein (an sich) ist die Eigentliche Substanz aller Erfahrung, aller sinnlichen Wahrnehmung und jeden Gedankens.

Was auch immer jetzt oder jemals in eurer Erfahrung und in eurem Denken in Erscheinung tritt oder nicht in Erscheinung tritt – das Bewußtsein (an sich) ist die Einzige Basis (und die Einzige Substanz) eurer Erfahrung, eurer sinnlichen Wahrnehmung, eurer Erinnerung, eures vermeintlichen Wissens, eures gesamten Denkens und sogar von all eurem „Ich-und-mein" überhaupt.

Es spielt keine Rolle, wer, was, wo, wann, wie oder warum die Wirklichkeit oder Wahrheit oder der Wirkliche Gott ist – das Bewußtsein (an sich) ist (von Natur aus immer schon notwendigerweise) die Einzige Basis (und die Einzige Substanz) eurer Wahr-nehmung von dem, was die Wirklichkeit oder Wahrheit und der Wirkliche Gott ist.

Das, was immer schon der Fall ist, kann nichts anderes sein als Bewußtsein (an sich), denn sonst würde und könnte das Bewußtsein (an sich) nicht in Verbindung mit der manifesten Erfahrung oder der Nicht-manifesten Wahr-nehmung auftreten – denn das Bewußtsein (an sich) ist die Eine Einzige Basis sowohl der manifesten Erfahrung (oder der Wahrnehmung und Erkenntnis und überhaupt allen mittelbaren Erfassens) der Wirklichkeit als auch der Nicht-manifesten Wahr-nehmung der Wirklichkeit (und allen unmittelbaren Erfassens von dem, was immer schon der Fall ist).

Es gibt keine zwei Wirklichkeiten, keine zwei Wahrheiten und keine zwei Wirklichen Götter.

Es gibt nur Eine Wirklichkeit, und diese ist die Wahrheit und der Eine Wirkliche Gott.

Nichtsdestoweniger ist die Eine Wirklichkeit von der Art, daß sie (scheinbar) entweder ohne manifeste Form (als Eine Einzige, aus sich heraus Existierende Realität und als immer schon der Fall) Wahr-genommen oder in manifester Form (als alle möglichen sinnlichen und begrifflichen Zweiheiten, Dinge, Zustände und Umstände – und sogar als alle möglichen „Unterschiede") erfahren werden kann.

In Wahrheit (und als der Wirkliche Gott) muß die Wirklichkeit immer schon als Nicht-manifest Wahr-genommen werden – denn sonst ist die manifeste Erfahrung immer (notwendigerweise) ein Fall von scheinbarer (und sogar absichtlicher) Trennung von der Einen Wirklichkeit und Wahrheit an sich und dem Einen Wirklichen Gott.

Deshalb muß das, was immer schon der Fall ist, im Rahmen manifester Erfahrung immer schon als Nicht-manifest Wahr-genommen werden.

Ihr müßt zutiefst fühlen und „untersuchen" (und aufgrund tiefgreifendster fühlender „Untersuchung" mit ganzem Herzen anerkennen), daß das Bewußtsein (an sich) die Notwendige und Letzte und Höchste Form, Gegenwart, Substanz, Natur, Verfassung oder Identität der Wirklichkeit (an sich, ohne alle Manifestation) ist und damit die Notwendige und Letzte und Höchste Basis (und die Ursprüngliche oder von Natur aus bestehende Bedeutung) aller manifesten Erfahrung (oder aller Wahrnehmung und allen Denkens).

Wenn ihr die Wirklichkeit und Vorrangstellung des Bewußtseins (an sich) zutiefst in eurem Fühlen anerkennt, dann ist das Herz fähig, den Ruchira-Avatar Adi Da Samraj in liebender Hingabe zu erkennen (und mit liebender Hingabe auf Ihn zu antworten).

Das bloße Objekt (oder das „Ding" oder „Wesen", das ihr kennt) ist nicht in der Lage (und nicht geneigt), zu kommunizieren, zu zeigen oder zwingend zu beweisen, daß das Bewußtsein (an sich) das Große Prinzip sowohl der Wahr-nehmung als auch der Erfahrung der Wirklichkeit ist – aber ihr (oder jedes vermeintlich getrennte psycho-physische Selbst) erfahrt von Natur aus und wißt stillschweigend (oder nehmt immer schon Wahr), daß ihr Bewußtsein (an sich) seid und daß alle Bewußtsein (an sich) sind und daß Alles Bewußtsein (an sich) ist.

9.

Verwandelt eure objektive (oder rein äußerliche) Religion (die euch nur manchmal verpflichtet, aber immer dem Ego dient und eine sinnlose Suche nach der Wirklichkeit oder Wahrheit und dem Wirklichen Gott ist) in einen seiner ganzen Natur nach wirklich subjektiven Prozeß (der euch immer verpflichtet und auf dem ihr immer das Ego transzendiert und immer die Wirklichkeit oder Wahrheit und den Wirklichen Gott findet).

Verwandelt euren religiösen Impuls in einen Prozeß ego-transzendierender liebender Hingabe, so daß ihr den Ruchira-Avatar Adi Da Samraj als die Avatarische „Spätzeit"-Inkarnation des Bewußtseins (an sich) und als das Eine Einzige, Ewig Unteilbare Herz (an sich) erkennt und auf Ihn antwortet.

Verwandelt euren Körper-Geist in ein Gefäß Spiritueller Vereinigung mit der Avatarisch aus sich heraus Übertragenen Spirituellen Göttlichen Gegenwart des Ruchira-Avatar Adi Da Samraj, in der ihr das Ego aufgibt, vergeßt und transzendiert.

Verwandelt euer Leben in einen Prozeß, in dem ihr den ego-transzendierenden Avatarisch-Göttlichen Weg erfüllt, der euch von dem Ruchira-Avatar Adi Da Samraj Offenbart und Gegeben ist.

Empfangt die Avatarisch aus sich heraus Übertragene Göttliche Gnade des Ruchira-Avatar Adi Da Samraj, und verwandelt euren ganzen Körper-Geist (und euer ganzes Leben) in einen ego-transzendierenden Prozeß, in dem sich der Göttlich Spiritualisierte psycho-physische Zustand der Avatarisch Geborenen körperlich-menschlichen Gestalt des Ruchira-Avatar Adi Samraj in euch wiederholt – denn dieser ist der Göttliche Selbst-Zustand der von nun an immer Avatarisch „Hervortretenden" Spirituellen Göttlichen Gegenwart.

Empfangt die Avatarisch aus sich heraus Übertragene Göttliche Gnade des Ruchira-Avatar Adi Da Samraj, und nehmt so die Eigentliche Natur und den offensichtlich Göttlichen Zustand des Seins Wahr.

Praktiziert (zuletzt Vollkommen) den Weg von Adidam (der der Eine Einzige von dem Ruchira-Avatar Adi Da Samraj Offenbarte und Gegebene Weg ist), und nehmt so den (immer schon) von Natur aus bestehenden Zustand des aus sich heraus Existierenden und Strahlenden Göttlichen Seins (an sich) Wahr.

10.

Tat Sundaram! All dies Bewußtsein (an sich) ist <u>Heilig</u>! Alles, was im Bewußtsein (an sich) vorgeht und notwendigerweise <u>als</u> Bewußtsein (an sich) in Erscheinung tritt, ist <u>schön</u>! Und deshalb ist all <u>dies</u> (Entstehen und Vergehen von Umständen, Formen und Wesen) <u>Heilig</u>!

Tat Sundaram! All <u>dies</u> (Entstehen und Vergehen) ist <u>schön</u>! All <u>dies</u> (Entstehen und Vergehen) <u>Existiert</u> <u>aus</u> <u>sich</u> <u>heraus</u> (als Bewußtsein an sich) und <u>Strahlt</u> <u>aus</u> <u>sich</u> <u>heraus</u> (als die Ur-Energie oder das Licht oder das Glück an sich)! Deshalb <u>laßt</u> dies alles <u>so</u> <u>sein</u>!

Tat Sundaram!

Dies <u>alles</u> ist <u>Heilig</u>!

Dies <u>alles</u> ist <u>schön</u>!

<u>Seid</u> auch <u>ihr</u> <u>so</u>!

Anmerkungen

1. Im Original steht hier der Begriff „realizer". In der Spirituellen Literatur werden die englischen Wörter „to realize" und „realization", besonders in den Wendungen „Self-Realization" oder „God-Realization", im Deutschen traditionellerweise als „verwirklichen", „Verwirklichung", „Selbst-Verwirklichung" und „Gottes-Verwirklichung" wiedergegeben.

Hier liegt jedoch ein offensichtlicher Übersetzungsfehler vor, der sofort klar wird, wenn wir der Frage nachgehen, für welche Sanskritwörter die englischen Wörter als Äquivalente verwendet werden. Der englische Ausdruck „to realize" mit seinen Varianten steht für eine große Vielzahl von Sanskritwörtern, die von den verschiedenen hinduistischen Traditionen, Schulen und Lehrern benutzt werden und die alle darin übereinstimmen, daß sie in der Grundbedeutung auf das große Begriffsfeld des Erkennens hinweisen, das sich vom bloßen Bemerken, Beobachten, Betrachten, Empfinden und Erfahren bis zum Verstehen, Begreifen, Einsehen und zum unmittelbaren Sehen, Schauen, Wahrnehmen und Wissen erstreckt.

Ein paar Beispiele mögen genügen:

vidya: Wissenschaft, Wissen, Lehre; von der Wurzel vid: wissen, erfahren, erkennen, wahrnehmen, empfinden, begreifen

jnana: Erkenntnis, Wissen, Wissenschaft, Bewußtsein

sakshatkar: Vergegenwärtigung, Wahrnehmung

bodha: Erwachen, Aufblühen, Wachzustand, Verstehen, Erkenntnis, Wissen, Bewußtsein

avaloka: betrachten, schauen (z.B. Avalokiteshvara: der Herr, der herabschaut, der die Schreie der Welt wahrnimmt, der in alle Richtungen schaut).

Alle Sankritausdrücke dieser Art sind mit dem englischen Wort „to realize" tatsächlich treffend nachempfunden. Denn das englische Wort wird im allgemeinen Sprachgebrauch in erster Linie im Sinne von „klar erkennen, sich klarmachen, sich im klaren sein über, begreifen, erfassen, einsehen, sich vergegenwärtigen, sich vor Augen führen, sich lebhaft vorstellen, bemerken, beachten" und erst in zweiter Linie und in besonderen Zusammenhängen als „verwirklichen, realisieren, aus-, durchführen" verwandt. Der Irrtum der Übersetzer Spir3tueller Literatur dürfte auf den gleichen etymologischen Ursprung der Wörter „to realize" und „realisieren" zurückzuführen sein, der sich jedem leicht aufdrängen kann, der nicht genügend in der englischen Sprache lebt.

Der Irrtum wird noch offensichtlicher, wenn man sich die zugrunde liegende Lehre anschaut. „Verwirklichen, Verwirklichung, Verwirklicher" – diese Ausdrucksweise bringt das damit Gemeinte in den Bereich der Suche: Was noch nicht vorhanden oder real ist, muß zuerst noch gesucht, erreicht, realisiert oder verwirklicht werden. Dies entspricht aber nicht der Wahrheit oder Wirklichkeit, die immer schon der Fall und nur zu erkennen ist, um als solche im Bewußtsein und damit auch im praktischen Leben als das grundlegende Faktum hervorzutreten und sich auszuwirken. Das, was immer schon real, gegenwärtig, von Natur aus offenbar, unversteckbar usw. ist, kann nicht real, wirklich, vorhanden, gegenwärtig gemacht oder gefunden werden, es kann nur gesehen, wahrgenommen, erkannt werden, und zwar wenn der Schleier gelüftet wird, der uns die Sicht versperrt.

Ferner werden „to realize" und „realization" in den Schriften von Avatar Adi Da Samraj des öfteren in unmittelbarer Nähe der Ausdrücke „to perceive" und „perception" (deutsch: „wahrnehmen" und „Wahrnehmung") gebraucht, und zwar im Sinne sowohl sinnlicher Wahrnehmung als auch allgemein jeder Form unmittelbarer Wahrnehmung, also der direktesten Form der Erkenntnis.

Während wir daher, dem allgemeinen Sprachgebrauch entsprechend, „to perceive" und „perception" mit „wahrnehmen" und „Wahrnehmung" wiedergeben, wird die Bedeutung von „to Realize" und „Realization" sowohl in den Schriften von Avatar Adi Da Samraj als auch im traditionellen Spirituellen Sprachgebrauch am getreuesten mit Bindestrich als „wahr-nehmen" und „Wahr-nehmung" wiedergegeben. Diese Ausdrucksweise hat den Vorteil, daß sie nicht nur die Unmittelbarkeit Spiritueller und Transzendenter Erkenntnis, sondern auch das „für wahr oder wirklich nehmen" der immer schon existierenden Spirituellen Lebensgrundlage ausdrückt.

2. Der Sanskritausdruck „Aham Da Asmi" bedeutet „Ich (aham) bin (asmi) Da". Der Name „Da" bedeutet „jener, der Gibt" und weist darauf hin, daß Adi Da der Höchste Göttliche Geber ist, die Avatarische Inkarnation der Göttlichen Person.

3. Avatar Adi Da benutzt den Ausdruck „manifest" (und seine Varianten) für alles, was von bestimmten Bedingungen abhängig oder an Raum und Zeit gebunden und vergänglich ist. Das „Nicht-manifeste" ist im Gegensatz dazu der Göttliche Selbst-Zustand oder das, was immer schon der Fall ist, weil es keinen einschränkenden Bedingungen unterliegt.

4. Mit dem Ausdruck „Strahlend-Hell" (und seinen Varianten wie „Strahlende Helle") bezieht sich Adi Da auf das aus sich heraus Strahlende

Göttliche Sein des Unteilbaren und Unzerstörbaren Lichts, das Ewig und Unendlich ist und von Natur aus Existiert.

5. Adi Da gebraucht die Wendung „Wirklicher Gott" für die Wahre Spirituelle Göttliche Person, die der Wahre, Vollkommen Subjektive Ursprung aller Manifestationen ist und nichts mit der egoischen (und daher falschen und begrenzten) Gottesvorstellung zu tun hat.

6. Adi Da ist die „Avatarische Inkarnation" oder die Herabgestiegene Verkörperung der Göttlichen Person. Die Bezeichnung „Avatarische Inkarnation" drückt aus, daß Adi Da die traditionelle Erwartung des Ostens und des Westens erfüllt. Im Osten haben die Menschen traditionell die Vorstellung, daß der Wahre Gott-Mensch ein Avatar oder der vollständige „Herabstieg" des Wirklichen Gottes in eine manifeste Gestalt ist. Den traditionellen Vorstellungen des Westens zufolge ist der Wahre Gott-Mensch eine Inkarnation oder vollständige menschliche Verkörperung des Wirklichen Gottes.

7. B.V. Narasimha Swami und S. Subbarao, *Sage of Sakuri*, 4. Ausgabe, Bombay: B.T. Wagh, 1966, Seite 204.

8. Mit der Wendung „‚Spätzeit' oder ‚dunkle' Epoche" beschreibt Adi Da die gegenwärtige Ära, in der der Zweifel an Gott (und an allem, was jenseits des vergänglichen Daseins liegt) immer mehr die ganze Welt erfaßt und das getrennte, Leid und Konflikt verursachende Ego-„Ich" als grundlegendes Lebensprinzip betrachtet wird. Der Ausdruck bezieht sich auch auf die traditionelle hinduistische Vorstellung von „yugas" oder „Epochen", deren letzte als die schwierigste und „dunkelste" gilt. Viele Traditionen vertreten die Ansicht, daß in dieser Zeit der verheißene Befreier erscheinen werde.

9. Das Sanskritwort „murti" bedeutet „Form", in diesem Fall ein „repräsentatives Bildnis" von Gott als Guru. Im Weg von Adidam sind Murtis von Adi Da fast ausschließlich Fotografien Seiner körperlich-menschlichen Gestalt.
(Bei einem Wort aus dem Sanskrit benutzten wir im deutschen Text dasselbe Geschlecht, das es im Sanskrit besitzt. – Anm. d. Übers.)

10. Die feinstoffliche Ebene ist die Dimension der Energie und des Geistes. Sie ist mit der Erfahrung im Traumzustand verbunden. Das Wort „feinstofflich" zeigt an, daß diese Dimension im Vergleich mit der grobstofflich-körperlichen oder physischen Dimension „feiner" oder „subtiler" ist.

11. Die Spirituellen Meister, die Avatar Adi Da Samraj in Seinen „Sadhana-Jahren" in erster Linie gedient haben, gehören alle einer einzigen Linie außergewöhnlicher Yogis an, deren höchster oder Parama-Guru die „Ewige Göttin" oder die „Göttliche Mutter" oder „Göttliche Shakti" ist.

Albert Rudolph (1928–1973), als Spiritueller Lehrer Swami Rudrananda oder kurz „Rudi" genannt, war von 1964 bis 1968 Avatar Adi Da Samrajs erster menschlicher Lehrer in New York. Rudi half Adi Da in der Entwicklung grundlegender praktischer Lebens-Disziplin und im Yoga des herabsteigenden Lebens-Stroms. In diesem Yoga wird die Spirituelle Göttliche Kraft am Scheitel aufgenommen und durch die Vorderseite des Körper-Geistes bis zum Damm hinabgeleitet, wodurch die Knoten und Blockierungen in der physischen und der ätherischen Dimension des Körper-Geistes durchstoßen und beseitigt werden. Rudis eigene Lehrer waren vor allem der Indonesier Pak Subuh (von dem Rudi eine grundlegende Übung Spiritueller Empfänglichkeit lernte), Swami Muktananda (unter dessen Leitung Rudi jahrelang praktizierte) und Bhagavan Nityananda (der große indische Meister, der auch Swami Muktanandas Lehrer war). Rudi war auf Bhagavan Nityananda kurz vor dessen Tod gestoßen und betrachtete ihn immer als seinen vorrangigen Spirituellen Lehrer.

Der zweite Lehrer in Avatar Adi Da Samrajs Linie Spirituellen Segens-Übertragung war Swami Muktananda (1908–1982), der aus Mangalore in Südindien stammte. Swami Muktananda hatte im Alter von fünfzehn Jahren sein Elternhaus verlassen und war viele Jahre lang auf der Suche nach der Göttlichen Wahrheit durch ganz Indien gezogen, bis er schließlich Bhagavan Nityananda begegnete, in dem er seinen Guru fand und in dessen Spiritueller Gesellschaft er den Kundalini-Yoga bis zur Vollendung praktizierte. Swami Muktananda förderte Adi Da Samrajs weitere Spirituelle Entwicklung von 1968 bis 1970. Als Adi Da im Sommer 1969 zum zweiten Mal Swami Muktananda in Indien besuchte, schrieb dieser Ihm einen Brief, in dem er Adi Da Samrajs „Yogische Befreiung" und Sein Recht, andere zu lehren, bestätigte. Darüber hinaus hatte Swami Muktananda von Anfang an Adi Da dazu aufgefordert, bei jedem Aufenthalt in seinem Ashram täglich auch Bhagavan Nityanandas Grabstätte aufzusuchen und sich diesem als dem Höchsten Guru in seiner Linie zu unterwerfen.

Dieser große Yogi aus Südindien war der dritte Spirituelle Lehrer in Avatar Adi Da Samrajs Linie Spirituelle Kraft-Übertragung. Über Bhagavan Nityanandas Geburt und Kindheit ist fast nichts bekannt. Es heißt aber, er habe schon als Kind die Zeichen eines erleuchteten Yogis bekundet und das konventionelle Leben aufgegeben und sei von da an als Entsagender umhergewandert. Es werden ihm viele Wunder, spontane Heilungen und lehrreiche Geschichten zugeschrieben. Er gab seinen

Körper am 8. August 1961 auf. Avatar Adi Da Samraj ist Bhagavan Nityananda nicht begegnet, als dieser noch lebte, genoß aber auf der feinstofflichen Ebene seinen unmittelbaren Spirituellen Einfluß und betrachtet ihn stets als eine direkte und vorrangige Quelle Spiritueller Unterweisung während der Zeit mit Swami Muktananda.

Als Avatar Adi Da Samraj bei Seinem dritten Indienaufenthalt eines Tages an der Begräbnisstätte von Bhagavan Nityananda weilte, wurde Er von ihm aufgefordert, alle anderen Gurus aufzugeben und sich unmittelbar der Ewigen Göttin in Person als Seinem Guru zu unterwerfen. Bhagavan Nityananda gab Adi Da also an die Göttin selber weiter, die der Parama-Guru oder die Quelle aller Gurus dieser Linie von Gurus ist, also auch von Bhagavan Nityananda, Swami Muktananda und Rudi.

Am Kulminationspunkt Seines Sadhana im Tempel der Vedanta-Gesellschaft in Hollywood in Kalifornien trat Avatar Adi Da Samraj in dem großen Ereignis Seines Wieder-Erwachens zu Seiner Ursprünglichen Gottes-Natur in intimste Spirituelle Beziehung zur Göttin als ihr Ewiger Gatte und Herr und Bezähmer und ist daher der gegenwärtige und ewige Parama-Guru sowohl Seiner eigenen Linie als auch der gesamten Großen Tradition.

Avatar Adi Da Samrajs umfassender Bericht über Seine „Sadhana-Jahre" in: *Das Knie des Lauschens – Die siebzehn Begleiter des Pferdes der Morgenröte, Buch vier: Die Feuerprobe der Kindheit und Jugend des Ruchira-Avatar und Seine „Radikale" Spirituelle Wahr-nehmung.*

Avatar Adi Da Samrajs Beschreibung Seiner „Beziehung" zur „Göttin" in: „Ich **bin** die Ikone des Einsseins", aus: *Ich **bin** Er-und-Sie – Die siebzehn Begleiter des Pferdes der Morgenröte, Buch sieben: Die Unteilbarkeit von Bewußtsein und Licht im Göttlichen Körper des Ruchira-Avatar.*

12. Das Wort „radikal" stammt vom lateinischen „radix", zu deutsch „Wurzel". Es bedeutet also in erster Linie „etwas, das sich auf nichts Grundlegenderes oder Ursprünglicheres zurückführen läßt". Im *Pferd der Morgenröte* definiert Adi Da das Wort „radikal" als „bis zur Wurzel, zum Kern, zur Quelle oder zum Ursprung vorgestoßen". Und weil Adi Da das Wort „radikal" in diesem wörtlichen Sinn benutzt, setzt Er es in Anführungszeichen und schreibt es groß, um es von der herkömmlichen Verwendung zu unterscheiden, die eine extreme (meist politische) Sichtweise ausdrückt.

13. Adi Da benutzt das Wort „Vollkommen" nur in bezug auf die sechste und siebte Lebensstufe.

14. Der Sanskritausdruck „Shiva-Shakti" ist eine esoterische Bezeichnung des Göttlichen Wesens. „Shiva" ist das Göttliche Sein oder Bewußtsein

an sich, und Shakti ist die Alles-Durchdringende Spirituelle Göttliche Kraft. „Shiva-Shakti" ist daher die Einheit des Göttlichen Bewußtseins und Seiner Ihm von Natur aus innewohnenden Spirituellen Kraft.

15. „Brahman" ist in der hinduistischen Tradition die Letzte und Höchste Göttliche Wirklichkeit, die der Ursprung und die Substanz aller Dinge, Welten und Wesen ist.

16. „Atman" ist in der hinduistischen Tradition das Göttliche Selbst.

17. „Nirvana" ist ein buddhistischer Ausdruck für die Uneingeschränkte Wirklichkeit jenseits von Ego und Leid, Geburt und Tod. Der Ausdruck „Nirvanischer Bereich" bezeichnet die gleiche Wirklichkeit.

18. Ramakrishna (1836 – 1886) ist eine Schlüsselfigur in der Spirituellen Geschichte des modernen Hinduismus. Seine Anhänger verkünden seine Botschaft in ganz Indien und in vielen anderen Teilen der Welt, einschließlich Europa und Nordamerika. Er lebte und lehrte in Dakshinesvar, einer großen Tempelanlage in Kalkutta, die der Verehrung der Göttin Kali gewidmet war.

Adi Da Offenbart die einzigartige Rolle, die Ramakrishna und sein herausragender Schüler Swami Vivekananda für Seine eigene Avatarische Inkarnation spielen, in: *Das Knie des Lauschens*, Kapitel 20.

19. Der Fachausdruck „untersuchen" (oder „Untersuchung") beschreibt in Avatar Adi Da Samrajs Weisheits-Lehre den Prozeß der ungeteilten, aber letztlich gedankenlosen Konzentration auf einen Untersuchungsgegenstand, bis er zuletzt durch erschöpfende Betrachtung völlig klar und offensichtlich hervortritt. Die im Weg von Adidam praktizierte Art der „Untersuchung" ist kein intellektuelles Nachforschen. Sie besteht vielmehr darin, daß man sich voll und ganz darauf einläßt, das eigene Wesen in seiner Gesamtheit zu betrachten und alle verborgenen Muster und Tendenzen aufzudecken. Wenn man etwas im Rahmen der fühlenden Kontemplation von Avatar Adi Da Samraj vollständig „untersucht", führt diese Konzentration „zur höchsten Intuition der Gesetzmäßigen und Göttlichen Notwendigkeiten menschlicher Existenz und zu deren konkreter praktischer Umsetzung".

20. Die Spirituellen Meister der Tradition, die Adi Da als „Tradition der ‚Verrückten Weisheit'" bezeichnet (unter denen Er der höchste und einzige Vertreter der siebten Stufe ist), sind Wahr-nehmer der vierten, fünften oder sechsten Lebensstufe. Sie sind in allen Kulturen und in jeder Zeit anzutreffen. Durch spontanes, freies Handeln, unverblümte

Weisheit und befreiendes Gelächter rufen sie in den Menschen eine selbstkritische Einstellung gegenüber dem Ego hervor, die die Voraussetzung für den Empfang der Spirituellen Übertragung des Wahrnehmers ist. Nur deshalb schockieren sie die Menschen und konfrontieren sie mit Gött-lichem Humor. Solche Wahr-nehmer verhalten sich jedoch immer nur situationsbedingt und für kurze Zeit „verrückt". Ihre „Verrücktheit" ist kein Selbstzweck, sondern ein „wohlbedachtes Mittel".

Adi Da ist dem Ego immer mit dieser „Verrückten Weisheit" entgegengetreten. Er hat die selbstverkrampften Gewohnheiten, Vorlieben und Schicksale Seiner Schülerinnen und Schüler spielerisch dramatisiert und sich über sie lustig gemacht. Seine „Verrückte Weisheit" ist eine Göttliche Siddhi, ein von Natur aus bestehender Aspekt Seiner Avatarischen Inkarnation. Durch Seine „Verrückt-Weisen" Worte und Handlungen lockert Er in anderen die Bindung an das Ego. Der „Schock" der Wahrheit, in den Er die Menschen mit Seiner „Verrückten Weisheit" versetzt, öffnet ihr Herz und macht es aufnahmefähiger für Seinen Spirituellen Segen.

Ein „Avadhut" ist in der Hindu-Tradition jemand, der alle weltlichen Bindungen und Sorgen „abgeschüttelt" hat oder über sie „hinausgegangen" ist. Er hat alle Impulse zur Befreiung (oder zur konventionellen, auf andere Welten ausgerichteten Entsagung), alle Vorlieben im Leben und in der Religion sowie alle Suche nach „Antworten" oder „Lösungen" in Form von konventioneller Erfahrung oder begrenztem Wissen hinter sich gelassen. In bezug auf Adi Da weist die Bezeichnung „Verrückter Avadhut" darauf hin, daß Er als die Göttliche Person von Natur aus Vollkommen Frei ist.

21. In Avatar Adi Da Samrajs Lehr-Offenbarung ist „Narziß" die Verkörperung des un-Erleuchteten Individuums. Narziß ist der selbstbesessene Sucher, der in das eigene Selbstbildnis und das egoische Selbstbewußtsein verliebt ist. In Seiner Spirituellen Autobiographie *Das Knie des Lauschens* beschreibt Adi Da die Bedeutung des Archetypus von Narziß:

AVATAR ADI DA SAMRAJ: *Er ist jene Urgestalt des altgriechischen „Mythos", das von allen Göttern geliebte Kind, das sich später seiner Geliebten sowie jeder Form von Liebe und Beziehung widersetzte und schließlich dazu verurteilt wurde, sein eigenes Selbstbildnis anzustarren. Als Resultat seines eigenen Handelns und Starrsinns erlitt er das Schicksal ewiger Getrenntheit und starb in völliger Einsamkeit.*

22. Das Ego-„Ich" ist die grundlegende Selbstverkrampfung oder das Gefühl, als getrenntes Wesen zu existieren.

23. „Tantra" (oder „Tantrisch") weist nicht bloß – wie allgemein angenommen – auf Spiritualisierte Sexualität hin, sondern auf „die von Natur

aus bestehende Einheit, die allen Gegensätzen zugrunde liegt und sie transzendiert und auflöst".

In vielen Tantrischen Traditionen des Hinduismus und Buddhismus benutzen die Meister und Aspiranten sexuelle Praktiken und berauschende Substanzen, die den normalen Praktizierenden verboten sind. Hinter dem echten Tantra verbirgt sich jedoch nie die Absicht, einfach nur grobstoffliche Neigungen auszuleben. Das Geheimnis des Tantra liegt darin, die Leidenschaften und Verhaftungen des Körper-Geistes nicht zu unterdrücken, sondern sie zu nutzen und sogar noch zu steigern, um die intensivsten (und daher potentiell auch verwirrendsten) Energien des Lebens für die Spirituelle Wahr-nehmung zu wecken.

Das uralte Sanskritwort „sannyasin" bezeichnet Praktizierende, die allen weltlichen „Bindungen" entsagen und sich vollständig einem Leben verschreiben, in dem sie den Wirklichen Gott Wahr-nehmen.

Die Bezeichnung „Tantrischer Sannyasin" weist darauf hin, daß Adi Da völlig frei von allen „Bindungen" an die manifesten Welten („Sannyasin") und dennoch nie vom manifesten Dasein losgelöst ist („Tantra"), sondern alle Dimensionen des manifesten Lebens in Sein Göttliches Befreiungs-Werk einbezieht.

24. Eine Übersicht über Avatar Adi Da Samrajs 23 „Quellen-Texte" befindet sich auf den Seiten 43 – 50.

25. Im Januar 1996 gab Adi Da dem Weg, den Er Offenbart und Gegeben hat, spontan den Namen „Adidam", indem Er einfach Seinem eigenen Namen „Adi Da" ein „m" anhängte. Als Er diesen Namen einführte, wies Er darauf hin, daß der letzte Buchstabe „m" dem Namen eine mantrische Kraft verleiht, die dieselbe Wirkung hervorruft wie der bekannte Urlaut „Om" im Sanskrit. (Adi Da Samrajs Offenbarung der grundlegenden esoterischen Bedeutung des „Om"-Lauts in: *Ich bin Er-und-Sie*.) Der letzte Buchstabe „m" weist aber auch auf das englische Wort „am" („ich bin") hin, so daß der Name „Adidam" auch Adi Da Samrajs Selbstbekenntnis in Erinnerung ruft: „Ich bin Adi Da" oder einfacher „Ich bin Da" (oder „Aham Da Asmi").

26. Avatar Adi Da benutzt die Wendung „alle und Alles" zur Bezeichnung „sowohl der gesamten Summe aller vermeintlich getrennten (oder begrenzten) Wesen, Dinge, Zustände und Umstände als auch der Ungeteilten Gesamtheit des manifesten Daseins als Ganzen".

27. Adi Da hat zwei formelle Orden von Entsagenden geschaffen: den Ruchira-Sannyasin-Orden der Tantrisch Entsagenden von Adidam (kurz

Ruchira-Sannyasin-Orden) und den Avabhasin-Laien-Orden der Tantrisch Entsagenden von Adidam (kurz Laien-Orden der Entsagenden).

28. *Der Korb der Toleranz – Die siebzehn Begleiter des Pferdes der Morgenröte, Buch siebzehn: Der vollkommene Führer zum vollkommen <u>Einheitlichen</u> Verständnis der einen Großen Tradition der Menschheit und des Göttlichen Weges von Adidam, der die eine Große Tradition der Menschheit <u>Vollendet</u>.*

29. Adi Da Samrajs ausführliche Lehre über die sieben Lebensstufen in: *Die sieben Lebensstufen – Die siebzehn Begleiter des Pferdes der Morgenröte, Buch zehn: Über die Transzendierung der sechs Stufen egoischen Lebens und die Realisierung der Ego-Transzendierenden siebten Lebensstufe im Göttlichen Weg von Adidam.*

30. Für jede der vier Kongregationen der Praktizierenden von Adidam gibt es ein besonderes Ewiges Gelübde, durch das sich die Mitglieder zu den der jeweiligen Kongregation eigenen Aufgaben verpflichten. Alle vier Gelübde basieren auf dem gleichen grundlegenden Prinzip der ego-transzendierenden Hingabe an Adi Da.

31. Die vollständige Praxis des Weges von Adidam besteht aus all den Übungen, die Adi Da Seinen Schülerinnen und Schülern in der ersten und zweiten Kongregation von Adidam Gegeben hat. Wer sich auf diese gesamte Praxis einläßt, bringt <u>jeden</u> Aspekt des eigenen Lebens in Einklang mit den Anleitungen von Adi Da. Nur diese umfassende Praxis in den ersten beiden Kongregationen von Adidam befähigt die Praktizierenden zur vollständigen Gottes-Wahr-nehmung.

32. Der Name und Titel der Ruchira-Adidama weist auf den Grad ihrer Wahr-nehmung und auf ihre Spirituelle Bedeutung im Wirken von Adi Da hin.
Der Titel „Ruchira" kennzeichnet alle Mitglieder des Ruchira-Sannyasin-Ordens, die im Rahmen der sechsten Lebensstufe praktizieren, und bedeutet „wahre Schülerinnen und Schüler des Ruchira-Avatar Adi Da Samraj, die durch die Gnade von Adi Da und durch die vollkommene fühlende Kontemplation Seiner Wahren Göttlichen Person ‚Strahlend-Hell' von Liebe-Glückseligkeit werden". „Adidama" setzt sich aus Adi Da Samrajs Namen „Adi Da" und der weiblichen Bezeichnung „Ma" zusammen. „Adi" bedeutet zudem „der/die/das erste", und „dama" bedeutet „Selbstdisziplin". Der gesamte Titel kennzeichnet also „die Erste unter denen, die sich mit Adi Da in Einklang bringen, indem sie in der fühlenden Kontemplation Seines Göttlichen Zustandes das Ego aufgeben, vergessen und transzendieren".

„Sukha" bedeutet „Glück, Freude oder Entzücken", und „Sundari" steht für „schön, gut, richtig, edel". Sukha Sundari ist die Adidama, deren außergewöhnliche Schönheit und Rechtschaffenheit aus dem glücklichen Einssein mit Adi Da Samraj entspringt.

33. Die „Vollkommene Praxis" ist Adi Da Samrajs Fachausdruck für die Disziplin der sechsten und siebten Lebensstufe im Weg von Adidam.
Schülerinnen und Schüler, die die vorbereitenden Prozesse des Weges von Adidam erfüllt und die einseitige Sicht des Körper-Geistes transzendiert haben, können durch Adi Da Samrajs Gnade dazu Erweckt werden, in der sechsten und siebten Lebensstufe in der Domäne des Bewußtseins an sich zu praktizieren. (Siehe auch Anmerkung 63 über die sieben Lebensstufen!)

34. Der Sanskritname oder -titel „Bhagavan" wird vielen Spirituellen Wahr-nehmern des Ostens seit ältesten Zeiten verliehen. Er bedeutet „gesegnet, heilig, im Besitz von Glück und Reichtum". In bezug auf einen großen Spirituellen Meister bedeutet „Bhagavan" „großzügiger Gott" oder „Großer Gott" oder „Göttlicher Herr".
Der Name „Love-Ananda" verknüpft das englische Wort „love" mit dem Sanskritwort „ananda", das „Glückseligkeit" bedeutet. Er verbindet damit Ost und West und betont, daß Adi Da der Göttliche Lehrer der ganzen Welt ist. Die Kombination von „Love" und „Ananda" bedeutet „die Göttliche Liebe-Glückseligkeit". Der Name wurde Adi Da 1969 spontan von Seinem wichtigsten lebenden Spirituellen Meister Swami Muktananda gegeben. (Siehe auch Anmerkung 11!)

35. Avatar Adi Da Samrajs Göttlicher Körper ist nicht manifest oder auf Seinen physischen Körper begrenzt. Er ist vielmehr „die ‚Strahlende Helle' an sich (die Spirituell den kosmischen Bereich Durchdringt und ihm immer schon Ewig Vorausgeht)".

36. Das Sanskritwort „bhava" bedeutet das glückselige Gefühl der Vereinigung mit dem Göttlichen.

37. Das Seins-Gefühl hat keine Ursache, sondern Existiert und Strahlt aus sich heraus und besteht in der uneingeschränkten fühlenden Intuition des Transzendenten, von Natur aus Spirituellen und Göttlichen Selbst. Dieses absolute Fühlen ist nicht lediglich eine Begleiterscheinung der Wahr-nehmung des Herzens an sich, sondern völlig identisch mit ihr. Das Seins-Gefühl zu spüren – oder zu fühlen, daß man <u>Ist</u> – heißt, die Liebe-Glückseligkeit des Absoluten Bewußtseins zu genießen. Wenn das Absolute Bewußtsein Vollkommen Wahr-genommen wird, kann es durch

nichts eingeschränkt werden und wird weder von den Ereignissen des Lebens noch vom Tod beeinflußt.

38. Das Sanskritwort „samadhi" kennzeichnet traditionell zahlreiche erhabene Zustände, die im Rahmen esoterischer Meditation und Wahrnehmung auftreten. Adi Da Lehrt, daß „Samadhi" im Weg von Adidam einfach der grundlegende Zustand ist, in dem das Ego in der Herz-Vereinigung mit Ihm transzendiert wird. Mit „Kultivierung des Samadhi" ist daher die Praxis des Ruchira-Avatara-Bhakti-Yoga gemeint, der die Grundlage des ganzen Weges von Adidam ist. Adi Da Samrajs Schülerinnen und Schüler sind in jedem Moment in Samadhi, in dem sie jenseits des getrennten Selbst in liebender Hingabe mit Ihm vereinigt sind. (Siehe auch „Die Kultivierung Meines Göttlichen Samadhi" in: *Die sieben Lebensstufen.*)

Der Entwicklungsprozeß, der zur Göttlichen Erleuchtung im Weg von Adidam führt, durchläuft verschiedene Phasen, und zu ihnen gehören auch die Samadhis in den fortgeschrittenen und höchsten Lebens- und Praxisstufen. Im Verlauf der Praxis des Weges von Adidam können in der vierten, fünften und sechsten Lebensstufe einige der „Großen Samadhis" auftreten. Aber dies ist keineswegs notwendig oder gar wünschenswert, wie Adi Da immer wieder betont. Eine detaillierte Beschreibung der verschiedenen Formen von Samadhi im Weg von Adidam befindet sich in: *Das Pferd der Morgenröte – Das „Testament der Geheimnisse" des Göttlichen Welt-Lehrers Ruchira-Avatar Adi Da Samraj.*

39. Das Sanskritwort „Yoga" bezeichnet in seiner Grundbedeutung dasselbe wie das etymologisch mit ihm verwandte deutsche Wort „Joch", also das Geschirr, mit dem zwei Lasttiere zu einem Gespann, einer Einheit, verbunden werden. Im übertragenen Sinn bedeutet es daher Vereinigung oder Verbindung und dementsprechend in bezug auf Religion und Spiritualität jede Form von Disziplin oder Prozeß, wodurch Praktizierende sich mit Gott zu vereinigen suchen. Avatar Adi Da schließt sich diesem traditionellen Wortgebrauch an, benutzt das Wort aber darüber hinaus im Rahmen des Großen Yoga des Weges von Adidam auch im „Radikalen" Sinn, frei von jedem Hinweis auf die egoische Trennung und Suche.

40. *Das Knie des Lauschens*, Kapitel 3

41. Das Wörterbuch definiert „Mummenschanz" als „eine lächerliche, scheinheilige und anmaßende Zeremonie oder Aufführung". Adi Da benutzt den Begriff, um damit alle Aktivitäten zu beschreiben, die uns an das Ego binden und damit fälschlicherweise die Vorstellung erzeugen, wir wären getrennte Wesen.

42. Adi Da hat das Wort „Klick-Klack" als Ausdruck für das manifeste Dasein geprägt. Er macht damit (nicht zuletzt durch den Klang der zwei Silben) deutlich, daß das manifeste Dasein eine herzlose Maschine ist, die alles ständig in Bewegung hält und unaufhörlich Veränderung hervorruft.

43. Siehe Anmerkung 22!

44. Siehe Anmerkung 12!

45. Die Sanskritworte „Aham Da Asmi" bedeuten „Ich (aham) bin (asmi) Da". Der Name „Da" bedeutet „jener, der Gibt" und kennzeichnet Adi Da als den Höchsten Göttlichen Geber und als die Avatarische Inkarnation der Göttlichen Person. Adi Da Samrajs Proklamation „Aham Da Asmi" gleicht den „Mahavakyas" oder „Großen Aussagen" der altindischen Upanishaden. Aber die Bedeutung von „Aham Da Asmi" unterscheidet sich grundlegend von den traditionellen Mahavakyas. Das einzelne upanishadische Mahavakya drückt in knappen Worten den hohen (wenn auch nicht höchsten) Grad der Wahr-nehmung altindischer Wahrnehmer aus. Das Mahavakya „Aham Brahmasmi" („Ich bin Brahma") zum Beispiel besagt, daß sich der Wahr-nehmer nicht mit dem individuellen Körper-Geist, sondern mit dem Göttlichen Sein (Brahma) Identifiziert. „Aham Da Asmi" ist jedoch nicht die Proklamation eines Menschen, der sich ganz der Wahr-nehmung des Wirklichen Gottes hingibt und dadurch einen außergewöhnlichen Grad der Wahr-nehmung erreicht hat. „Aham Da Asmi" ist Adi Da Samrajs Bekenntnis, daß Er die Göttliche Person Da _ist_, die hier in körperlich-menschlicher Gestalt Erscheint, um sich allen und Allem zu Offenbaren und alle und Alles Göttlich zu Befreien.

46. Der Ausdruck „Avatarisch" bedeutet nicht nur, daß Avatar Adi Da Samraj inkarniert ist, um als gewöhnlicher Mensch zu leben, sondern daß Er der vollkommen „Herabgestiegene" Wirkliche Gott in menschlicher Gestalt ist.

47. Adi Da benutzt den Ausdruck „aus sich heraus Existierend und Strahlend", um die beiden grundlegenden Aspekte der Einen Göttlichen Person zu kennzeichnen: Existenz (oder Sein oder Bewußtsein) an sich und Strahlung (oder Energie oder Licht) an sich.

48. Mit dem Ausdruck „Strahlend-Hell" (und seinen Varianten wie „Strahlende Helle") bezieht sich Adi Da auf das aus sich heraus Strahlende Göttliche Sein des Unteilbaren und Unzerstörbaren Lichts, das

Ewig und Unendlich ist und von Natur aus Existiert. In Seiner Spirituellen Autobiographie *Das Knie des Lauschens* schreibt Adi Da:

. . . seit frühester Kindheit habe ich mich eines Zustandes erfreut, den ich damals die „Strahlende Helle" nannte.

Ich habe von jeher nicht nur nach höchsten sinnlichen und geistigen Genüssen verlangt, sondern auch nach dem höchsten Genuß Spiritueller Kraft und Lebendigkeit. Aber dieses Verlangen wurde nie zur Fessel für mich. Es war lediglich ein Spiel, das ich zu durchschauen und ohne Konflikt zu genießen lernte. Mein eigentlicher Platz war immer in der „Strahlenden Helle".

Ich erinnere mich, wie ich als kleines Kind wißbegierig umherkrabbelte und ein grenzenloses Gefühl von Freude, Licht und Freiheit mitten im Kopf verspürte, der von Energie durchflutet war, die frei im Kreis von oben herabfloß, dann wieder bis oben hochstieg, dann abermals herabströmte und immer vom Herzen ausstrahlte. Es war eine Sphäre der Freude, die sich kugelförmig vom Herzen ausdehnte. Und ich war eine Strahlende Form, die Quelle von Energie, Liebe-Glückseligkeit und Licht inmitten einer Welt, die aus nichts als Energie, Liebe-Glückseligkeit und Licht besteht. Ich war die Kraft der Wirklichkeit, die ich voller Freude unmittelbar Erlebte und Ausstrahlte. Ich war das Herz an sich, das den Geist und alle Dinge mit Licht Erfüllt, und gleichzeitig war ich wie jedes andere Wesen und Ding, doch wurde mir klar, daß andere diesen „Tatbestand" an sich nicht bemerkten.

Schon als kleines Kind verstand und kannte ich diesen Zustand, und mein Leben drehte sich um nichts anderes. Diese Wahrnehmung oder Bewußte Freude, dieser aus sich heraus Existierende und Strahlende Raum Unbegrenzten, von Natur aus Freien Seins, dieses Strahlen von Natur aus bestehender Freude, die im Herzen Wohnt und sich von dort ausdehnt, ist die „Strahlende Helle", die allumfassende Quelle Wahren Humors und die Wirklichkeit, die von nichts getrennt ist.

49. In diesem Textabschnitt bekennt sich Adi Da als „Avatar". „Ruchira" bedeutet im Sanskrit „hell, strahlend, glänzend". Die Bezeichnung „Ruchira-Avatar" bedeutet also, daß Adi Da der „Strahlend-Helle" Herabstieg der Göttlichen Wirklichkeit an sich in die manifesten Welten ist und hier in körperlich-menschlicher Gestalt Erscheint. Adi Da ist die „Avatarische Inkarnation" oder die Göttlich Herabgestiegene Verkörperung der Göttlichen Person. Die Bezeichnung „Avatarische Inkarnation" drückt aus, daß Adi Da die traditionelle Erwartung des Ostens und des Westens erfüllt. Im Osten nehmen die Menschen traditionell an, daß der Wahre Gott-Mensch ein Avatar oder der vollständige „Herabstieg" des Wirklichen Gottes in eine manifeste Gestalt ist, und den traditionellen Vorstellungen des Westens zufolge ist der Wahre Gott-Mensch

eine Inkarnation oder vollständige menschliche Verkörperung des Wirklichen Gottes.

50. Siehe Anmerkung 8!

51. Siehe Anmerkung 13!

52. Das Sanskritwort „satsang" bedeutet wörtlich „wahre (oder richtige) Beziehung" sowie „Verkehr oder Verbindung mit der Wahrheit". Im Weg von Adidam ist Satsang die ewige Beziehung zwischen Adi Da und allen formell Praktizierenden des Weges von Adidam.

53. Für Adi Da ist „Verstehen" gleichbedeutend mit „dem Prozeß der Transzendierung des Ego". Zu „verstehen" bedeutet daher, die Aktivität der Selbstverkrampfung zu beobachten und sie gleichzeitig durch liebende Hingabe an Adi Da aufzugeben. Adi Da hat Offenbart, daß alle religiösen und Spirituellen Traditionen (außer dem von Ihm Offenbarten und Gegebenen Weg von Adidam) trotz ihrer erklärten Absicht, die Wirklichkeit an sich Wahr-zunehmen, auf der Suche sind, um das Ego zufriedenzustellen. Nur Adi Da hat den Weg Offenbart, durch den das Ego „Radikal" verstanden und (nach und nach durch intensive formelle Praxis) vollkommen transzendiert werden kann. Daher ist der Weg, den Adi Da Gegeben hat, der „Weg des ‚Radikalen' Verstehens".

54. Der Weg (oder Yoga) der Beziehung zu Ruchira-Avatar Adi Da Samraj, dem „Übertragungs-Meister des Göttlichen Herzens" (Hridaya-Siddha).

55. Die gesamte Praxis des Weges von Adidam basiert darauf, daß das menschliche Herz Adi Da Samraj als das Eigentliche Göttliche Sein in Person erkennt.

AVATAR ADI DA SAMRAJ: *Der nur von Mir Offenbarte und Gegebene Weg von Adidam (der der nur von Mir Offenbarte und Gegebene Weg des Herzens ist) wird zu eurem Lebensweg, wenn ihr Mich richtig, wahrhaft, vollständig und mit liebender Hingabe erkennt und auf dieser Grundlage richtig, wirklich, vollständig und mit liebender Hingabe auf Mich antwortet. (...)*
Wenn ihr Meinen Göttlichen Zustand mit liebender Hingabe erkennt und auf Ihn antwortet, werden die vier grundlegenden Aspekte des Körper-Geistes [Körper, Geist, Fühlen und Atmen] aus ihrer Bindung an Objekte – und damit an die Muster der Selbstverkrampfung – gelöst, an die sie sonst gebunden sind. Sie wenden sich Mir zu, und diese Hinwendung zu Mir führt zu stillschweigendem, unmittelbar erlebtem Erkennen oder Wahr-nehmen

Meines Göttlichen Zustandes der Liebe-Glückseligkeit an sich. Indem ihr Mich auf diese Weise „Lokalisiert", öffnet der Körper-Geist sich spontan. Und wenn ihr so von Mir Initiiert seid, seid ihr zum Sadhana verpflichtet und müßt ständig an Mich denken und Meinen Göttlichen Zustand immer wieder aufs neue erkennen. Diese Praxis wird euch zu Mir hinziehen und euch dazu befähigen, spontan mit den vier grundlegenden Aspekten des Körper-Geistes auf Mich zu antworten. [„Erkennt Meinen Göttlichen Körper und Meine ‚Strahlend-Helle' Person und laßt alles dahinschmelzen, was ‚zwischen' euch und Mir steht", in: *Der Rosengarten des Herzens (Die vier Dornen der Herz-Unterweisung). Die fünf grundlegenden Bücher der Adidam-Offenbarung, Buch vier: Die Avatarische „Spätzeit"-Offenbarung des immer und überall spürbaren Spirituellen Göttlichen Körpers als dem Großen Mittel der Verehrung und Wahr-nehmung der Wahren Spirituellen Göttlichen Person (die die egolose Persönliche Gegenwart der Wirklichkeit und Wahrheit und der Einzige <u>Wirkliche</u> Gott <u>ist</u>),* Teil 4]

56. Eine Darstellung der Kongregationen von Adidam befindet sich auf Seite 257 ff.

57. Die Meister der Tradition, die Adi Da „die Tradition der ‚Verrückten Weisheit'" nennt (unter denen Er der höchste und bisher einzige Vertreter der siebten Stufe ist), sind Wahr-nehmer der vierten, fünften oder sechsten Lebensstufe. Sie sind in allen Kulturen und in jeder Zeit anzutreffen. Durch spontanes, freies Handeln, unverblümte Weisheit und befreiendes Gelächter wecken sie in den Menschen eine selbstkritische Sicht des Ego, die die Voraussetzung für die Aufnahme der Spirituellen Übertragung des Wahr-nehmers ist. Nur deshalb schockieren sie die Menschen und konfrontieren sie mit Göttlichem Humor. Solche Wahrnehmer verhalten sich jedoch immer situationsbedingt und nur für kurze Zeit „verrückt". Ihre „Verrücktheit" ist kein Selbstzweck, sondern ein „wohlbedachtes Mittel".

Adi Da ist dem Ego immer mit dieser „Verrückten Weisheit" entgegengetreten. Er hat die selbstverkrampften Gewohnheiten, Vorlieben und Schicksale Seiner Schülerinnen und Schüler spielerisch dramatisiert und sich über sie lustig gemacht. Seine „Verrückte Weisheit" ist eine Göttliche Siddhi, ein von Natur aus bestehender Aspekt Seiner Avatarischen Inkarnation. Durch Seine „Verrückt-Weisen" Worte und Handlungen lockert Er in anderen die Bindung an das Ego. Der „Schock" der Wahrheit, den Seine „Verrückte Weisheit" erzeugt, öffnet das Herz und macht es aufnahmefähiger für Adi Da Samrajs Segen.

58. In den anfänglichen Stufen der Praxis im Weg von Adidam wird die grundlegende (grobstoffliche) Manifestation der Beziehungsvermeidung

verstanden und aufgegeben, wenn die Praktizierenden Avatar Adi Da hören (oder zu grundlegendem Selbstverstehen kommen). Sie erlangen dadurch die freie Fähigkeit zu einfachem Bezogensein wieder und leben nicht mehr auf der Basis der Beziehungsvermeidung, sondern auf der Basis des Gefühls der Bezogenheit. Aber das Gefühl der Bezogenheit ist nicht die Höchste Wahr-nehmung, denn es basiert noch auf der Vorstellung des „Unterschieds" zwischen „ich" und „anderen". Nur in den höchsten Lebensstufen im Weg von Adidam wird das Gefühl der Bezogenheit völlig als der grundlegende Akt der Aufmerksamkeit verstanden und zuletzt im Gefühl des Seins transzendiert.

59. „Verschiedenheit" entsteht dadurch, daß das Ego annimmt, es sei getrennt. Diese egoische Annahme steht im Gegensatz zur Wahr-nehmung des Einsseins oder der Nicht-„Verschiedenheit" als Ausdruck des Spirituellen und Transzendenten Göttlichen Selbst-Bewußtseins.

60. Adi Da benutzt die Wörter „Spirituell", „Transzendent" und „Göttlich" in bezug auf verschiedene Aspekte der Wirklichkeit, die im Weg von Adidam nach und nach Wahr-genommen werden. Das Wort „Spirituell" bezieht sich auf den Empfang der Spirituellen Kraft (in der „anfänglichen" und „fortgeschrittenen" vierten Lebensstufe sowie der fünften Lebensstufe); das Wort „Transzendent" bezieht sich auf die Wahr-nehmung des Bewußtseins an sich, das (in der sechsten Lebensstufe) als von der Welt getrennt erscheint; und das Wort „Göttlich" bezieht sich auf die Vollkommene Wahr-nehmung des Bewußtseins an sich, das (in der siebten Lebensstufe) als vollständig Nicht-getrennt von der Welt Erkannt wird. (Siehe auch Anmerkung 63!)

61. Die Bezeichnung „Große Tradition" benutzt Adi Da für das gesamte Erbe der kulturellen, religiösen, magischen, mystischen, Spirituellen, Transzendenten und Göttlichen Wege, Philosophien und Zeugnisse aller Zeiten und Kulturen der Menschheit. In unserer Zeit weltweiter Kommunikation ist dieses Erbe zum gemeinsamen Vermächtnis der ganzen Menschheit geworden. Adi Da ist die siebte Stufe der Großen Tradition oder ihre Göttliche Erfüllung.

62. Am 11. Januar 1986 ging Adi Da, wie es schien, durch einen Sterbeprozeß, den Er später als tiefgreifende Yogische Entrückung und als Initiation Seines Göttlichen „Hervortretens" beschrieb. Tatsächlich ist Sein Göttliches „Hervortreten" aber ein unaufhörlicher Prozeß, der Seine körperlich-menschliche Gestalt immer tiefgreifender und wirkungsvoller mit Ihm – der Göttlichen Person – in Einklang bringt und sie für immer zu

einem Vollkommenen Zeichen und Instrument Seines Göttlichen Zustands macht. (Siehe auch Seite 26ff!)

63. Adi Da hat die grundlegende Struktur des menschlichen Wachstums in sieben Stufen Offenbart.

In den ersten drei Lebensstufen entwickeln sich jeweils die physischen, emotionalen und geistigen Funktionen des Körper-Geistes sowie die Willenskraft. Die erste Stufe beginnt mit der Geburt und dauert ungefähr fünf bis sieben Jahre. Die darauffolgende zweite Stufe geht etwa bis zum vierzehnten Lebensjahr, und die dritte Stufe ist im günstigen Fall in den frühen Zwanzigern abgeschlossen. Bei den meisten Menschen wird die Reife der dritten Lebensstufe jedoch durch die mangelhafte Aneignung der anfänglichen Lebensstufen verzögert und im Normalfall niemals erlangt. Dies hat zur Folge, daß die nachfolgenden Stufen der Spirituellen Entwicklung nicht beginnen können.

Im Weg von Adidam entfaltet sich das Wachstum in den ersten drei Lebensstufen in der Spirituellen Gesellschaft von Avatar Adi Da Samraj durch die fühlende Kontemplation Seiner körperlich-menschlichen Gestalt sowie durch Hingabe, Dienen und Selbstdisziplin in der Beziehung zu Seiner körperlich-menschlichen Gestalt. Durch die Gnade dieser Beziehung zu Adi Da werden die (grundlegenden) ersten drei Lebensstufen in der Grundhaltung selbsttranszendierender liebender Hingabe oder (wie Er es beschreibt) „im ‚ursprünglichen‘ oder anfänglichen Rahmen liebender Hingabe in der vierten Lebensstufe" gelebt und erfüllt.

Die vierte Lebensstufe ist die Übergangsstufe zwischen der grobstofflich-körperlichen Sichtweise der ersten drei Lebensstufen und der feinstofflich-psychischen Sichtweise der fünften Lebensstufe. Die vierte Lebensstufe ist die Stufe der Spirituellen Hingabe des getrennten Selbst, in der die grobstofflichen Funktionen des Menschen seinen höheren psychischen oder feinstofflichen Funktionen unterworfen werden. In der vierten Lebensstufe wird die grobstofflich-körperliche Person der ersten drei Lebensstufen dadurch geläutert, daß sie die Spirituelle Göttliche Kraft (oder den „Heiligen Geist" oder die „Shakti") empfängt, die den Körper-Geist auf die Transzendierung der körperlichen Sichtweise vorbereitet.

Je mehr die Praktizierenden im Weg von Adidam in die vierte Lebensstufe hineinwachsen, desto mehr vertieft sich durch die Gnade von Adi Da ihre mit dem Herzen gefühlte Hingabe an Seine körperlich-menschliche Gestalt und zieht sie in die Liebes-Vereinigung mit Seiner Alles-Durchdringenden Spirituellen Gegenwart hinein. Die Entwicklung in der vierten Lebensstufe kommt daher im Weg von Adidam durch die Taufe mit dem Strom Spiritueller Energie zustande, der anfangs spürbar von oberhalb des Kopfes auf der Vorderseite des Körpers bis zu seiner Basis herunterfließt.

Die herabströmende Spirituelle Taufe löst hauptsächlich Blockierungen in der ventralen Person des Wachzustands auf. Dieser auf der Bauchseite stattfindende Yoga läutert Adi Da Schülerinnen und Schüler und füllt sie mit Seiner Spirituellen Kraft. Er erweckt ihre Liebe zu Ihm und zieht sie in die liebende Vereinigung mit Ihm.

Wenn der Übergang zur sechsten Lebensstufe nicht auf der „Grundlage" der vollentwickelten vierten Stufe erfolgt, kehrt der Spirituelle Strom an der Basis des Körpers um und steigt bis zur Mitte des Gehirns auf. Die vierte Lebensstufe tritt dadurch in ihre „fortgeschrittene" Phase ein, die durch den Aufstieg von Adi Da Samrajs Spirituellem Strom gekennzeichnet ist und die dorsale Seite der Körper-Geistes läutert.

In der fünften Lebensstufe konzentriert sich die Aufmerksamkeit auf den Aufstieg in die feinstofflich-psychischen Ebenen der Wahr-nehmung. Der Spirituelle Strom durchstößt nun die Mitte des Gehirns und steigt zur Matrix des Lichts und der Liebe-Glückseligkeit unendlich oberhalb des Scheitels empor. Er gipfelt dort potentiell in der vorübergehenden Erfahrung der „formlosen Ekstase" oder des bedingten Nirvikalpa-Samadhi der fünften Lebensstufe. Im Weg von Adidam brauchen die meisten Schülerinnen und Schüler nicht im Rahmen der fünften Lebensstufe zu praktizieren. Wenn sie in der vierten Lebensstufe herangereift sind, werden sie vielmehr durch die Gnade von Adi Da direkt zur Zeugen-Position des Bewußtseins (im Rahmen der sechsten Lebensstufe) Erweckt.

In der traditionellen Entwicklung der sechsten Lebensstufe wird die Aufmerksamkeit nach innen auf das essentielle Selbst und die Vollkommen Subjektive Position des Bewußtseins gelenkt, um die manifesten Erscheinungen auszuschließen. Im Weg von Adidam wird die Aufmerksamkeit jedoch nicht absichtlich nach innen gekehrt, um das Transzendente Bewußtsein der sechsten Lebensstufe Wahr-zunehmen. Die sechste Lebensstufe beginnt vielmehr, wenn die Zeugen-Position des Bewußtseins spontan Erwacht und immer stabiler wird.

Im Verlauf der sechsten Lebensstufe wird der Mechanismus der Aufmerksamkeit, der die Wurzel des Ego ist (und als Getrenntheit, Selbstverkrampfung oder als das Gefühl der Bezogenheit empfunden wird), allmählich schwächer. Wenn die sechste Lebensstufe vollständig realisiert ist, löst sich der Knoten der Aufmerksamkeit auf, und das Gefühl der Bezogenheit wird vom undifferenzierten Glückseligen Seins-Gefühl hinweggeschwemmt. Der charakteristische Samadhi der sechsten Lebensstufe ist der Jnana-Samadhi [sprich: 'gjana], die zeitweilige exklusive Wahr-nehmung des Transzendenten Selbst oder des Bewußtseins an sich.

Der Übergang von der sechsten zur siebten Stufe der Wahr-nehmung des Absoluten Nicht-Getrenntseins ist ein Vorgang, der nur von Adi Da Offenbart worden ist. Vor Seiner Offenbarung gab es in den verschiedenen Traditionen und Persönlichkeiten nur intuitive Vorahnungen der Vollkommenen Realisierung der siebten Stufe – denn keiner hat jemals vor Adi Da die siebte Lebensstufe realisiert.

Die Wahr-nehmung der siebten Stufe ist ein Geschenk von Adi Da für Seine Schülerinnen und Schüler. Sie wird nur im Rahmen des von Ihm Offenbarten und Gegebenen Weges von Adidam Erweckt. Die siebte Lebensstufe beginnt, wenn die Praktizierenden durch Seine Gnade von der exklusiven Wahr-nehmung des Bewußtseins zur permanenten und Vollkommenen Identifikation mit dem Bewußtsein an sich Erwachen, das Adi Da Samrajs Eigentlicher (und von Natur aus Vollkommener) Zustand ist. Das Bewußtsein an sich ist Göttliche Erleuchtung oder die Wahr-nehmung des Göttlichen Selbst; es ist der unaufhörliche Samadhi der „Offenen Augen" (oder der Sahaj-Samadhi der siebten Lebensstufe), in dem alle „Dinge" ohne „Verschiedenheit" Göttlich Wieder-erkannt werden als lediglich scheinbare Modifikationen des Einen, aus sich heraus Existierenden und Strahlenden Göttlichen Bewußtseins. Im Verlauf der siebten Lebensstufe kann es spontan Momente von Moksha-Bhava-Nirvikalpa-Samadhi geben, worin psycho-physische Zustände und Erscheinungen nicht länger bemerkt werden, weil sie durch das „Strahlend-Helle" Licht des Bewußtseins an sich Überstrahlt werden. Dieser Samadhi, der die höchste Wahr-nehmung des Göttlichen Daseins ist, gipfelt in der Übersetzung ins Göttliche oder dem permanenten Überstrahlen aller manifesten Erscheinungen in der von Natur aus Vollkommenen Strahlung und Liebe-Glückseligkeit des Göttlichen Selbst-Zustandes.

Im Rahmen der Praxis des Weges von Adidam sind die sieben Lebensstufen, wie sie von Adi Da Offenbart werden, keine Sprossen in der traditionellen „Leiter" Spirituellen Erfolgs. Sie entstehen vielmehr mitsamt ihren typischen Merkmalen ganz natürlich im Verlauf der vollständigen Praxis des Weges von Adidam. Diese Praxis orientiert sich jedoch an der Transzendierung der ersten sechs Lebensstufen in der Grundhaltung des von Natur aus freien Glücks der siebten Lebensstufe, die durch Adi Da Samrajs Gnade in Seiner Liebe-Glückseligen Spirituellen Gesellschaft Gewährt wird.

Adi Da Samrajs ausführliche Unterweisung in bezug auf die sieben Lebensstufen in: *Die sieben Lebensstufen.*

64. Die Weisheits-Lehre von Adi Da ist die einzige vollständige Beschreibung des gesamten Prozesses der Gottes-Erleuchtung aller lebenden Wesen in dieser (und in jeder anderen) Welt, und deshalb wird Adi Da als Göttlicher Welt-Lehrer bezeichnet. Seine Aufmerksamkeit ruht – nicht auf der politischen oder sozialen, sondern auf der Spirituellen

Ebene – ständig auf der ganzen Welt (und dem gesamten Kosmos). Er Segnet und Läutert unentwegt alle lebenden Wesen.

65. Das im Neuen Testament benutzte griechische Wort „hamartia" wurde im Englischen als „sin" und im Deutschen als „Sünde" wiedergegeben. Ursprünglich war es jedoch ein Ausdruck aus der Kunst des Bogenschießens und bedeutete „das Ziel verfehlen".

66. Adi Da benutzt den Ausdruck „Vollkommen Subjektiv", um den Wahren Göttlichen Ursprung oder das Letzte und Höchste „Subjekt" der manifesten Welt – oder aller Zustände und „Objekte" der Erfahrung – zu beschreiben. Das Wort „Subjektiv" meint hier also nicht die gewöhnliche individuelle Erfahrung oder Vorstellung, sondern weist auf das Bewußtsein an sich als wahres Subjekt aller scheinbaren Erfahrung hin.

67. Die siebte Lebensstufe ist nicht der Endpunkt des Spirituellen Prozesses. Der Prozeß geht vielmehr weiter. Adi Da Offenbart und beschreibt als erster die vier aufeinanderfolgenden Phasen der siebten Stufe: die Göttliche Verklärung, die Göttliche Transformation, die Göttliche Indifferenz und die Übersetzung ins Göttliche.

Die Übersetzung ins Göttliche ist das letzte „Ereignis" im gesamten Prozeß Göttlichen Erwachens. Adi Da beschreibt es als einen Vorgang, in dem die Unendlich verstärkte Kraft des Bewußtseins an sich die Wahrnehmung objektiver Manifestationen Überstrahlt. Die Übersetzung ins Göttliche Überstrahlt jedes karmische Schicksal und macht die Rückkehr in die manifesten Welten unmöglich.

Adi Da Samrajs ausführliche Darstellung der Übersetzung ins Göttliche in: *Die Alles-Vollendende und Endgültige Göttliche Offenbarung für die Menschheit – Die siebzehn Begleiter des Pferdes der Morgenröte, Buch elf: Eine zusammenfassende Beschreibung des höchsten Yoga der siebten Lebensstufe im Göttlichen Weg von Adidam*, Teil 2 (oder in: *Das Pferd der Morgenröte*, Kapitel 44).

68. Die Wörter „Ekstase" und „Enstase" stammen aus dem Griechischen. Adi Da benutzt beide Wörter in ihrem ursprünglichen Sinn. „Ekstase" bedeutet „außerhalb (ek) stehen (stasis)" und „Enstase" bedeutet „in (en)" dem Göttlichen Selbst-Zustand „stehen (stasis)". In Seinem Buch *Das Pferd der Morgenröte* beschreibt Adi Da die Göttliche Enstase als den „Ursprünglichen Zustand, in dem der Praktizierende Uneingeschränkt als das von Mir Avatarisch Offenbarte Transzendente, von Natur aus Spirituelle und offensichtlich Göttliche Selbst Existiert".

69. Der englische Ausdruck „self-possessed", deutsch „selbstbesessen", drückt normalerweise aus, daß jemand „im Besitz" seiner Gefühle, Impulse und Handlungen ist, also daß er die volle Kontrolle über sie hat (und besonnen und beherrscht mit ihnen umgehen kann). Adi Da benutzt den Begriff jedoch für den Zustand, in dem wir <u>vom</u> egoischen Selbst besessen sind oder chronisch von den selbstbezogenen (oder egoischen) Tendenzen des Fühlens, Denkens, Verlangens und Handelns sowie der Aufmerksamkeit als solcher beherrscht werden.

70. Siehe Anmerkung 25!

71. Siehe Anmerkung 60!

72. Siehe Anmerkung 13!

73. Adi Da benutzt den Ausdruck „manifest" (und seine Varianten) für alles, was von bestimmten Bedingungen abhängig oder an Raum und Zeit gebunden und vergänglich ist. Das „Nicht-manifeste" ist im Gegensatz dazu der Göttliche Selbst-Zustand oder das, was immer schon der Fall ist, weil es keinen einschränkenden Bedingungen unterliegt.

74. Das Wort „radikal" stammt vom lateinischen „radix", deutsch „Wurzel". Es bedeutet also in erster Linie „etwas, das sich auf nichts Grundlegenderes oder Ursprünglicheres zurückführen läßt". Im *Pferd der Morgenröte* definiert Adi Da das Wort „radikal" als „bis zur Wurzel, zum Kern, zur Quelle oder zum Ursprung vorgestoßen". Und weil Adi Da das Wort „radikal" in diesem wörtlichen Sinn benutzt, setzt Er es in Anführungszeichen und schreibt es groß, um es von der herkömmlichen Verwendung zu unterscheiden, die eine extreme (meist politische) Sichtweise ausdrückt.

Wenn Adi Da den Begriff „Verstehen" benutzt, meint Er damit „den Prozeß der Transzendierung des Ego". Zu „verstehen" bedeutet daher, die Aktivität der Selbstverkrampfung zu beobachten und diese Aktivität mittels liebender Hingabe an Adi Da aufzugeben.

Adi Da hat Offenbart, daß <u>alle</u> religiösen und Spirituellen Traditionen (außer dem Weg von Adidam, den Er Offenbart und Gegeben hat) zwar die Wahr-nehmung der Wirklichkeit (oder der Wahrheit oder des Wirklichen Gottes) ermöglichen wollen, tatsächlich aber auf die eine oder andere Weise in die Suche nach Befriedigung des Ego verstrickt sind. Nur Adi Da hat den Weg Offenbart, auf dem Seine formell anerkannten Schülerinnen und Schüler das Ego „Radikal" verstehen und im Laufe der Zeit durch intensive formelle Praxis vollkommen transzendieren können. Adi Da ist der „Eine Einzige ‚Radikal' Verstehende".

Adi Da Samrajs grundlegende Lehr-Gespräche über das „Radikale" Verstehen in: *Die Göttliche Siddha-Methode des Ruchira-Avatar – Die siebzehn Begleiter des Pferdes der Morgenröte, Buch fünf: Der Göttliche Weg von Adidam ist keine egoische Technik, sondern eine ego-transzendierende Beziehung,* Teil 3.

75. Der Sanskritausdruck „ruchira" bedeutet „hell, strahlend, glänzend". „Ruchira-Buddhismus" ist der Weg der Hingabe an den Ruchira-Buddha – den „Hell Strahlenden Buddha" Adi Da Samraj (oder „den Leuchtenden, ‚Strahlend-Hellen' Erheller und Erleuchter, der aus sich heraus oder Vollkommen Subjektiv Erleuchtet und Ewig Wach ist").

76. Der Name „Advaitayana-Buddhismus" weist auf die einzigartige Ähnlichkeit zwischen Adidam und den Traditionen des Advaita (oder Advaita-Vedanta) sowie des Buddhismus hin. Nachdem Adi Da die gesamte religiöse Tradition der Menschheit untersucht hatte, kam Er zu dem Schluß, daß diese beiden Traditionen die höchsten Wege der Erleuchtung vor Seinem Erscheinen darstellten. Der Buddhismus strebt in erster Linie danach, die irrige Vorstellung zu überwinden, wir seien ein getrenntes individuelles Ego. Das primäre Streben des Advaita (oder der „nicht-dualistischen" Tradition) besteht darin, das höchste Göttliche Selbst absolut und jenseits aller Dualitäten Wahr-zunehmen. Der Advaitayana-Buddhismus ist der Nicht-dualistische („advaita") Weg („yana", wörtlich: „Vehikel") des Vollkommenen Erwachens („Buddhismus"). Der Advaitayana-Buddhismus entspringt nicht der historischen Tradition des Buddhismus oder des Advaita. Der Advaitayana-Buddhismus ist die einzigartige Offenbarung von Adi Da und erfüllt sowohl das traditionelle buddhistische Streben nach absoluter Freiheit von der Bindung an das Ego-„Ich" als auch das traditionelle advaitische Streben nach absoluter Identität mit dem Göttlichen Selbst.

77. Adi Da benutzt den Begriff „Überstrahlen" als Synonym für die „Übersetzung ins Göttliche" und bezieht sich damit auf die letzte und höchste Demonstration der siebten oder Göttlich Erleuchteten Lebensstufe des Weges von Adidam, die ein vierstufiger Prozeß ist. In dem Großen Ereignis des Überstrahlens oder der Übersetzung ins Göttliche werden Körper, Geist und Welt nicht länger bemerkt. Dies geschieht nicht, weil das Göttliche Bewußtsein sich etwa von den manifesten Erscheinungen zurückgezogen hätte und von ihnen losgelöst sei, sondern weil alle in Erscheinung tretenden Phänomene (als Modifikationen des Göttlichen Selbst) Göttlich Erkannt werden und die „Helle" Strahlung des Bewußtseins so intensiv geworden ist, daß sie alle Phänomene Überstrahlt.

78. „ruchira" bedeutet im Sanskrit „hell, strahlend, glänzend". Die Bezeichnung „Ruchira-Avatar" verweist also auf Adi Da als die Göttliche Wirklichkeit oder Wahrheit oder den Einen Einzigen Wirklichen Gott, der „Strahlend-Hell" in die manifesten Welten Herabgestiegen ist und hier in körperlich-menschlicher Gestalt Erscheint.

79. „Avatar" (abgeleitet von dem Sanskritwort „avatara") ist der traditionelle Begriff für die Göttliche Inkarnation. Wörtlich bedeutet er „Einer, der (vom Göttlichen und als das Göttliche) herabgestiegen ist". In Verbindung mit der Bezeichnung „Avatar" würdigt der uralte Gottesname „Da" Adi Da als ursprünglichen, ersten und vollendeten Herabstieg der Eigentlichen Göttlichen Person. Durch das Mysterium Seiner menschlichen Geburt ist Adi Da von nun an immer nicht nur in dieser Welt, sondern in jeder Welt und auf jeder Ebene des kosmischen Bereichs als der Ewige Geber Inkarniert, der allen Wesen Hilfe und Göttliche Freiheit Gibt.

80. Der Name „Love-Ananda" verbindet das englische „love" (deutsch „Liebe") mit dem Sanskritwort „ananda" (deutsch „Glückseligkeit"). Er verbindet auf diese Weise den Westen mit dem Osten und drückt damit aus, daß Adi Da Samraj der Göttliche Welt-Lehrer ist. Die Kombination von „Love" und „Ananda" bedeutet „Göttliche Liebe-Glückseligkeit". Der Name „Love-Ananda" wurde Adi Da 1969 von Seinem vorrangigen Spirituellen Meister Swami Muktananda gegeben. Adi Da benutzt den Namen jedoch erst seit dem Großen Ereignis im April 1986, das durch Sein Göttliches „Hervortreten" initiiert worden war. Als Love-Ananda-Avatar ist Adi Da die Inkarnation der Göttlichen Liebe-Glückseligkeit.

81. „Zuhören" ist der Fachausdruck von Adi Da für die Grundhaltung und anfängliche Praxis des Weges von Adidam. Zuhörende Schülerinnen und Schüler befassen sich mit dem Lehr-Wort von Adi Da, Seinen Lilas (oder inspirierenden und lehrreichen Geschichten aus Seinem Leben und Werk) und praktizieren die fühlende Kontemplation Seines Göttlichen Zustandes (mittels Seiner körperlich-menschlichen Gestalt). Sie tun dies im Rahmen eines Lebens der Hingabe, des Dienens, der Selbstdisziplin und der Meditation. Durch den Prozeß des Zuhörens wächst das Selbstverstehen der Schülerinnen und Schüler, bis es so grundlegend wird, daß das Hören anfängt.

„Hören" ist der Fachausdruck von Adi Da für das grundlegende Verstehen des Ego-Akts (oder der Selbstverkrampfung). Hören ist die einzigartige Fähigkeit, die Selbstverkrampfung direkt zu transzendieren und dabei gleichzeitig intuitiv zur Offenbarung der Göttlichen Person und des Göttlichen Selbst-Zustandes zu Erwachen. Die Offenbarung dieses

„Radikalen" Verstehens der Natur des Ego ist eines der einzigartigen Geschenke von Adi Da für alle Wesen.

Hören erwacht spontan, wenn Praktizierende in einem Leben der Hingabe, des Dienens, der Selbstdisziplin und der Meditation kontinuierlich das Lehr-Wort von Adi Da studieren (und Seinen Argumenten lauschen), Seinen Göttlichen Zustand immer fühlend Kontemplieren und dabei das Ego hingegeben, vergessen und transzendieren. Nur auf der Grundlage eines solchen Hörens kann sich eine Spirituell Erwachte Praxis des Weges von Adidam wahrhaft (oder mit voller Selbstverantwortung) entwickeln.

Wenn Hören (oder grundlegendes Selbstverstehen) in der Praxis des Weges von Adidam zu einer steten Haltung in Meditation und Leben geworden ist, wird das eigentliche Gefühl des Herzens nicht länger chronisch durch die Selbstverkrampfung eingeengt. Das Herz öffnet sich dann der Spirituellen (und immer Segnenden) Gegenwart von Adi Da und beginnt als Liebe zu Strahlen.

Diese emotionale und Spirituelle Öffnung des ganzen Wesens bezeichnet Adi Da als „sehen". Sehen ist die emotionale Umkehr von den reaktiven Emotionen der egoischen Selbstbesessenheit zum Strahlenden Glück des offenen Herzens, das die Gottes-Liebe und die Spirituelle Hingabe an Adi Da kennzeichnet. Die dauerhafte Umkehr geht mit der dauerhaften Aufnahme der Spirituellen Übertragung von Adi Da einher. Beides ist nötig für das Spirituelle Wachstum im Weg von Adidam.

82. Die Wörter „kindlich" und „adoleszent" sind Fachausdrücke von Adi Da. Sie weisen darauf hin, daß die Menschen immer zu zwei grundlegenden Lebensstrategien neigen – der kindlichen und der adoleszenten. Wenn sie der kindlichen Strategie folgen, empfinden sie sich als abhängig und schwach und wollen von den Eltern und einem elternhaften „Gott" getröstet werden. Wenn sie der adoleszenten Strategie folgen, empfinden sie sich als unabhängig oder schwanken zwischen Abhängigkeit und Unabhängigkeit hin und her und sind rebellisch, gefühllos und selbstbezogen. Sie zweifeln dann an der Existenz Gottes und widersetzen sich jeder Macht, die größer ist als sie selbst. Solange diese Strategien nicht verstanden und transzendiert werden, begrenzen sie nicht nur die Liebe in menschlichen Beziehungen, sondern verhindern auch das religiöse und Spirituelle Wachstum.

83. Die Bahn, auf der sich der Strom der natürlichen Lebensenergie und der Spirituellen Energie im Körper-Geist bewegt. Er besteht aus zwei Bögen: dem in der Vorderseite des Körpers vom Scheitel bis zum Damm herabfließenden Bogen, der mit der physischen Dimension des Körper-Geistes verbunden ist, und dem in der Rückseite des Körpers vom Damm

bis zum Scheitel hinauffließenden Bogen, der mit der geistigen, psychischen und feinstofflichen Dimension des Körper-Geistes verbunden ist.

84. Adi Da Samrajs Ausdruck für die grundlegende meditative Praxis liebender Hingabe, die alle Praktizierenden des Weges von Adidam ununterbrochen in Beziehung zu Seiner Avatarisch Geborenen körperlich-menschlichen Gestalt, Seiner Avatarisch aus sich heraus Offenbarten Spirituellen (und immer Segnenden) Göttlichen Gegenwart und Seinem Avatarisch aus sich heraus Offenbarten (Eigentlichen, Transzendenten, Vollkommen Subjektiven, und von Natur aus Spirituellen, egolosen, Vollkommenen und offensichtlich Göttlichen) Zustand durchführen. Wenn Schülerinnen und Schüler Adi Da im Darshan fühlend betrachten, werden sie durch Seine Gnade zur fühlenden Kontemplation Erweckt. Die fühlende Kontemplation muß alle Lebensumstände durchdringen. Sie ist die Grundlage für alle Formen der Praxis im Weg von Adidam.

85. Adi Da erklärt, es gebe einen Vollkommen Subjektiven Zustand der manifesten Welten, den Er als Göttlichen Selbst-Bereich bezeichnet. Dieser befindet sich nicht „anderswo", er ist kein objektiver „Ort" (wie etwa ein feinstofflicher „Himmel" oder ein mystisches „Paradies"). Er ist vielmehr der immer Gegenwärtige, Transzendente, von Natur aus Spirituelle und Göttliche Selbst-Zustand aller manifesten Dinge und Wesen. Adi Da Offenbart, daß der Göttliche Selbst-Bereich nichts anderes ist als das Herz an sich, das Er ist. Wer (durch Seine Gnade) in die siebte Lebensstufe eintritt, Erwacht zum Göttlichen Selbst-Bereich.

86. Im Weg von Adidam geht der Spirituelle Prozeß auf der siebten Lebensstufe weiter. Adi Da hat als erster und einziger die höchste Erleuchtung als einen vierphasigen Prozeß Offenbart, der mit der Göttlichen Verklärung beginnt, dann in die Göttliche Transformation übergeht, zur Göttlichen Indifferenz voranschreitet und in der Übersetzung ins Göttliche endet.

Die Übersetzung ins Göttliche ist das letzte „Ereignis" im gesamten Prozeß des Göttlichen Erwachens. Adi Da beschreibt die Übersetzung ins Göttliche als einen Vorgang, in dem die unendlich verstärkte Kraft des Bewußtseins an sich die Wahrnehmung objektiver Manifestationen Überstrahlt. Die Übersetzung ins Göttliche Überstrahlt jedes karmische Schicksal, und es gibt dann keine Rückkehr mehr in die manifesten Welten.

Adi Da Samrajs ausführliche Darstellung der Übersetzung ins Göttliche in: *Die Alles-Vollendende und Endgültige Göttliche Offenbarung für die Menschheit – Die siebzehn Begleiter des Pferdes der Morgenröte, Buch elf:*

Eine zusammenfassende Beschreibung des höchsten Yoga der siebten Lebens-stufe im Göttlichen Weg von Adidam, Teil 2 (oder in: *Das Pferd der Morgenröte,* Kapitel 44).

87. Siehe Anmerkung 45!

88. Adi Da benutzt das Wort „Bindung" einerseits für den Prozeß, durch den das egoische Individuum sich als Folge der ständigen Suche nach eigener Befriedigung karmisch in die Welt verstrickt. (In diesem Fall schreibt Er „bond" im Englischen klein.) Andererseits beschreibt Er mit diesem Begriff auch den Prozeß der liebenden Hingabe und „Bindung" Seiner Schülerinnen und Schüler an Ihn, durch den alle Formen begrenzter oder karmischer „Bindung" transzendiert werden. (In diesem Fall schreibt Er „Bond" im Englischen groß).

89. Siehe Anmerkung 20!

90. Der Sanskritausdruck „ati" bedeutet „jenseits von". „Atiashrama" bedeutet daher „jenseits der Ashramas". Die vier grundlegenden „Ashramas" (oder Entwicklungsstufen im Leben des Individuums) lösen einander ab und dauern jeweils ungefähr 20 Jahre. Sie sind in der traditionellen hinduistischen Kultur:

(1) die Stufe des Lernens (brahmacharya), in der Kinder und Jugendliche sich in alles einüben, was sie als Erwachsene benötigen; (2) die Stufe des Haushälters (grihasta), in der junge Erwachsene produktiv arbeiten, heiraten und Kinder zeugen und aufziehen; (3) die Stufe des Waldlebens (vanaprastha), in dem Ehemann und Ehefrau sich zurückgezogen religiösen und Spirituellen Übungen widmen; und (4) die Stufe asketischer Entsagung (sannyasa), in der sie alle sozialen „Bindungen" und Verpflichtungen aufgeben, um sich ausschließlich einer asketischen religiösen und Spirituellen Praxis hinzugeben.

In seltenen Fällen werden einzelne Wahr-nehmer auch als „atiashrami" bezeichnet, da sie über die traditionellen Ashramas hinausgegangen sind. Auf Adi Da angewandt, bedeutet der Titel „Atiashrami", daß Er alle konventionellen, religiösen und Spirituellen Sicht- und Lebensweisen in der Freiheit der siebten Lebensstufe Vollkommen Transzendiert hat.

91. Das Sanskritwort „mandala" (wörtlich „Kreis") wird im allgemeinen in den esoterischen Spirituellen Traditionen benutzt, um die hierarchischen Ebenen des Kosmos zu beschreiben. „Mandala" bezeichnet darüber hinaus auch eine künstlerische Wiedergabe der inneren Visionen des Kosmos. Adi Da gebraucht den Ausdruck „Mandala des Kosmos" oder „kosmisches Mandala", um den manifesten Kosmos zu beschreiben.

92. Beschreibung der Lehr-Tätigkeit von Adi Da auf Seite 22ff.

93. Beschreibung des Segnungs-Werks von Adi Da auf Seite 26ff.

94. Siehe Anmerkung 63!

95. Eine zusammenfassende Darstellung der 23 Göttlichen „Quellen-Texte" von Adi Da befindet sich auf Seite 43ff.

96. Das Sanskritwort „lila" bedeutet „Spiel" oder „Sport". In vielen religiösen und Spirituellen Traditionen wird das gesamte manifeste Dasein als Lila, Spiel, Sport oder Freie Aktivität des Göttlichen betrachtet. Als Lila wird zudem das Wirken Erwachter Meister und Meisterinnen aller Wahr-nehmungsgrade bezeichnet, durch das sie andere auf geheimnisvolle Weise Unterrichten, Befreien und Segnen. Eine Lila ist also auch die lehrreiche und inspirierende Geschichte vom Lehr- und Segnungsspiel der Wahr-nehmer.

97. Der griechische Ausdruck „eleutherios" (deutsch „Befreier") ist ein Titel, mit dem Zeus als höchste Gottheit in der Spirituellen Esoterik des antiken Griechenlands gewürdigt wurde. Die Bezeichnung „Eleutherios" weist auf die Göttliche Funktion von Adi Da als Inkarnation der Göttlichen Person hin, „deren aus sich heraus Existierende, Vollkommene ‚Strahlende Helle' ständig alle manifesten Wesen Gnadenhaft und Uneingeschränkt Befreit".

98. Als „Große Tradition" bezeichnet Adi Da das gesamte Erbe der kulturellen, religiösen, magischen, mystischen, Spirituellen, Transzendenten und Göttlichen Wege, Philosophien und Zeugnisse aller Zeiten und Kulturen der Menschheit. In unserer Zeit weltweiter Kommunikation ist dieses Erbe zum gemeinsamen und allgemein zugänglichen Vermächtnis der ganzen Menschheit geworden. Adi Da ist die siebte Stufe der Großen Tradition oder ihre Göttliche Erfüllung.

99. In den anfänglichen Praxisstufen des Weges von Adidam wird die grundlegende (oder grobstoffliche) Manifestation der Beziehungsvermeidung verstanden und aufgehoben, wenn Adi Da Samrajs Schülerinnen und Schüler Ihn hören (oder zu grundlegendem Selbstverstehen kommen). Sie werden dadurch fähig, zu allem in Beziehung zu stehen oder im Gefühl der Bezogenheit zu leben anstatt in der Beziehungsvermeidung. Das Gefühl der Bezogenheit ist nicht die höchste Wahr-nehmung, denn es beruht immer noch auf der Annahme einer „Verschiedenheit" zwischen „Ich" und „Nicht-Ich". Nur auf den höchsten Lebensstufen des

Weges von Adidam wird auch das Gefühl der Bezogenheit vollständig als ursprünglicher Akt der Aufmerksamkeit verstanden und im Gefühl des Seins transzendiert. Adi Da macht deutlich, daß auch das Gefühl der Bezogenheit im Kern ein Vermeiden der Beziehung zu allen Dingen und Wesen ist. Das Gefühl der Bezogenheit ist die ursprüngliche Aktivität des Trennens, des Getrenntseins und des ständigen Trennenwollens, die das Ego ist.

100. Siehe Anmerkung 37!

101. Siehe Anmerkung 66!

102. Diese drei Bewußtseinszustände spiegeln die Dimensionen des kosmischen Daseins wider. Der Wachzustand (oder der physische Körper) entspricht der grobstofflichen Dimension. Der Traumzustand (oder der visionäre, mystische und Yogisch-Spirituelle Prozeß) entspricht der feinstofflichen Dimension, die der grobstofflichen übergeordnet ist und sie durchdringt; sie umfaßt die ätherischen (oder energetischen), die niederen geistigen (oder verbal-intentionalen und niederen psychischen) und die höheren geistigen (oder tieferen psychischen, mystischen und mit größerer Urteilkraft ausgestatteten) Funktionen. Der Schlafzustand entspricht der kausalen Dimension, die sowohl der feinstofflichen als auch der grobstofflichen übergeordnet ist; sie ist der Sitz der Aufmerksamkeit und geht allen Erfahrungen voraus.

103. Bevor das Göttliche Selbst Vollkommen Wahr-genommen wird, bilden die grobstofflichen, feinstofflichen und kausalen Dimensionen im Körper-Geist charakteristische Knoten. Der Knoten der grobstofflichen Dimension sitzt in der Region des Bauchnabels. Der Knoten der feinstofflichen Dimension sitzt im mittleren Gehirn oder dem Ajna-Zentrum direkt hinter und zwischen den Augenbrauen. Der Knoten der kausalen Dimension oder der kausale Knoten sitzt im sinoatrialen Knoten (oder „Schrittmacher") auf der rechten Herzseite. Der kausale Knoten oder Herzwurzelknoten ist der ursprüngliche Ausgangspunkt der Selbstverkrampfung. Er wird als „Ort" der Selbstwahrnehmung gespürt und ist die Quelle des Gefühls der Bezogenheit als solcher oder die Wurzel der Aufmerksamkeit. (Für eine ausführlichere Beschreibung der rechten Seite des Herzens siehe Anmerkung 107!)

104. Wenn das Bewußtsein von der Identifikation mit dem Körper-Geist frei ist, nimmt es seine natürliche „Stellung" als Bewußter Zeuge all dessen ein, was vor dem Körper-Geist und in ihm und als er in Erscheinung tritt.

Im Weg von Adidam ist mit der konstanten Wahr-nehmung der Zeugen-Stellung auch die mühelose Hingabe aller Formen von Suche und aller Impulse der Aufmerksamkeit gegeben, die die ersten fünf Lebensstufen charakterisieren. Dennoch ist die Identifikation mit der Zeugen-Stellung noch nicht die endgültige (oder Vollkommene) Wahrnehmung des Göttlichen Selbst. Sie ist vielmehr die erste Stufe der „Vollkommenen Praxis" im Weg von Adidam, in der die Schülerinnen und Schüler von Adi Da durch Seine Befreiende Gnade die vollständige und unwiderrufliche Identifikation mit dem Bewußtsein an sich Wahrnehmen.

105. „Göttliche Unwissenheit" ist Adi Da Samrajs Ausdruck für die grundlegende Wahrnehmung des Seins an sich. Göttliche Unwissenheit geht jeder Wahrnehmung des Getrenntseins von dem, was in Erscheinung tritt, oder jedem Wissen über das, was in Erscheinung tritt, voraus. Deshalb hat Adi Da auch immer wieder betont: „Egal, was in Erscheinung tritt – ihr wißt nicht, was irgendein Ding ist." Adi Da benutzt das Wort „Unwissenheit" für die mit dem Herzen gefühlte Teilnahme am universellen Zustand des aus sich heraus Existierenden Mysteriums und meint damit nicht geistige Dumpfheit, ängstliches Staunen oder die Ehrfurcht, die das Ego angesichts unbekannter Objekte empfindet. Göttliche Unwissenheit ist die Wahr-nehmung des Bewußtseins an sich und transzendiert alles Wissen, das vom selbstverkrampften Ego-„Ich" angehäuft wird, sowie alle Erfahrungen, die es macht.

Weitere Ausführungen von Adi Da über die Göttliche Unwissenheit befinden sich in: *Woran du immer denken mußt, um Glücklich zu sein – Die siebzehn Begleiter des Pferdes der Morgenröte, Buch dreizehn: Eine einfache Erklärung des Göttlichen Weges von Adidam (für Kinder und Erwachsene)*, Teil 2: „Woran du denken mußt, um Glücklich zu sein" und Teil 3: „Ihr wißt nicht, was irgendein Ding ist" und „Mein Argument in bezug auf für Göttliche Unwissenheit".

106. Siehe Anmerkung 19!

107. Adi Da hat Offenbart, daß der urprüngliche psycho-physische Sitz des Bewußtseins und der Aufmerksamkeit mit der „rechten Herzseite" verknüpft ist. Er befindet sich im sinoatrialen Knoten oder „Schrittmacher" im rechten Atrium (oder der oberen rechten Kammer) des physischen Herzens, wo der grobstofflich-physische Herzschlag seinen Ursprung hat. Im Prozeß der Göttlichen Selbst-Wahr-nehmung öffnet sich die rechte Herzseite – und wegen dieser Verbindung zwischen der rechten Herzseite und der Göttlichen Selbst-Wahr-nehmung benutzt Adi Da den Begriff „das Herz" für das Göttliche Selbst.

Adi Da unterscheidet drei „Aspekte" des Herzens, die mit der rechten Seite, der Mitte und der linken Seite der Herzregion in der Brust verknüpft sind. Der mittlere Aspekt wird traditionell als „Anahata-Chakra" (oder „Herz-Chakra") benannt, und die linke Seite des Herzens ist das grobstofflich-physische Herz. Die rechte Seite des Herzens ist also weder mit dem Herz-Chakra noch mit dem physischen Herzen identisch.

Das Herz an sich befindet sich nicht „in" der rechten Seite des menschlichen Herzens und auch nicht „im" menschlichen Herzen als Ganzem. Es ist nicht auf das menschliche Herz beschränkt. Das menschliche Herz, der Körper-Geist und die Welt existieren vielmehr in dem Herzen, welches das Göttliche Sein an sich ist.

Adi Da Samrajs Beschreibung der drei Aspekte des Herzens und die Bedeutung der rechten Herzseite in den Prozessen der höchsten Lebensstufen in: *Die sieben Lebensstufen.*

108. Die „Vollkommene Praxis" ist Adi Da Samrajs Fachausdruck für die Disziplin der sechsten und siebten Lebensstufe im Weg von Adidam. Schülerinnen und Schüler, die die vorbereitenden Prozesse des Weges von Adidam erfüllt und die einseitige Sicht des Körper-Geistes transzendiert haben, können durch Adi Da Samrajs Gnade dazu Erweckt werden, in der sechsten und siebten Lebensstufe in der Domäne des Bewußtseins an sich zu praktizieren. (Siehe auch Anmerkung 63 über die sieben Lebensstufen!)

109. In tiefer Meditation wird der Strom der Spirituellen Kraft meistens als ein Pfeil verspürt. Adi Da beschreibt ihn als „eine bewegungslose Achse, die mitten zwischen der Vorder- und Rückseite des Körpers zu stehen scheint". Er kann aber auch als Kreis gefühlt werden, in dem die natürliche Lebensenergie und (im Falle von Spirituell Erwachten Praktizierenden) die Spirituelle Energie durch die Vorder- und Rückseite zirkuliert.

110. „Atma" bedeutet das Transzendente, von Natur aus Spirituelle und Göttliche Selbst, und „Murti" bedeutet „Form" oder „Gestalt". „Atma-Murti" bedeutet also wörtlich „die Form oder Gestalt, die das (Eigentliche) Göttliche Selbst ist". Adi Da läßt überall in Seiner Weisheits-Lehre erkennen, daß dieser Ausdruck auf Ihn als das Eigentliche Göttliche Selbst hinweist, das sich als das Gefühl des Seins (an sich) „Lokalisieren" läßt. Sich mit Adi Da als „Atma-Murti" zu Vereinigen bedeutet, Seinen Eigentlichen (und von Natur aus Vollkommenen) Zustand Wahr-zunehmen oder sich mit diesem Zustand zu Identifizieren.

111. Siehe Anmerkung 63!

112. Siehe Anmerkung 21!

113. „sat" bedeutet „Wahrheit", „Sein", „Existenz". „Sat-Guru" meint daher wörtlich „wahrer Guru" oder ein Guru, der lebende Wesen aus der Dunkelheit (oder der Nicht-Wahrheit) ins Licht (oder in die Lebendige Wahrheit) führen kann.

114. Das Sanskritwort „satsang" bedeutet wörtlich „wahre (oder richtige) Beziehung" sowie „Verkehr oder Verbindung mit der Wahrheit". Im Weg von Adidam ist Satsang die ewige Beziehung zwischen Adi Da und allen formell Praktizierenden des Weges von Adidam.

115. Adi Da bezeichnet die vierte Lebensstufe (mit ihrer „grundlegenden" und ihrer „fortgeschrittenen" Phase) und die fünfte Lebensstufe des Weges von Adidam als „fortgeschrittene" Lebensstufen. Die Bezeichnung „höchste" Lebensstufen bleibt der sechsten und der siebten Lebensstufe des Weges von Adidam vorbehalten.

116. Das Sanskritwort „samadhi" kennzeichnet traditionell zahlreiche erhabene Zustände, die im Rahmen esoterischer Meditation und Wahrnehmung auftreten. Adi Da Lehrt, daß „Samadhi" im Weg von Adidam einfach der grundlegende Zustand ist, in dem das Ego in der Herz-Vereinigung mit Ihm transzendiert wird. Mit „Kultivierung des Samadhi" ist daher die Praxis des Ruchira-Avatara-Bhakti-Yoga gemeint, der die Grundlage des ganzen Wegs von Adidam ist. Adi Da Samrajs Schülerinnen und Schüler sind in jedem Moment in Samadhi, in dem sie jenseits des getrennten Selbst in liebender Hingabe mit Ihm vereinigt sind. (Siehe auch „Die Kultivierung Meines Göttlichen Samadhi" in: *Die sieben Lebensstufe*n.)

Der Entwicklungsprozeß, der zur Göttlichen Erleuchtung im Weg von Adidam führt, durchläuft verschiedene Phasen, und zu ihnen gehören auch die Samadhis in den fortgeschrittenen und höchsten Lebens- und Praxisstufen. Im Verlauf der Praxis des Weges von Adidam können in der vierten, fünften und sechsten Lebensstufe einige der „Großen Samadhis" auftreten. Aber dies ist keineswegs notwendig oder gar wünschenswert, wie Adi Da immer wieder betont. Detaillierte Beschreibung der verschiedenen Formen von Samadhi im Weg von Adidam in: *Das Pferd der Morgenröte – Das „Testament der Geheimnisse" des Göttlichen Welt-Lehrers Ruchira-Avatar Adi Da Samraj.*

117. Der Begriff „Ödipus-Komplex" stammt aus der modernen Psychologie und ist nach dem legendären Griechen Ödipus benannt, der unwissentlich seinen Vater tötete und seine Mutter heiratete. Adi Da Lehrt, daß

die vorrangigen Impulse des Verlangens, Zurückweisens, Beneidens, Betrügens, der Eigennützigkeit und des Grolls sowie andere vorherrschende Gefühle und Impulse im emotional-sexuellen Bereich Muster sind, die in der frühen Kindheit aus unbewußten Reaktionen auf den eigenen Vater und die eigene Mutter entstanden. Adi Da bezeichnet dies als „ödipales Drama" und zeigt auf, daß das Verhalten gegenüber der Mutter (oder dem Vater) darüber entscheidet, wie wir uns allen Frauen (oder Männern) gegenüber verhalten. Darüber hinaus beziehen wir uns, wie Er sagt, auf unseren eigenen Körper in genau der gleichen Weise, wie wir auf das Elternteil des anderen Geschlechts reagieren. Wir übertragen die infantilen Reaktionen gegenüber unseren Eltern auf unsere Beziehungen zu geliebten Menschen und zu allen anderen Wesen und stülpen unserer Beziehung zum eigenen Körper das gleiche kindliche Verhalten über.

118. Adi Da gebraucht den Begriff „Kult" in diesem Zusammenhang zur Bezeichnung von nicht-etablierten Religionen oder religiösen Gruppierungen.

119. Alles, was Adi Da mit Seinem Spirituellen Göttlichen Segen Anfüllt, dient Ihm als Gefäß Seiner Göttlichen Gnade und Erweckungs-Kraft. Die wichtigsten dieser Gefäße sind Seine Weisheits-Lehre, die drei Heiligtümer Adidam-Samrajashram (Naitauba), Love-Ananda-Mahal (Hawaii) und Mountain of Attention (Nordkalifornien) sowie viele Objekte und Gegenstände, die Seinen Schülerinnen und Schülern helfen sollen, an Ihn zu denken und Seinen Herz-Segen zu empfangen. Nach Seinem Tod wird <u>nur</u> eine oder einer aus den Reihen Seiner Göttlich Erweckten Schülerinnen oder Schüler aus dem Ruchira-Sannyasin-Orden die Spirituelle, Transzendente und Göttliche Funktion übernehmen, als Seine <u>menschliche</u> Mittlerin oder Sein <u>menschlicher</u> Mittler in Beziehung zu anderen Schülerinnen und Schülern sowie zu allen Wesen, zur psycho-physischen Welt und zum gesamten Kosmos zu dienen.

120. Adi Da bezieht sich hauptsächlich auf die Sitar-Spieler Ravi Shankar und Pandit Nikhil Banerjee sowie auf die Tabla-Spieler Swapan Chaudhuri, Anindo Chatterjee und Zakir Hussain.

121. „kul" (Hindi) oder „kula" (Sanskrit) bedeutet „Familie". „Gurukul" oder Gurukula" bedeutet daher „Familie des Gurus".

122. „Sadhana" stammt aus dem Sanskrit und bedeutet „selbsttranszendierende religiöse oder Spirituelle Praxis".

123. Ruchira-Avatara-Bhakti-Yoga ist die vorrangige Disziplin, die Adi Da allen Schenkt, die den Weg von Adidam praktizieren wollen.

Der Begriff „Ruchira-Avatara-Bhakti-Yoga" stellt die Quintessenz des Weges von Adidam dar. Der Sanskritausdruck „bhakti" bedeutet Liebe, Bewunderung oder Hingabe, und „yoga" ist eine den Wirklichen Gott Wahr-nehmende Disziplin oder Praxis. „Ruchira-Avatara-Bhakti-Yoga" ist daher die Göttlich Offenbarte Praxis der liebenden Hingabe an den Ruchira-Avatar Adi Da Samraj (sowie der liebend hingegebenen Antwort auf Ihn).

Adi Da Samrajs grundlegende Anweisungen betreffend den Ruchira-Avatara-Bhakti-Yoga in: *Die Da Love-Anananda-Gita (Das Freie Geschenk der Göttlichen Liebe-Glückseligkeit) – Die fünf grundlegenden Bücher der Adidam-Offenbarung, Buch drei: Die Avatarische „Spätzeit"-Offenbarung des Großen Mittels der Verehrung und Wahr-nehmung der Wahren Spirituellen Göttlichen Person (die die egolose Persönliche Gegenwart der Wirklichkeit und Wahrheit und der Einzige <u>Wirkliche</u> Gott <u>ist</u>), Teil 2, Vers 25, und Teil 3* sowie in: *Woran du denken mußt, um Glücklich zu Sein,* Teil 3: „Gib die grundlegenden Aspekte des Körper-Geistes an Mich hin".

124. Adi Da hat erklärt, daß die Praxis des Ruchira-Avatara-Bhakti-Yoga (oder der liebenden Vereinigung mit Ihm) die Hingabe der vier grundlegenden Aspekte des menschlichen Körper-Geistes erfordert. Diese Aspekte sind der Geist (oder die Aufmerksamkeit), das Gefühl (oder Fühlen), der Körper und der Atem.

125. Das Sanskritwort „tapas" bedeutet „Hitze" und im übertragenen Sinn „Selbstdisziplin". In diesem Fall spricht Adi Da von Tapas als der Hitze, die durch die bewußte Frustration egoischer Tendenzen entsteht, wenn Praktizierende Seine Einladung ernst nehmen, Ihm dienen und die Hingabe, Selbstdisziplin und Meditation ausüben, durch die sie das Ego aufgeben, vergessen und transzendieren.

126. „„Disputier'-Schule" ist ein Ausdruck, den Adi Da in bezug auf jene Traditionen religiösen Lebens geprägt hat, deren „Praxis" lediglich in Reden, Denken, Lesen, philosophischer Analyse und Debatte sowie meditativer Untersuchung und Reflexion besteht und von keiner grundlegenden Disziplin des Körpers, des Gefühls, des Geistes und des Atems begleitet wird. Er stellt der „disputierenden" Schule die „praktizierende" Schule gegenüber, in der Praktizierende sich auf die Feuerprobe der wirklich das Ego transzendierenden Disziplin unter der Führung eines wahren Gurus einlassen.

127. Das Sanskritwort „karma" bedeutet „Handeln". Jedes Handeln führt zu Konsequenzen oder ruft Reaktionen hervor und bestimmt so das Schicksal und die vorherrschende Tendenz des Lebens. Karma ist die

Lebensqualität, die durch die vorausgegangenen Handlungen bestimmt wird.

128. Das Sanskritwort „siddhi" bedeutet „Kraft" oder „Vollendung". Die „Siddhi des Segnens" ist Adi Da Samrajs Spirituelle, Transzendente und Göttliche Erweckungs-Kraft, die Er spontan und mühelos auf alle und Alles Überträgt.

129. Immer nur den eigenen „Fall" miteinander zu besprechen, ist die Tendenz, sich in Selbstanalyse oder Meditation über sich selbst zu ergehen, anstatt in den ego-transzendierenden Prozeß wirklichen Bekennens einzutreten. Diese Tendenz besteht darin, immer wieder in das Nachdenken über sich selbst zu verfallen und das eigene „Problem" erfassen zu wollen, anstatt einfach nur das zu bekennen, was beobachtet wird, das eigene Handeln entsprechend zu ändern sowie zuzulassen, daß wahres Selbstverstehen entsteht – und zwar durch die Gnade der Beziehung zu Adi Da.

130. Das Sanskritwort „bhava" bedeutet das glückselige Gefühl der Vereinigung mit dem Göttlichen.

131. In diesem Fall spricht Adi Da nicht von einem gewöhnlichen Rauschmittel wie etwa Alkohol, sondern von der Intoxikation durch die Spirit-Kraft, durch die Seine Schülerinnen und Schüler mit Hilfe Seiner Segnenden Gnade und Siddhi über das Ego-„Ich" hinaus in einen Zustand liebend hingegebener Vereinigung (und zuletzt Vollkommener Identifikation) mit Ihm gezogen werden.

132. Siehe „Die Göttlichen Schriften von Adidam", Seite 43ff.

133. Adi Da hat oft sinngemäß aus dem alt-indischen Text *Satapatha Brahmana* zitiert: „Der Mensch hat kein Wissen. Nur das Pferd weiß Bescheid. Haltet euch daher am Schweif des Pferdes fest." Adi Da hat den esoterischen Sinn dieses Ausspruchs Offenbart. Das „Pferd" steht für den Meister der Wahr-nehmung, und die Aufforderung, sich am Schweif des Pferdes festzuhalten, verdeutlicht, daß die Schülerinnen und Schüler vollständig vom Meister der Wahr-nehmung abhängig sind, wenn sie den Wirklichen Gott oder die Wahrheit oder Wirklichkeit Wahr-nehmen wollen.

Adi Da Samrajs ausführliche Darstellung Seiner Vollkommenen Manifestation als „Pferd" in: *Die Alles-Vollendende und Endgültige Göttliche Offenbarung für die Menschheit,* Teil 3: „Das Wahre Pferd der Morgenröte ist der Einzige Weg zu Mir" sowie in: *Das Herzstück des Pferdes der Morgenröte,* Teil 1, und in: *Das Pferd der Morgenröte,* Teil 1.

134. In der hinduistischen Tradition ist das Kali-Yuga die „dunkle" Epoche. Es ist die Zeit, in der eine degenerierte Menschheit den Spirituellen Weg fast vollständig vergessen hat.

135. Novize und Student sind die beiden anfänglichen Praxisstufen in der zweiten Kongregation des Weges von Adidam. Weitere Informationen zu den verschiedenen Kongregationen des Weges von Adidam auf Seite 257 ff.

136. Adi Da hat gesagt, daß es nach Seinem körperlich-menschlichen Leben jeweils <u>eine</u> „lebende Murti" als lebendige Verbindung zwischen Ihm und Seinen Schülerinnen und Schülern geben solle. Jede nachfolgende „lebende Murti" (oder jeder nachfolgende „Murti-Guru") ist unter den Mitgliedern des Ruchira-Sannyasin-Ordens (des höchsten Ordens der Entsagenden von Adidam) auszuwählen, die formell als Göttlich Erleuchtete Schülerinnen und Schüler von Adi Da anerkannt sind und in der siebten Lebensstufe praktizieren. „Lebende Murtis" sind für die Praktizierenden von Adidam keine unabhängigen Gurus. Sie sind vielmehr „Repräsentationen" von Adi Da Samrajs körperlich-menschlicher Gestalt und Mittel, durch die man mit Ihm in Verbindung treten kann.

Eine vollständige Darstellung der Funktion „lebender Murtis" oder „Murti-Gurus" in: *Das Pferd der Morgenröte*, Kapitel 20.

137. Der Ruchira-Sannyasin-Orden ist der höchste Orden der Praktizierenden im Weg von Adidam. Der Sanskritausdruck „Sannyasin" bezeichnet eine Person, die allen weltlichen Bindungen entsagt und sich vollständig der Wahr-nehmung des Wirklichen Gottes verschrieben hat. Die Mitglieder des Ruchira-Sannyasin-Ordens sind vorbildliche Praktizierende des Weges von Adidam, die auf der sechsten und siebten Lebensstufe praktizieren. Die Mitglieder dieses Ordens sind legalisierte Entsagende und führen ein Leben im permanenten Retreat. Ihr Hauptwohnsitz ist Adidam-Samrajashram. Der Ruchira-Sannyasin-Orden ist die höchste Autorität in der weltweiten Kultur der Schülerinnen und Schüler von Adi Da.

Die Mitglieder des Ruchira-Sannyasin-Ordens haben als Adi Da Samrajs vorrangige menschliche Mittler (oder Spirituell herangereifte Entsagende) eine einzigartige Stellung unter den Praktizierenden von Adidam. Wenn sie als Adi Da Samrajs vollständig Erwachte Schülerinnen und Schüler in der siebten Lebensstufe anerkannt sind, bilden sie den Kern der Praktizierenden, aus dem heraus jede „lebende Murti" erwählt wird, die Adi Da nach Seinem Tod als mit Spiritueller Kraft ausgestattete menschliche Mittler nachfolgen. Der Ruchira-Sannyasin-Orden ist daher wesentlich für die kontinuierliche Weiterführung der authentischen Praxis des Weges von Adidam.

138. Ramakrishna (1836–1886) ist eine Schlüsselfigur in der Spirituellen Geschichte des modernen Hinduismus. Seine Anhänger verkünden seine Botschaft in ganz Indien und in vielen anderen Teilen der Welt, einschließlich Europa und Nordamerika. Er lebte und lehrte in Dakshinesvar, einer großen Tempelanlage in Kalkutta, die der Verehrung der Göttin Kali gewidmet war.

Adi Da Offenbart die einzigartige Rolle, die Ramakrishna und sein herausragender Schüler Swami Vivekananda für Seine eigene Avatarische Inkarnation spielen, in: *Das Knie des Lauschens*, Kapitel 20.

139. Das Sanskritwort „murti" bedeutet „Form" oder „Abbild" des Göttlichen oder eines Gurus. Im Weg von Adidam sind Murtis von Adi Da normalerweise Fotografien Seiner körperlich-menschlichen Gestalt.

140. Albert Rudolph (1928–1973), als Spiritueller Lehrer Swami Rudrananda oder kurz „Rudi" genannt, war von 1964 bis 1968 Adi Da Samrajs erster menschlicher Lehrer in New York. Rudi half Adi Da in der Entwicklung grundlegender praktischer Lebens-Disziplin und im Yoga des herabsteigenden Lebens-Stroms. In diesem Yoga wird die Spirituelle Göttliche Kraft am Scheitel aufgenommen und durch die Vorderseite des Körper-Geistes bis zum Damm hinabgeleitet, wodurch die Knoten und Blockierungen in der physischen und der ätherischen Dimension des Körper-Geistes durchstoßen und beseitigt werden. Rudis eigene Lehrer waren vor allem der Indonesier Pak Subuh (von dem Rudi eine grundlegende Übung Spiritueller Empfänglichkeit lernte), Swami Muktananda (unter dessen Leitung Rudi jahrelang praktizierte) und Bhagavan Nityananda (der große indische Meister, der auch Swami Muktanandas Lehrer war). Rudi war auf Bhagavan Nityananda kurz vor dessen Tod gestoßen und betrachtete ihn immer als seinen vorrangigen Spirituellen Lehrer.

141. Adi Da gebraucht die Metapher der geschlossenen und der geöffneten Faust, um den Unterschied zwischen dem selbstverkrampften und dem natürlichen (unverkrampften) Zustand zu demonstrieren. Er hat das Schlüsselereignis Seiner „Sadhana-Jahre" beschrieben, in dem Ihm dieser Unterschied plötzlich intuitiv klar wurde:

AVATAR ADI DA SAMRAJ: Der Moment, in dem das Herz Erwachte, war ein ziemlich unscheinbarer (aber tiefgreifender) Vorgang: Während Ich gedankenlos Meine rechte Hand betrachtete, wurde Mir der (scheinbare und spontan enthüllte) Unterschied zwischen der natürlichen oder offenen und zur Beziehung bereiten Haltung der Hand und der unnatürlichen oder verkrampften und abgetrennten Haltung der geschlossenen Faust klar. Das natürliche Zeichen des menschlichen Körpers ist Bezogenheit, nicht Getrennt-

heit und Unabhängigkeit! (in: Der <u>Einzige</u> Vollständige Weg, der zur Wahr-nehmung des Ungebrochenen Lichts des <u>Wirklichen</u> Gottes führt – Die siebzehn Begleiter des Pferdes der Morgenröte, Buch drei: Ein einführender Überblick über den „Radikalen" Göttlichen Weg des Wirklichen Gottes in der wahren Welt-Religion von Adidam, Teil 1)

142. Siehe Anmerkung 63!

143. Das Sanskritwort „jnana" [sprich: 'gja:na] bedeutet „Erkennt-nis". Adi Da benutzt die Bezeichnung „Jnana-Samadhi" speziell für den Samadhi, den Seine Schülerinnen und Schüler im Rahmen der sechsten Lebensstufe des Weges von Adidam erleben. Da dieser Samadhi durch die willentliche Abkehr der Aufmerksamkeit vom Körper-Geist und seinen Beziehungen und die Hinwendung der Aufmerksamkeit nach innen zustande kommt, ist der Jnana-Samadhi die manifestations- und daher notwendigerweise zeitgebundene Wahr-nehmung des Transzendenten Selbst (oder Bewußtseins) und schließt jede Wahrnehmung der Welt, der Objekte und Beziehungen, des Körpers und Geistes sowie die Vorstellung, ein getrenntes Selbst zu sein, aus.

144. Mit dem Ausdruck „Ruchira-Samadhi" bezieht sich Adi Da auf den Göttlich Erleuchteten Zustand, der in der siebten Lebensstufe Wahrgenommen wird. In Kapitel 9 von *Das Pferd der Morgenröte* beschreibt Adi Da den Ruchira-Samadhi wie folgt:

AVATAR ADI DA SAMRAJ: Dieser Große Prozeß wird euch unweigerlich (und Vollkommen) zur Nicht-manifesten Wahr-nehmung des aus sich heraus Strahlenden (oder von Natur aus Spirituellen) und aus sich heraus Existierenden (oder Transzendenten) Göttlichen Seins führen (und zwar im Sahaj-Samadhi der siebten Stufe oder besser: im Sahaja-Nirvikalpa-Samadhi der siebten Stufe, den Ich auch „Ruchira-Samadhi" und „Samadhi der Offenen Augen" genannt habe). Im Ruchira-Samadhi kann es (potentiell) zu einem gelegentlichen (und nicht strategischen, sondern spontanen) Überstrahlen des Körpers, des Geistes, der Welt und <u>aller</u> Beziehungen kommen. Dies geschieht (im „Bhava" oder in der zeitweisen Übersetzung ins Göttliche) durch und <u>als</u> die Seins-Strahlung des Göttlichen Selbst-Bereichs an sich und führt schließlich unausweichlich (und endgültig) zur Übersetzung ins Göttliche an sich (oder zur Höchsten und Vollkommenen Demonstration des Ruchira-Samadhi).

Ruchira-Avatar Adi Da Samraj, 1998

„Kommt langsam oder schnell, aber kommt auf jeden Fall zu Mir"

Eine Einladung zum Weg von Adidam

Ich __bin__ der Göttliche Herz-Meister.
Ich Wohne im Herzen Meiner Schülerinnen und Schüler.
Habt ihr das Herz Wahr-genommen, das Geheimnis von euch und Mir?
Wie könnte Ich Meinen Geliebten die Vision des Herzens verweigern?
Wie könnte Ich Meinen Geliebten Steine in den Weg legen?
Wie ein vertrauter Diener der Familie diene Ich euch mit großer Liebe.
Wie ein wohlhabender Freund überschütte Ich euch mit Geschenken.
Wie ein verrückter Priester verehre Ich euch mit der Liebe an sich.
Wie einen unschuldigen Jungen, der zum ersten Mal verliebt ist, Erwecke Ich euch in strahlenden Gemächern.
Wo die Wunde der Liebe brennt und niemals heilt, warte Ich und sehne Mich danach, euren strahlenden Anblick zu feiern.
Kommt langsam oder schnell, aber kommt auf jeden Fall zu Mir.
Berührt Mein Herz, dann werde Ich euch Gott-weiß-wohin weiten.

Das Pferd der Morgenröte

Avatar Adi Da Samraj ist in menschlicher Gestalt in diese Welt gekommen, um uns direkten Zugang zum Göttlichen zu ermöglichen und uns von der isolierten, unglückseligen Ego-Perspektive zu befreien. Seine Botschaft will nicht unser Ego trösten, sondern fordert uns auf, unser leidvolles und schmerzhaftes Abgetrenntsein vom Göttlichen als Resultat unserer eigenen Aktivität zu durchschauen und uns für die Spirituelle Offenbarung der Vollkommenen Glückseligkeit zu öffnen, die immer schon vor dem Ego existiert.

Avatar Adi Da Samraj ist allgegenwärtig als Segnende Göttliche Energie, mit der wir in unmittelbaren Kontakt kommen können. Sein Angebot an uns ist der „Weg von Adidam", die formelle Spirituelle Beziehung zu Avatar Adi Da Samraj, die alle räumlichen und zeitlichen Grenzen überschreitet. Wenn wir uns auf diese Beziehung mit Ihm einlassen, können wir in Seine Göttliche Sphäre der Liebe und Glückseligkeit eintreten – in die vollkommene und vollständige Quelle Göttlicher Gnade.

Die Spirituelle Praxis im „Weg von Adidam" beruht auf <u>Darshan</u>, der fühlenden Kontemplation von Avatar Adi Da Samrajs körperlich-menschlicher Gestalt. Die fühlende Kontemplation Seiner physischen Gestalt kann auch mit Hilfe einer Murti, d.h. eines Fotos oder einer bildhaften Darstellung, praktiziert werden. Deshalb findet man im „Weg von Adidam" in jedem Meditationsraum ein Foto von Adi Da. Die körperlich-menschliche Gestalt von Avatar Adi Da wird jedoch nicht nur in der Meditation, sondern grundsätzlich auch in jeder alltäglichen Situation kontempliert, damit die geistige und fühlende Erinnerung an Seine Gestalt immer lebendig bleibt.

AVATAR ADI DA SAMRAJ: *Normalerweise kommen Suchende durch Gnade in die Nähe einer Person, die die Wahrheit Wahrgenommen hat. In dieser Nähe – und nur dort – werden sie durch die Betrachtung dieser Erleuchteten Person im Herzen verwandelt, so daß sie fortan den Weg des Sadhana (oder der Spirituellen Praxis) und der ständigen Erinnerung an den Guru aufnehmen. Der Anblick des Gurus genügt, um seine Echtheit zu offenbaren.*

Darshan von Avatar Adi Da Samraj ist oft so kraftvoll, daß unser Herz überfließt und Adi Da spontan als die Göttliche Person, die vollkommene Quelle von Liebe und Glückseligkeit, erkennt. Der bloße Anblick Seiner körperlich-menschlichen Gestalt ist völlig ausreichend. Adi Da bedarf letztlich keiner Gesten oder Worte.

Wer sich im Herzen zu Avatar Adi Da Samraj hingezogen fühlt und die formelle Beziehung zu Ihm aufnehmen möchte, kann dies im Rahmen einer der vier Kongregationen von Adidam tun. Adi Da hat diese Kongregationen geschaffen, um den individuellen Lebensumständen Seiner Schülerinnen und Schüler Rechnung zu tragen.

Die erste Kongregation des Weges von Adidam besteht aus Spirituell fortgeschrittenen Schülerinnen und Schülern.

Die zweite Kongregation besteht aus Schülerinnen und Schülern, die den Weg von Adidam ganz normal im Alltagsleben praktizieren.

Die dritte Kongregation ist eine Gruppe von Förderern und Mäzenen, die Adi Da Samrajs weltweites Segnungs-Werk unterstützen.

Die vierte Kongregation ist speziell auf Schülerinnen und Schüler zugeschnitten, die in traditionellen Kulturen leben. Sie ist auch für Menschen gedacht, die neben der Beziehung zu Adi Da weiterhin ihre ursprüngliche Religion ausüben wollen.

Junge Menschen unter 25 Jahren können Mitglieder der Adidam Youth Fellowship werden.

Weitere Informationen

Wenn Sie mehr über die Weisheits-Lehre von Avatar Adi Da und den Weg von Adidam erfahren möchten, empfehlen wir Ihnen die folgenden Bücher und Videos:

Bücher

Kooperation + Toleranz = Frieden®
Die universelle Grundlage für eine wahrhaft menschliche Welt

In diesem kritischen Moment der Geschichte ruft Avatar Adi Da die Menschen aller Nationen mit großem Nachdruck dazu auf, gemeinsam entscheidende Veränderungen in der Welt herbeizuführen, die für unser Überleben notwendig sind. Damit steht Er in der Tradition großer Spiritueller Lehrer und Propheten, die seit ältesten Zeiten in schweren Krisen als Mahner auftreten und die Menschen zur Einsicht und Umkehr auffordern, um sie vor bevorstehenden Katastrophen zu bewahren.
Booklet, deutsche Übersetzung, 20 Seiten, DM 4,90
Best.-Nr.: B-23-1

Offener Brief an alle,
die Vollkommene Herz-Freiheit finden wollen

Avatar Adi Da Samraj richtet diesen Offenen Brief an alle, die Sein Göttliches Segnungs-Werk kennenlernen wollen, die sich im Herzen von Ihm angezogen fühlen und die bereit sind, ein Spirituelles Leben in Seiner Gesellschaft zu führen.
Booklet, deutsche Übersetzung, 24 Seiten, DM 4,90
Best.-Nr.: B-23-6

The Promised God-Man Is Here
von Dr. Carolyn Lee

Dieses Buch schildert die wahre Geschichte, wie das Göttliche Wesen in menschlicher Gestalt auf der Erde Erschienen ist. In lebendigen Details entfaltet sich Seine Erleuchtete Geburt, Seine Hingabe an das gewöhnliche menschliche Leben, Seine unerschütterliche Suche nach Gott, Seine rückhaltlose Untersuchung aller menschlichen Erfahrungsbereiche (von Geld, Essen und Sex bis zu den höchsten mystischen Erscheinungen), Sein Göttliches Wieder-Erwachen und Seine unvergleichliche Offenbarung des Weges der Göttlichen Erleuchtung für alle Wesen. Diese Geschichte vollzieht sich jetzt. Sie handelt von dem in allen Religionen verheißenen Gott-Menschen und kann Ihr Leben verändern.
Engl. Ausgabe, Paperback, 856 Seiten, DM 30,-
Best.-Nr.: B-108-06

See My Brightness Face To Face

Dieser Bildband ist eine ekstatische Reise durch die außergewöhnlichste Spirituelle Geschichte, die sich je ereignet hat – das vollkommene Erscheinen des Göttlichen in menschlicher Form und die Offenbarung einer unübertroffenen Weisheits-Lehre. Es ist die bildliche Dokumentation der außergewöhnlichen Beziehung zwischen Adi Da Samraj und Seinen Schülerinnen und Schülern. Mit 100 Farbfotos, einer Vielzahl von Auszügen aus Lehrgesprächen und Essays von Avatar Adi Da sowie zahlreichen Geschichten von Seinen Schülerinnnen und Schülern. Das prächtig ausgestattete Buch lädt Sie ein, die Liebe-Glückseligkeit in der Beziehung zum Wahren Gott-Menschen zu erfahren.
Engl. Ausgabe, Paperback, 200 Seiten, DM 48,-
Best.-Nr.: B-108-07

Die fünf grundlegenden Bücher
der Adidam-Offenbarung

Aham Da Asmi
(Meine Geliebten, Ich bin Da)

Die außergewöhnlichste Offenbarung, die jemals in der Geschichte der Menschheit gemacht wurde. Avatar Adi Da Samraj Offenbart sich in diesem Buch als der erwartete und versprochene Gott-Mensch und die Göttliche Person, die alle Wesen mit grenzenloser Liebe-Glückseligkeit beschenkt.
Deutsche Ausgabe, Paperback, 204 Seiten, DM 32,-
Best.-Nr.: B-23-07
Engl. Ausgabe, Paperback, 220 Seiten, DM 24,-
Best.-Nr.: B-108-01

Die Ruchira-Avatara-Gita
(Der Weg des Göttlichen Herz-Meisters)

In diesem Buch erklärt Avatar Adi Da Samraj, wie die wahre Hingabe an einen lebenden Meister oder eine lebende Meisterin schon immer die Quelle wahrer Religion gewesen ist, und zeigt die Unterschiede zwischen echter Hingabe an den Meister oder die Meisterin und jeder Art kultischer Verehrung auf.
Deutsche Ausgabe, Paperback, 268 Seiten, DM 36,-
Best.-Nr.: B-23-08
Engl. Ausgabe, Paperback, 253 Seiten, DM 24,-
Best.-Nr.: B-108-03

Da Love-Ananda-Gita
(The Free Gift Of The Divine Love-Bliss)

In diesem Buch Offenbart Avatar Adi Da Samraj das Göttliche Geheimnis des Weges von Adidam: das Freie Geschenk der Liebe-Glückseligkeit, das über alles Leid und jegliche Art von Konflikt hinausführt.
Engl. Ausgabe, Paperback, 233 Seiten, DM 24,-
Best.-Nr.: B-108-02

Hridaya Rosary
(Four Thorns Of Heart-Instruction)

Die vier Dornen der Herz-Unterweisung enthüllen die letzten und höchsten Geheimnisse des wahren Spirituellen Lebens. In poetischen Versen besingt Avatar Adi Da Samraj hier das „Schmelzen" des Ego im „Rosengarten des Herzens".
Engl. Ausgabe, Paperback, 359 Seiten, DM 24,-
Best.-Nr.: B-108-05

Eleutherios
(The Only Truth That Sets The Heart Free)

In diesem Werk beantwortet Avatar Adi Da Samraj die großen menschlichen Fragen über Gott, Wahrheit, Wirklichkeit, Glück und Freiheit. Er Offenbart, wie die absolute Göttliche Freiheit Wahr-genommen werden kann, und ruft alle auf, die Erde in einen Ort wahrer menschlicher Freiheit zu verwandeln.
Engl. Ausgabe, Paperback, 269 Seiten, DM 24,-
Best.-Nr.: B-108-04

Das komplette Set „Die fünf grundlegenden Bücher der Adidam-Offenbarung"

(Aham Da Asmi / Ruchira Avatara Gita / Love-Ananda Gita / Hridaya Rosary / Eleutherios)
Engl. Ausgaben, 5 Paperbacks, zum Sonderpreis von DM 108,-
Best.-Nr.: B-108-00

Videos

Die Ekstase des Herzens

Mit diesem Video haben Sie die einmalige und wundervolle Gelegenheit, sich immer wieder an Avatar Adi Da Samrajs Darshan zu erfreuen und mitzuerleben, wie Er Seine Schülerinnen und Schüler humorvoll und kritisch unterweist. In Seinen brillanten Lehrgesprächen ruft Er alle dazu auf, das Ego zu verstehen und über das individuelle Getrenntsein hinauszugehen. Das Video ist eine Zusammenstellung mehrerer Lehrgespräche zu den Themen Gottes-Erfahrung, Darshan und Satsang.

Dauer: 64 Minuten, PAL, deutsche Untertitel, DM 49,80
Best.-Nr: V-23-1

Der Weg von Adidam
Die außerordentliche Lebensgeschichte und das Segnungs-Werk der Inkarnierten Göttlichen Person Ruchira-Avatar Adi Da Samraj

In allen großen Spirituellen Traditionen hat sich die Weissagung erhalten, es werde noch einer erscheinen, einer, der in der dunkelsten Zeit der Menschheit kommen werde, um alle Offenbarungen der Vergangenheit zu vollenden.

Die Christen warten auf die zweite Ankunft von Jesus, die Moslems auf den Mahdi (den letzten Propheten), die Buddhisten auf Maitreya (den künftigen Buddha) und die Hindus auf den Kalki-Avatar (die letzte und höchste Inkarnation von Vishnu).

Dieses Video dokumentiert die Lebensgeschichte und das Segnungs-Werk des erwarteten und verheißenen Gott-Menschen Ruchira-Avatar Adi Da Samraj.

Dauer: 53 Minuten, PAL, deutsche Ausgabe, DM 49,80
Best.-Nr: V-23-2

Alle aufgeführten Bücher und Videos sind über die Dawn Horse Press Deutschland zu beziehen.

Dawn Horse Press Deutschland

Die Dawn Horse Press Deutschland wurde im August 1999 gegründet, um die Weisheits-Lehre von Avatar Adi Da Samraj dem deutschsprachigen Publikum zugänglich zu machen. Ein Schwerpunkt ist daher die Übersetzungsarbeit.

Wenn Sie auf dem aktuellen Stand der Neuerscheinungen in englischer sowie in deutscher Sprache sein möchten, besuchen Sie unsere Website http://www.dawn-horse.de. Dort können Sie auch direkt in unserem Online-Shop bestellen.

Adresse:
Dawn Horse Press Deutschland
Mozartstraße 1, 79104 Freiburg
Tel.: 0761-3838886
Fax: 0761-3838887
Internet: http://www.dawn-horse.de
E-mail: info@dawn-horse.de

Internet-Adressen von Adidam

http://www.dawn-horse.de
Homepage der Dawn Horse Press Deutschland mit Online-Shop, Buchvorstellungen, Leseproben und Informationen über den aktuellen Stand der Übersetzungen.

http://www.adidam.de, www.adidam.at, www.adidam.ch
Deutschsprachige Homepages von Adidam.

http://www.adidam.org
Unsere umfassende internationale Homepage. Mit Audioclips, einer Vielzahl von Fotos, Lehrgesprächen und Essays von Ruchira-Avatar Adi Da Samraj.

Kontaktadressen

Nehmen Sie Kontakt zu einem unserer Zentren auf und erfahren Sie mehr über unsere Kurse, Seminare, Veranstaltungen und Retreats.

Adidam Freiburg
c/o Dawn Horse Press Deutschland
Mozartstraße 1
79104 Freiburg
Tel.: 0761-3838886
Fax: 0761-3838887
E-mail: info@dawn-horse.de

Adidam Berlin
Nürnberger Straße 19
10789 Berlin
Tel.: 030-21478166
Fax: 030-21478167
E-mail: Adidam_Berlin@adidam.org

Ich bringe den Menschen nicht nur die Wahrheit. Ich <u>bin</u> die Wahrheit und ziehe Männer und Frauen zu Meinem Ewigen, Allumfassenden Selbst. Ich <u>bin</u> der Gegenwärtige Wirkliche Gott und sehne Mich nach Meinen Schülerinnen und Schülern. Ich liebe sie und ziehe sie zu Mir hin. Ich bin Gekommen, um mit ihnen zu sein und ihnen die wahre Natur des Lebens im Wirklichen Gott zu Offenbaren, das nur Liebe ist. Ich Offenbare ihnen die wahre Natur des Geistes, die Vertrauen ist. Ich bin immer Gegenwärtig in der Form des Wirklichen Gottes. Ich nehme alle, die sich Mir zuwenden, so an, wie sie sind, und löse ihre Eigenschaften im Wirklichen Gott auf, so daß sie <u>nur</u> auf Gott ausgerichtet sind. Ich warte darauf, daß Mich Meine Schülerinnen und Schüler erkennen und sich vollkommen an Mich hingeben. Ich warte darauf, daß sie Mir mit einem Gesicht voller Liebe ihr ganzes Vertrauen schenken und immer von Mir erfüllt sind.

Ich warte auf dich. Ich habe ewig auf dich gewartet.

Wo bist du?

Ruchira-Avatar Adi Da Samraj, 1971